Clare Pooley
Chianti zum Frühstück

Clare Pooley

CHIANTI ZUM FRÜHSTÜCK

EINE FRAU HÖRT AUF ZU TRINKEN UND FÄNGT AN ZU LEBEN

Aus dem Englischen von
Stefanie Schäfer

BELTZ

Das Werk einschließlich aller seiner Teile ist urheberrechtlich geschützt. Jede Verwertung ist ohne Zustimmung des Verlags unzulässig. Das gilt insbesondere für Vervielfältigungen, Übersetzungen, Mikroverfilmungen und die Einspeicherung und Verarbeitung in elektronische Systeme.
Die im Buch veröffentlichten Hinweise wurden mit größter Sorgfalt und nach bestem Gewissen von der Autorin erarbeitet und geprüft. Eine Garantie kann jedoch weder vom Verlag noch von der Verfasserin übernommen werden. Trotz sorgfältiger inhaltlicher Kontrolle können wir auch für den Inhalt externer Links keine Haftung übernehmen. Für den Inhalt der verlinkten Seiten sind ausschließlich deren Betreiber verantwortlich. Die Haftung der Autorin bzw. Verlages und seiner Beauftragten für Personen-, Sach- oder Vermögensschäden ist ausgeschlossen.

Dieses Buch ist erhältlich als:
ISBN 978-3-407-86539-7 Print
ISBN E- 978-3-407-86543-4 Book (EPUB)

1. Auflage 2018

© 2018 in der Verlagsgruppe Beltz · Weinheim Basel
Werderstraße 10, 69469 Weinheim
Alle deutschsprachigen Rechte vorbehalten

© Clare Pooley 2017
First published in Great Britain in 2017 by Hodder & Stoughton
Originaltitel: The Sober Diaries. How one woman stopped drinking and started living

Lektorat: Petra Dorn
Einbandgestaltung/Umschlaggestaltung: www.sandraklostermeyer.de (Gestaltung),
www.stephanengelke.de (Beratung)
Illustration: Sandra Klostermeyer

Herstellung: Sonja Frank
Satz: publish4you, Bad Tennstedt
Layout: Viola Hessemer
Gesamtherstellung: Beltz Grafische Betriebe, Bad Langensalza
Printed in Germany

Weitere Informationen zu unseren Autor_innen und Titeln
finden Sie unter: www.beltz.de

Für Juliet

*Meine Freundin mit den feuerroten Haaren,
die so hell brannte und so jung starb.*

INHALT

MÄRZ
Der Monat, in dem ich endlich erkenne, dass ich ciao
zum Vino sagen muss 9

APRIL
Der Heulmonat 55

MAI
Der Monat, in dem ich es mit der Geselligkeit
übertreibe 79

JUNI
Der Monat, in dem ich 100 Tage feiere und es allmählich
einfacher wird 117

JULI
Der Monat, in dem ich mich allmählich verwandele 153

AUGUST
Der Monat, als das Universum ein Zeichen sendet 181

SEPTEMBER
Der Monat, in dem ich viral werde 201

OKTOBER
Der Monat, in dem alles den Bach runtergeht 223

NOVEMBER
Der Monat, in dem ich über Chemo rede 271

DEZEMBER
Der Monat, in dem ich mir ein Tattoo stechen lasse 293

JANUAR
Der Monat, in dem ich etwas für andere tue 325

FEBRUAR
Der Monat, in dem ich eine Party gebe 341

MÄRZ
Der Monat, in dem ich zurück und nach vorn blicke . . . 361

EPILOG 369

DANK 373

WO FINDE ICH HILFE? 375

DER MONAT, IN DEM ICH ENDLICH ERKENNE,
DASS ICH CIAO ZUM VINO SAGEN MUSS

ES MUSS SICH ETWAS ÄNDERN

Auf einer Skala von eins bis zehn rangiert der heutige Tag bei ungefähr minus fünf.

Es ist Sonntag, logisch, dass ich einen Kater habe. Da es aber der Sonntag nach meiner Geburtstagsparty ist, ist der heutige Kater ein ganz besonderer. Hammermäßig. Preisverdächtig.

Mein Gehirn fühlt sich an, als wäre es auf die Größe einer Murmel geschrumpft und würde von meinen Schädelwänden abprallen wie eine Flipperkugel. Aus allen meinen Poren dringt Alkohol, und regelmäßig schwappen Wellen der Übelkeit über mich hinweg. Ich klammere mich an die Arbeitsplatte in meiner Küche wie ein verzweifelter Seemann an ein Rettungsfloß. Keine gute Idee, denn auf der Hochglanzoberfläche erhasche ich immer wieder einen Blick auf mein aschfahles, aufgedunsenes Gesicht. Würg!

Sogar an einem guten Tag (was der heutige definitiv nicht ist) wäre der Lärmpegel in meiner Küche unerträglich. Maddie (sechs Jahre) spielt Minecraft, schreit irgendetwas davon, dass sie in ein Nest von Schlingpflanzen gelaicht hat, Kit (acht Jahre), sieht auf YouTube jemand anderem beim Minecraft-Spielen zu (und ich bin ganz sicher, gerade einen Kraftausdruck gehört zu haben), und Evie (elf Jahre), übt ihre Tonleitern auf der Klarinette.

Jedes Mal, wenn Evie eine Molltonleiter übt, heult der Hund, als läge er in den letzten Zügen (er ist empfindsam). Ich würde Evie am liebsten anschnauzen, sie solle das verdammte Instru-

MÄRZ

ment weglegen, aber welche Mutter schreit ihr Kind an, wenn es freiwillig übt?

Gerade als ich glaube, dass es nicht schlimmer werden kann (immer eine blöde Idee), klingelt es an der Tür. Ich bin noch im Nachthemd, und glaubt mir, es ist nicht die Art von Kleidungsstück, in dem man von irgendjemandem gesehen werden will, nicht mal von den Zeugen Jehovas oder dem Stromableser.

Ich tue das einzig Vernünftige und ducke mich hinter die Küchenzeile, wo man mich durch das Fenster von draußen nicht sehen kann. Doch nicht nur kann mein ungebetener Besucher drei scheinbar unbeaufsichtigte Kinder in meiner Küche erkennen, er kann sie auch noch schreien hören: »MUMMY! WAS MACHST DU DA AUF DEM FUSSBODEN?!?«

Als ich sitzen bleibe und darauf warte, dass wer auch immer vor meiner Tür steht irgendwann aufgibt und nicht das Jugendamt alarmiert, wird mir klar, dass die einzige vernünftige Reaktion in dieser Lage darin bestehen kann, zu schwören, für mehrere Tage, wenn nicht gar Wochen, keinen Tropfen Alkohol mehr anzurühren. Ich muss alles ausschwitzen und meine Flüssigkeitsreserven auffüllen. Andererseits weiß ich genau, dass das Einzige auf der Welt, was in meinem Zustand helfen kann, wiederum Alkohol ist.

Aus meiner Hockstellung heraus blicke ich auf die Küchenuhr. Ist sie kaputt? Die Zeiger haben sich kaum bewegt, seit ich das letzte Mal draufgeschaut habe. Kurz nach elf. Kein Alkohol am Vormittag gehört zu den eisernen Regeln. Wer morgens trinkt, ist Alkoholikerin, stimmt's? Während es nach zwölf, besonders am Wochenende, vollkommen akzeptabel ist. Das weiß jeder.

Ich öffne den Küchenschrank und greife vorbei an den Paketen von Rice Crispies und Weetabix (keine Schokoladen-Frühstücksflocken in meinem Haus, denn ich bin eine gute Mutter, meistens jedenfalls) nach den Alkoholika. Ich finde eine offene

Flasche Chianti, in der noch etwa vier Finger breit übrig sind. Es sieht mir gar nicht ähnlich, eine Flasche nicht auszutrinken. Ich muss eingeschlafen (= ins Koma gefallen) sein, bevor ich es schaffte, sie zu leeren. Yay! Das ist ein Zeichen. Dieser Wein ist nicht umsonst da. Er sagt: »Trink mich!«, wie eine Erwachsenenversion von *Alice im Wunderland*.

Ich kann den Wein jetzt aber unmöglich in ein Glas gießen. Meine Kinder sind zwar einigermaßen gewöhnt daran, dass Mummy ständig ein Glas Wein in der Hand hält, aber sogar sie könnten bei dem Anblick vor elf Uhr morgens zurückschrecken. Deswegen nehme ich einen Becher aus dem Schrank und gieße den Rest aus der Flasche hinein.

Wenige Minuten nachdem ich den Wein runtergekippt habe, ebbt das Dröhnen in meinem Kopf zu einem leiseren Summen ab. Und in dem Moment sehe ich mir den Becher in meiner Hand genauer an und lese:

WELTBESTE MUM

Ich hasse mich.

Es muss sich etwas ändern.

Ehrlich gesagt weiß ich schon seit mehreren Jahren, dass irgendetwas gründlich schiefläuft. Ich kann mich nicht daran erinnern, wann ich zuletzt mehr als ein paar Tage ohne ein Glas Wein ausgekommen bin. An einem normalen Wochentag trinke ich ein großes Glas, während ich den Kindern bei den Hausaufgaben helfe. Dann ein zweites, während ich das Abendessen zubereite. Dann verstecke ich die (schon mehr leere als volle) Flasche hinten im Schrank, damit ich eine neue öffnen kann, wenn John – der leidgeprüfte Ehemann – nach Hause kommt, und wir teilen sie uns zum Abendessen. (Wenn ich sage teilen, dann meine ich damit, dass wir beide etwas davon trinken, ich aber sichergehe, dass ich mehr abbekomme als er.) Wenn ich mich dazu zwinge, die Mengen zusammenzurechnen (was ich normalerweise tunlichst vermeide), komme ich auf mehr als eine Flasche Wein pro Tag.

Und dann ist da das Wochenende. Ein Hoch auf das Wochenende, wenn Alkohol zum Mittagessen absolut in Ordnung ist, ja sogar dazugehört. Außerdem findet meistens irgendein geselliger Anlass statt. Daher kann ich samstags oder sonntags (meist an beiden Tagen) leicht zwei Flaschen leer machen.

Oh, mein Gott! Ich trinke neun bis zehn Flaschen Wein pro Woche. Nun bin ich ziemlich geschickt darin, beide Augen zu verschließen, die Finger in die Ohren zu stopfen und »lalala« zu trällern, wann immer irgendjemand die empfohlenen Höchstmengen der Gesundheitsbehörde erwähnt, aber auch so weiß ich, dass diese Menge weit über den empfohlenen Richtwerten liegt. Um die hundert Einheiten. Ich habe vierzehn gestanden, als ich das letzte Mal von einem Arzt dazu befragt wurde. Aber die wissen doch, dass wir alle lügen?

Das muss aufhören!

Ich betrachte mich mit schonungslosem Blick. Ich bin sechsundvierzig Jahre alt, aber ich bin mir ziemlich sicher, dass ich älter aussehe. Ich bin verlebt. Ich bin die Art Frau, von der meine Mutter sagen würde (und nicht nur sagen würde): »Sie hat sich gehen lassen.« Ich habe zwölf Kilo Übergewicht, das meiste am Bauch. Wenn ich mich gerade hinstelle und an mir hinunterblicke, kann ich meine Füße nicht sehen. Ich habe Busfahren hassen gelernt, weil mir immer öfter Leute ihren Sitzplatz anbieten. Ein Freund von Maddie hat mich vor einer Gruppe anderer Mütter nach dem »Baby in meinem Bauch« gefragt. Zähneknirschend erwiderte ich, dass das kein Baby, sondern Kuchen sei. Entsetzt starrte er mich an. Vielleicht glaubt er jetzt, dass ich einen riesigen Heidelbeer-Muffin gebären werde.

ES MUSS SICH ETWAS ÄNDERN

Mit dem Schlafen ist es auch nicht weit her. Einzuschlafen fällt mir leicht, ehrlich gesagt sogar etwas zu leicht. Ich kann mich nicht daran erinnern, wann ich zum letzten Mal einen Film zu Ende geschaut habe, ohne auf dem Sofa einzunicken. Doch dann wache ich gegen drei Uhr morgens auf, wälze mich herum, schwitze Alkohol aus und quäle mich mit Selbstvorwürfen. Normalerweise schlafe ich dann gegen sechs Uhr morgens wieder ein, kurz bevor der Wecker klingelt.

Und dann ist da die Weinhexe. Diesen Spitznamen habe ich der Stimme gegeben, die sich dauerhaft in meinem Kopf eingenistet zu haben scheint und die jeden noch so eisernen Vorsatz zu Staub pulverisieren kann, indem sie etwas flüstert wie: »Schau mal! In der Flasche ist nur noch ganz wenig drin. Das kannst du genauso gut austrinken, sonst wird es schlecht!« Oder: »Sie hat sich ein viel größeres Glas eingeschenkt als dir. Gieß dir noch einen Schluck nach, wenn niemand hinsieht.« Die Weinhexe ist ein großer Fan des Konzeptes der »Zeit für mich«. »Es ist zwar erst fünf, aber du hattest einen schweren Tag. Ständig bist du von unter Zwölfjährigen bestimmt worden. Jetzt ist Erwachsenenzeit. Du hast es dir verdient.« Und das Killerargument: »Alle anderen machen das doch auch ...«

Ich bin ständig pleite, seltsamerweise aber noch nie auf die Idee gekommen, das dem Wein zuzuschreiben. Ich habe sonst an so ziemlich allem zu sparen gelernt – Ausgehen, Kleider, Beauty –, gebe aber dafür jede Woche ein kleines Vermögen für Wein aus, denn wenn man Chianti trinkt, ist man Kennerin, keine Säuferin, stimmt's?

Welches Beispiel gebe ich meinen Kindern? Ich will nicht, dass sie in dem Glauben aufwachsen, alle Erwachsenen bräuchten eimerweise Alkohol, um mit dem Auf und Ab des Alltagslebens fertig zu werden. Noch letzte Woche, als ich Maddie von der Schule abholte, nahm mich ihre Lehrerin beiseite und sagte:

MÄRZ

»Ich muss Ihnen etwas Lustiges erzählen, was heute passiert ist! Ich habe Maddie beim Lesen zugehört, das Buch hieß *Eine Tasse Tee*. Darin kam der Satz vor: ›Trinkt Mummy gerne Tee‹? Und sie erwiderte darauf: ›Oh, nein. Meine Mummy trinkt gerne Wein.‹ Ha! Ha! Ha!«

»Ha! Ha! Ha!«, fiel ich ein, ein gezwungenes Lächeln im Gesicht, aber im Inneren starb ich ein klein wenig.

Es fühlt sich an, als wäre mein ganzes Leben in eine Flasche Chianti hineingesogen worden. Früher war ich so furchtlos, so ehrgeizig und optimistisch. Mit neunzehn bin ich monatelang allein durch den Fernen Osten gereist und mit dreißig war ich im Vorstand einer großen Werbeagentur. Jetzt dagegen bin ich ständig ängstlich und nervös. Und der Alkohol, mein treuer alter Freund, der früher alle harten Kanten abschliff und dafür sorgte, dass ich mich unbesiegbar fühlte, macht alles nur noch schlimmer, vermute ich.

Die auf der Hand liegende Lösung wäre, mich einzuschränken, maßvoll und vernünftig zu trinken. Aber das habe ich jahrelang erfolglos versucht. Ich habe den trockenen Januar probiert. (Na ja, größtenteils jedenfalls. Ich hab ein bisschen später angefangen und ein bisschen früher aufgehört.) Dann den nüchternen September. Jedes Mal, wenn ich eine kurze Zeit ohne Alkohol schaffe, schwöre ich, dass ich jetzt wieder im Gleichgewicht bin, dass ich vernünftig geworden bin und sich mein Verhältnis zum Alkohol völlig normalisiert hat. Von jetzt an werden wir eine ganz und gar gesunde und funktionierende Beziehung haben. Doch genau wie ein manipulativer Partner kämpft sich der Alkohol wieder zurück und innerhalb weniger Wochen bin ich wieder da, wo ich vorher war, oder noch weiter unten.

Ich habe versucht, nur an den Wochenenden zu trinken (die Wochenenden begannen donnerstags und endeten dienstags.) Ich habe probiert, nur zu trinken, wenn ich ausgehe (woraufhin

ES MUSS SICH ETWAS ÄNDERN

ich sehr oft ausging). Ich habe mich bemüht, nur Bier zu trinken (das irgendwie nicht als richtiger Alkohol zählt) und alkoholische Getränke mit Wasser abzuwechseln.

Nichts davon funktioniert. Obwohl ich mich als starke, entschlossene Person betrachte, bin ich absolut unfähig, meine guten Vorsätze länger als ein, zwei Wochen durchzuhalten.

Ich muss ganz aufhören. Vielleicht nicht für immer (daran wage ich nicht mal zu denken), aber zumindest für die absehbare Zukunft. Daher ist dieses Glas in meiner Hand mein letztes. Morgen ist Tag eins.

Ist es möglich, ohne Alkohol in einer Welt zu leben, in der man eher ein Glas Wein als eine Tasse Tee angeboten bekommt, wenn man sein Kind bei einem Freund vom Spielen abholt? Wo auf Facebook ständig »Oh, it's wine o'clock« gepostet wird? Wo jedes gesellige Ereignis von literweise Alkohol befeuert wird? Gibt es ein Leben nach dem Wein?

Ich nehme an, ich werde es herausfinden ...

MÄRZ

| TAG | 001 |

WIE ZUM TEUFEL BIN ICH AN DIESEN PUNKT GERATEN?

Ich schiebe es auf Bridget Jones. Nein, nicht nur Bridget – die Mädels von *Sex and the City* und ihre Cosmopolitans sind ebenso schuld daran, und dazu noch Patsy und Edina von *Absolutely Fabulous,* die ständig die Korken eines Bollingers knallen lassen. (Logisch, dass ich nicht mir die Schuld dafür geben will, dass ich eine traurige Säuferin mittleren Alters geworden bin und mir Gedanken über ein Leben ohne Fusel machen muss.)

Ich habe Bridget Jones nicht als Karikatur, sondern als role model betrachtet. Ich liebte ihre Neurosen, ihre Macken und ihre Oma-Unterhosen. Ich liebte ihren Humor und die Art, wie sie mit der ganzen »Psychokacke« umging. Ich liebte es, dass sie wie eine normale Frau aß, qualmte wie ein Schlot und trank wie ein Fisch.

Ich liebe Bridget, weil ich ungefähr genauso wie Bridget war. Und zwar in dem Maße, dass mich, als ich dreißig war, die BBC anrief, als Leute für eine Dokumentation über die »wahren Bridget Joneses« gesucht wurden. Widerstrebend erklärte ich mich bereit, in einem kleinen Segment des Films mitzuspielen – einer Dinner Party für Singles. Ich kreuzte zusammen mit sieben anderen Singles bei dem genannten Restaurant in Chelsea auf und erfuhr, dass die Filmcrew noch eine Weile mit dem Aufbau zu tun haben würde und wir uns so lange mit kostenlosen Drinks an der Bar bedienen sollten. Niemand brauchte mir Gratisdrinks zweimal anzubieten. Eine Stunde später, nervös und aufgetankt mit Alkohol auf leeren Magen, waren wir alle supercool. Ich jedenfalls.

In einer übermenschlichen Anstrengung, mich für die Rechte der Frauen einzusetzen, Single und glücklich zu sein, schwenkte ich mein Weinglas durch die Luft und verkündete: »Schaut mal alle her! Ich habe einen tollen Job, ein echt cooles Auto und eine Eigentumswohnung. Warum zum Teufel sollte ich einen Mann brauchen, um vollständig zu sein?« Job erledigt. Glaubte ich jedenfalls.

Ich hatte nicht erwartet, dass sich irgendwer tatsächlich die Dokumentation ansehen würde. Meine Freunde waren alle viel zu beschäftigt mit Arbeiten und Partymachen, um an einem Donnerstagabend zu Hause zu hocken und fernzusehen. (Und das war vor der Zeit von Sky plus und Mediatheken für verpasste Sendungen. Man musste den Videorekorder programmieren, was viel zu umständlich war.) Stellt euch also mein Entsetzen vor, als die BBC die ganze Woche zur Hauptsendezeit einen Trailer mit nur einer einzigen Hauptperson brachte: mir. Da stand ich, beschwipst, und verkündete: »Schaut mich an! Ich habe einen tollen Job, ein echt cooles Auto und eine Eigentumswohnung.« Dann ertönte das ernste männliche Voice-over: »Warum also finden diese Frauen nicht das Einzige, was sie wirklich wollen: einen Mann?«

Alle sahen es. Alle sahen, wie ich die Frauenemanzipation mit Füßen trat, indem ich unvollständig zitiert wurde.

Doch das hielt mich nicht davon ab, Bridget zu lieben. Schließlich schenkte sie uns eine Ausrede, zu viel zu trinken. Sie machte es cool, literweise Chardonnay mit seinen Freundinnen zu kippen. Sie machte das Alleinetrinken zu Hause salonfähig, während man dazu schief zu Powerballaden sang.

Damals, in den 1990ern, betrachteten wir als gute Feministinnen das Trinken als Pflicht. Es war die Ära der starken Frauen,

MÄRZ

die in Konkurrenz zu den Jungs gingen und sie bei ihrem eigenen Spiel schlagen wollten. Die Getränkehersteller stiegen darauf ein und reagierten mit der Eröffnung von frauenfreundlichen Weinbars – weiches Licht, schicke Speisekarten auf Kreidetafeln und Wein in 250 ml-Gläsern (eine Drittelflasche). Das Trinken war auch Teil der Arbeits- und Partykultur. In meiner kreativen Branche hatten wir sogar eine Bar im Büro, wo die wichtigsten Kontakte geknüpft wurden. Ich hatte ein üppiges Spesenbudget, und man erwartete von mir, dass ich es für die Bewirtung meines Teams und meiner Kunden mit Alkohol und Essen ausgab.

Ich ging davon aus, dass ich genauso überzeugt wieder aufhören würde zu trinken, nachdem ich verheiratet wäre und Kinder hätte, aber ich gehörte zu der Generation, der man suggeriert hatte, wir könnten alles haben. Ich versuchte also, mit einem anspruchsvollen Job und kleinen Kindern zu jonglieren, ohne eine Ehefrau zu Hause zu haben, die mir den Rücken freihielt. Es kam so weit, dass ich gleichzeitig eine explodierte Windel wechseln musste, während ich mit meinem Finanzdirektor telefonierte. Ich verpasste Meetings, sodass ich von anspruchsvollen Kunden und hysterischen Creative Direktors angeschrien wurde. Ich hetzte am Ende eines Tages nach Hause, an dem ich Hunderte von Bällen in der Luft halten musste, und daheim angekommen musste ich sofort in den gelassenen, glücklichen Muttermodus umschalten und meinen Kleinen den *Grüffelo* vorlesen. Nur reichliche Mengen Alkohol versetzten mich in die Lage, mich nahtlos von einer Person in die andere zu verwandeln, und verschafften mir eine Erholung von dem unvermeidlichen Stress und dem Wissen, dass ich – zum ersten Mal in meinem Leben – auf breiter Front versagte.

Ich erkannte, dass ich mich selbst in den Wahnsinn trieb. Wenn ich bei der Arbeit war, war ich mit dem Herzen bei meinen Kindern. Wenn ich mit meinen Kindern zusammen war, war mein Kopf bei der Arbeit. Außerdem ging ein Löwenanteil meines Gehalts für eine Tagesmutter drauf, damit sie die Aufgabe übernehmen konnte, von der ich mir so sehr wünschte, sie selbst erledigen zu können. Die Zeit flog in einem Wirbelwind von verpassten Terminen und verpassten Entwicklungsschritten vorbei. Das Bewusstsein, in der Kindheit meiner Kinder nur eine Randfigur zu sein, machte mir schwer zu schaffen.

Als mein drittes Kind geboren wurde, stieg ich schließlich aus dem Hamsterrad aus, um eine perfekte Mutter zu werden. Mein Haus sollte ein glücklicher Hafen voll frisch gebackener Cupcakes, Bastelprojekten und sorgfältig geplanten Verabredungen zum Spielen sein. Wie die Götter gelacht haben müssen! Obwohl es unbestreitbar eine Ehre und ein Privileg ist, wenn man aufhören kann zu arbeiten, um seine wunderbaren Kinder großzuziehen, weiß jeder, der das schon mal gemacht hat, dass es keineswegs ein Spaziergang ist. Oder besser: Es ist ein endloser Spaziergang im Park – bewaffnet mit Feuchttüchern, Stilleinlagen und Notfall-Reiswaffeln, während man Schaukeln anschubst, bis die Arme genauso taub werden wie der Verstand. Nachdem ich das etwa zwei Jahre lang durchexerziert hatte, beschlich mich das Gefühl, meine Identität, ja, mich selbst aufgegeben zu haben. Ich war nicht länger Clare, die erfolgreiche Werberin, die Gruppenleiterin oder Managerin. Ich wurde immer nur in Beziehung zu anderen definiert – Johns Frau oder Evies Mum. Es war, als würde ich ohne sie nicht existieren. Ich verlor sogar meinen Namen, da mich jeder von nun an mit meinem Familiennamen ansprach. Mein Geburtsname (den ich im Beruf beibehalten hatte), war nur noch eine ferne Erinnerung.

Ich machte mir auch allmählich Sorgen, kein gutes feministisches Vorbild für die Kinder abzugeben. Dabei denke ich zum Beispiel an eine Muttertagsfeier in Maddies Kindergarten, als sie knapp drei Jahre alt war. All die stolzen Mütter saßen im Halb-

MÄRZ

kreis auf winzigen Stühlchen, gemacht für winzige Popos, während die Kinder uns der Reihe nach erzählten, was sie später einmal werden wollten.

»Ich will Feuerwehrmann werden!«, sagte einer und wir alle riefen: »Aahhh!« Einer wollte Arzt, eine andere Lehrerin, der nächste Pilot werden. Ich wartete gespannt, was mein kleiner Schatz werden wollte. Endlich war sie an der Reihe.

»Ich möchte eine Mummy sein, telefonieren und ins Sportstudio gehen«, sagte sie, ich lächelte sie aufmunternd an und klatschte begeistert, während ich dachte: *Neinneinein! Du wirst ein Heilmittel gegen Krebs finden, den Frieden im Mittleren Osten wiederherstellen oder den nächsten Teilchenbeschleuniger entwickeln!* Wenigstens glaubten die anderen Mütter nun, ich sei sportlich. Ein Trugschluss, denn ich war seit Monaten nicht mehr im Sportstudio gewesen.

Wein war meine Oase der Vernunft, eine Erlösung von dem Stress des Trotzalters, der Langeweile des Windelwechselns und der stumpfsinnigen Kindermusik. Ein Glas Wein machte mich locker, wenn andere Kinder zum Spielen da waren, und half mir beim Abschalten, wenn meine Kinder im Bett lagen. Am Ende eines langen, anstrengenden Tages konnte ich mir eine großzügige Menge Chianti einschenken, in der Küche herumtanzen und denken: *Yeah, Baby, ich hab's immer noch drauf!*

Ich trank Wein, um runterzukommen, um in die Gänge zu kommen, um in Stimmung zu kommen, um mich in Selbstmitleid zu suhlen, um gesellig zu sein und um Zeit für mich zu haben. Doch dann kam der Tag, an dem ich erkannte, dass ich nichts von alldem – loslassen, feiern, ausspannen – noch ohne Wein konnte.

Hier bin ich also, am Ende von Tag eins, der sich wie eine Woche anfühlt. Kaputt, zerschlagen und immer noch verkatert – aber kämpferisch!

| TAG | 003 |

ERSCHÖPFUNG

Drei Tage ohne Alk habe ich schon öfter geschafft. Ich habe Wochen, ja sogar Monate am Stück darauf verzichtet. Aber diesmal ist es anders, weil ich weiß, dass es nicht nur vorübergehend ist. Das Licht am Ende des Tunnels wurde ein für alle Mal ausgeknipst. Ich muss daran denken, wie es war, als ich mich mit Anfang zwanzig von meiner ersten großen Liebe trennte. Ich weinte tagelang und glaubte, nie wieder glücklich werden zu können. Stundenlang hörte ich »unsere« Songs, und eine Zukunft ohne ihn erschien mir unvorstellbar. Ich konnte an nichts anderes denken als an ihn und spulte im Kopf jeden gemeinsam verbrachten Moment in Zeitlupe ab. Ich betrachtete alte Fotos und las seine Briefe (so was gab's damals noch). Jede Freundin, die mir geduldig ihr offenes Ohr lieh, und auch mich fragte ich, ob es wirklich so schlimm gewesen war mit ihm. War ich in dieser Beziehung trotz all ihrer Macken nicht doch glücklicher gewesen als jetzt? Das Leben ohne ihn erschien mir trüb und farblos, das alte mit ihm erstrahlte in Technicolor.

Jetzt, ein Vierteljahrhundert später, ergeht es mir fast genauso. Ständig muss ich an Alkohol denken, meinen fehlgeleiteten Exlover. Er geht mir nicht aus dem Kopf. Ich lese alles über Alkohol, was ich in die Hände bekomme. Amazon bringt mir ständig ein neues Paket mit Büchern über Alkoholentzug, die ich dem wachsenden Stapel unter meinem Bett hinzufüge. Ich glaube, ich drehe durch!

MÄRZ

Ich habe morgens gekocht und für John Essen in den Kühlschrank gestellt, das er sich nach der Arbeit aufwärmen kann, weil das Kochen für mich untrennbar mit Trinken verknüpft ist. So manchen Abend habe ich mit dem Kochlöffel in der einen und einem Glas Wein in der anderen Hand verbracht und in Richtung eines imaginären Kamerateams gesprochen, während ich mit Kräutern jonglierte und meinen inneren Keith Floyd rausließ, den betrunkenen Fernsehkoch.

Doch meine Alk-Besessenheit höhlt mich nicht nur seelisch und geistig, sondern auch körperlich aus. Ich habe das Gefühl, durch zähen Schlamm zu waten. Mein Zustand ähnelt den frühen Phasen der Schwangerschaft, aber ohne die ganze Aufregung des *Juhu!! Wir haben neues Leben erschaffen! Sind wir nicht toll?*

Gestern habe ich meine PIN-Nummer vergessen – eine Zahlenkombination, die ich seit Jahrzehnten an Bankautomaten und Supermarktkassen eingebe. Das Einzige, was den Nebel in meinem Gehirn durchdringt, sind die bohrenden Kopfschmerzen, die in den letzten zwei Tagen an- und abschwellen. Doch trotz meiner Erschöpfung kann ich nicht schlafen. Ich bin daran gewöhnt, mithilfe von ein paar Gläsern Wein allmählich ins Nirwana zu driften, doch in den letzten beiden Nächten habe ich stundenlang wachgelegen, mein Kopf ein Wespennest, und an die Decke gestarrt, während John neben mir im Tiefschlaf lag und schnarchte wie ein zufriedenes Warzenschwein.

Es ist jetzt sechs Uhr abends, die schwierigste Zeit des Tages. Ich habe den Kindern Abendessen gekocht, wir haben die Hausaufgaben gemacht, sie haben gebadet und jetzt sitzen sie behaglich vor den Fernseher. Unablässig ruft mich der Alkohol, wie ein hartnäckiger Stalker, und sagt: *Gib mir nur eine weitere Chance! Diesmal wird alles besser! Wir werden die alten Fehler nicht wiederholen. Du weißt, dass du mich liebst. Du bist ein Häuflein Elend ohne mich, schau dich bloß mal an!*

ERSCHÖPFUNG

Doch tief im Inneren weiß ich, dass das alles Lügen sind. Es wird sich nie ändern, im Gegenteil: Es wird nur immer schlimmer werden, und wenn ich jetzt nicht umkehre, droht die Gefahr, dass ich es niemals tun werde.

Ich lasse mir ein heißes Bad ein und zünde ein paar Aromatherapiekerzen an, die mir vor Jahren mal jemand zu Weihnachten geschenkt hat. Das hilft, für zehn Minuten oder so. Ich fange an zu putzen wie wild, nur um mich zu beschäftigen. Normalerweise bin ich keine orthodoxe Superhausfrau, aber nach drei Tagen ohne Alkohol blinkt und blitzt das ganze Haus. Ich schaue auf die Uhr: Es ist erst sieben, aber ich habe das Gefühl, dass meine Kräfte für heute erschöpft sind. Deswegen trommle ich die Kinder zusammen und verkünde, dass jetzt alle zu Bett gehen. Ja, Mummy auch.

Wir kuscheln uns zu viert in mein Bett, gefolgt von Otto, unserem lebhaften Terrier. Otto weiß nicht, dass er ein Hund ist, sondern hält sich für ein Kind, und seine »Geschwister« lassen ihn nur zu gern in dem Glauben. Otto drängelt sich zwischen mich und Kit, seufzt zufrieden und furzt übel riechend, was den Kindern Schreie des Ekels entlockt.

Bevor ich Kinder bekam, stellte ich mir meine zukünftigen Sprösslinge als kleinen Trupp von Mini-Clares vor (vielleicht mit einer entfernten Ähnlichkeit zum Vater). In Wirklichkeit jedoch sieht keines von ihnen auch nur im Geringsten aus wie John oder ich, ja, sie ähneln sich nicht mal untereinander. Vom ersten Tag an waren sie vollkommen unterschiedlich, absolut einzigartig, und ich weiß, dass ich mein ganzes Leben brauchen werde, um sie überhaupt richtig kennenzulernen.

Evie ist meine Älteste. Elf ist ein magisches Alter. Den kindlichen Trotz hat man überwunden, ein Teenager ist man aber noch nicht. Wie lange es wohl noch dauert, bis sie das Kuscheln im Bett mit Mutter und Geschwistern (und dem Hund) absolut un-

MÄRZ

cool findet? Evie haut mich um. Sie ist unglaublich selbstsicher und hundertprozentig davon überzeugt, dass sie zu allem fähig ist, was sie sich in den Kopf gesetzt hat, egal, ob sie Klassenbeste in Mathe werden, es ins Netballteam schaffen oder eine außergewöhnlich komplizierte Schokoladentorte backen will – und in der Regel hat sie recht.

Dann kommt Kit, drei Jahre jünger, mein kleiner Linkshänder, der vollkommen anders denkt als ich, sich fantastisch ausdrücken kann, einen umwerfenden Humor besitzt und mich jeden Tag etwas Neues lehrt. Wenn ich irgendwo in der Küche stehe, und Kit will dahin, weil er gerade irgendetwas spielt, bittet er mich nicht einfach, zur Seite zu gehen, sondern nimmt mich an der Hand, führt mich an eine andere Stelle und sagt ernsthaft: »Herzlichen Glückwunsch. Sie wurden erfolgreich versetzt.«

Obwohl Maddie inzwischen sechs ist, wird sie immer meine Kleine bleiben. Maddie wickelt uns alle um den Finger. Sie ist unglaublich charmant, und seit frühester Kindheit stürzen sich vollkommen fremde Leute auf sie und erfreuen sich daran, wie niedlich sie ist. Dann neigen Evie und Kit dazu, die Augen zu verdrehen und leicht sarkastisch zu erwidern: »Ja, sie ist wie ein richtiger Mensch, nur viel kleiner.«

Wenn Evie etwas will, verbringt sie Tage damit, eine schicke Powerpoint-Präsentation auszuarbeiten, in der sie Statistiken anführt, Rechercheergebnisse präsentiert und ihren Fall mit der Geschicklichkeit einer Topanwältin präsentiert – wenn Maddie etwas will, fängt sie einfach an zu weinen. Auf Knopfdruck. Große, dicke Tränen laufen ihr übers Gesicht und tropfen von ihrer Nasenspitze, bis wir alle auf die Knie fallen und sie anbetteln, uns mitzuteilen, wie wir sie wieder glücklich machen können.

Alle drei Kinder sind besessen davon, herauszufinden, wer mein Liebling ist. Ich sage ihnen immer wieder, dass ich keinen Liebling habe, und einen auszusuchen wäre, als müsste man

ERSCHÖPFUNG

sich zwischen Erdbeer-Baiserkuchen, Schokoladentorte und Biskuit-Schichtpudding entscheiden. Alle sind gleich köstlich, aber auf ganz unterschiedliche Art und Weise. Diese Antwort wird mit einem abfälligen Geheul begrüßt und führt unweigerlich zu einem Streit darüber, wer der Kuchen und wer der Pudding ist.

Wir vier (und der Hund) liegen ineinander verschlungen da und lesen abwechselnd aus einen *Fünf Freunde-* und einem *Harry Potter*-Buch vor. Ich frage mich gedankenverloren, ob das Butterbier in Hogsmeade Alkohol enthält oder mehr wie das Ingwerbier ist, mit dem die fünf Freunde ihre Dosensardinen runterspülen.

Ich schaue nach links zu der leeren Stelle, wo normalerweise mein allgegenwärtiges Glas Wein steht. Obwohl es sich still und unauffällig an der Seite hielt, erkenne ich jetzt, dass es in Wirklichkeit im Mittelpunkt stand, wo es sich breitgemacht und alles andere beiseitegedrängt hatte. Denn dieses Glas Wein und seine vielen Freunde führten dazu, dass ich unzählige Seiten von Bilderbüchern übersprungen und Jahre kostbarer Einschlafrituale so schnell wie möglich abwickelt habe. Ich habe meine Arbeit aufgegeben, damit ich entscheidende Momente mit meinen Kindern verbringen konnte, und habe dann die nächsten paar Jahre mit dem Versuch verbracht, ständig vor ihnen wegzulaufen.

Wann, so frage ich mich, habe ich angefangen, Alkohol nicht mehr aus Lust, sondern gegen Frust zu konsumieren? Zur Befreiung von der Beliebigkeit des Alltags und von der Erkenntnis, dass mein Leben nicht so verlaufen ist, wie ich es mir erhofft hatte?

Das ist jetzt vorbei, schwöre ich im Stillen. Höchste Zeit, richtig Mutter zu sein, richtig erwachsen zu werden und richtig zu leben. Ich werde die Art von Mutter werden, die ihre Kinder dazu bringt, Grünkohlchips zu essen, die Desinfektionsspray in der Handtasche mit sich herumträgt und daran denkt, ihre Beckenbodenübungen zu machen.

MÄRZ

Nach einer Stunde Lesen und noch bevor John aus dem Büro gekommen ist, schalte ich das Licht aus, in der Hoffnung, dass es ihm nichts ausmacht, drei komatöse Kinder in ihre eigenen Betten zu bringen, wenn er nach Hause kommt.

Maddie beugt sich zu mir und flüstert in mein Gesicht: »Namaste«. Ihre Finger hat sie in mein Haar vergraben, als wolle sie sichergehen, dass ich sie nicht verlasse, nachdem sie eingeschlafen ist. Ihr Atem ist warm und duftet nach Erdbeeren und Schokolade, was ihre Behauptung, sie hätte sich die Zähne geputzt, als fette Lüge entlarvt.

»Namaste«, antworte ich.

»Weißt du, was das bedeutet, Mummy?«, fragt sie.

»Nein«, gestehe ich.

»Es bedeutet: Ich sehe Gott in dir.«

Und ich sehe Gott in ihnen. Das wird mir die Kraft geben, es zu schaffen.

IST DA JEMAND?

Ich weiß nicht, ob ich es alleine schaffe. Ich wünschte, es gäbe jemanden, mit dem ich reden könnte, aber ich schäme mich viel zu sehr. Ich habe John beiläufig und im Vorübergehen mitgeteilt, dass ich aufgehört habe, Alkohol zu trinken, aber ich glaube kaum, dass er es ernst nimmt. Ehrlich gesagt hat er das alles schon mal gehört und ganz sicher rechnet er damit, dass ich am Wochenende wieder in meiner alten Form sein werde.

Ich habe im Laufe der Jahre viele falsche Entscheidungen getroffen, aber John zu heiraten gehörte nicht dazu. Ich habe ihn von der Minute an geliebt, in der ich ihn zum ersten Mal sah, damals vor fast zwanzig Jahren an einem Silvesterabend in Schottland. Er trug einen Kilt, unter dem ein Paar äußerst attraktive Beine und Knie hervorschauten, und überhaupt hatte ich schon immer eine Schwäche für Männer in Röcken. Er brachte mich zum Lachen – und zwar sehr –, und er war einer der nettesten Menschen, denen ich jemals begegnet war. Wir wurden beste Freunde, aber zu der Zeit fühlte ich mich noch zu den bösen, arroganten Jungs hingezogen – solchen, denen man dankbar sein musste, wenn sie sich herabließen, sich einem zu widmen. Daher dauerte es vier Jahre, bevor John und ich uns küssten. Ich spürte, wie sich meine Fundamente von Sand zu Fels verwandelten und fragte mich, warum zum Teufel das so lange gedauert hatte.

Seit damals hat mich John geduldig geliebt, über Jahre von zunehmendem Weingenuss und schlechtem Benehmen hinweg.

MÄRZ

Der Gerechtigkeit halber muss erwähnt werden, dass auch er nicht perfekt ist. Er hat die üble Angewohnheit, nasse Handtücher auf dem Boden liegen zu lassen und schmutzige Teller auf die Spülmaschine zu stellen anstatt hinein. Es gibt mehr Bauch zum Lieben als vor vierzehn Jahren und ein bisschen weniger Haar. Er ist Schotte und entspricht dem Klischee, ein wenig »vorsichtig« mit Geld umzugehen. Er hat tatsächlich mal Klebeband über die Heizungsregler geklebt, damit ich sie im November nicht einschalten konnte. Aber ich will ihn so und nicht anders.

Wann immer ich in Schwierigkeiten war, hat John sein Bestes getan, um mir zu helfen, wenn auch nicht immer erfolgreich. Ich weiß noch, wie er ein paar Wochen nach Evies Geburt von der Arbeit nach Hause kam und mich in Tränen aufgelöst vorfand, weil mich eine Brustentzündung quälte – Brüste aus Stein und hohes Fieber –, und das, nachdem ich in den zwei Wochen zuvor nie mehr als zwei oder drei Stunden am Stück geschlafen hatte.

»Was kann ich tun, um dir zu helfen?«, fragte er hilflos, während ich schluchzte und Evie schrie.

Ich hatte mit der Bezirkshebamme vom Dienst gesprochen, einer 19-jährigen Auszubildenden, die keine Ahnung hatte, wie es sich anfühlte, ein kauwütiges Baby stundenlang an seinen aufgesprungenen, blutenden Brustwarzen hängen zu haben, und sie hatte mir geraten, zur Erleichterung kalte Kohlblätter in meinen Still-BH zu legen. Das klang zwar vollkommen absurd, aber inzwischen war ich bereit, alles zu versuchen.

»Könntest du bitte losfahren und einen Kohl kaufen?«, schniefte ich.

Eine Stunde später kam er mit einem (entblätterten) Blumenkohl wieder und entschuldigte sich damit, dass Kohl in allen Läden in der Nähe ausverkauft gewesen sei.

»Was soll ich denn damit?«, schrie ich ihn an.

»Äh, ihn essen?«, antwortete er nicht ganz ungerechtfertigt.

IST DA JEMAND?

Ich warf ihm den Blumenkohl an den Kopf und trank stattdessen ein großes Glas Wein, was damals sowohl mir als auch Evie zu helfen schien.

Ich will damit sagen, dass ich weiß, dass John sich sehr bemühen würde, mich zu verstehen und mir zu helfen, wenn ich mich ihm anvertrauen und ihm erklären würde, wie weit es tatsächlich mit mir gekommen ist. Aber ich kann es nicht. Vielleicht, weil ich es nicht wirklich eingestehen will, nicht einmal mir selbst.

Ich habe weder die Hausbar noch das Weingestell ausgeräumt noch John gebeten, keinen Alkohol mehr zu trinken. Ich denke, wenn ich es schon schaffe, Alkohol bei mir Zuhause zu ignorieren, dann wird es mir umso besser gelingen, wenn ich ausgehe. Aber John ist eine rücksichtsvolle Seele und versucht, nicht in meiner Gegenwart zu trinken. Außerdem trinkt er nur mäßig – verdammt und zugenäht! Er kann ein Glas Wein trinken und dann … aufhören. Wie macht er das? Und was soll das? Ein Glas Wein war nie, niemals genug für mich.

Es scheint verrückt, dass ich vor fünfzehn Jahren, als ich aufgehört habe zu rauchen, aller Welt stolz davon erzählen konnte. Alle Nichtraucher beglückwünschten mich, hießen mich mit offenen Armen willkommen und versprachen mir jede erdenkliche Hilfe. Meine weiterhin qualmenden Freunde betrachteten mich neidisch und bewunderten meine Stärke und Entschlossenheit. Doch jetzt gebe ich eine weitere süchtig machende Droge auf und habe das Gefühl, es niemandem erzählen zu können.

Ich tue etwas Heroisches – für mich und meine Familie –, und dennoch habe ich Angst, dass die Leute von mir denken könnten, ich sei bis dato eine schlechte Mutter gewesen, eine verantwortungslose Säuferin. Und, vielleicht noch schlimmer: Ich habe Angst, dass man mich für langweilig hält, weil ich nicht mehr trinke, und mich niemand mehr einlädt.

Doch im Moment brauche ich unbedingt Freunde. Ich brau-

MÄRZ

che jemanden, der mir die Hand hält und mir schwört, dass ich es schaffe. Ich brauche jemanden, der mir erklärt, was ich zu erwarten habe. Ich brauche jemanden, der mir sagt, dass am Ende alles gut werden wird.

Sind dafür nicht die Anonymen Alkoholiker da?

Was mich zu der nächsten Frage bringt, die mich schon die ganze Zeit quält: Bin ich Alkoholikerin?

Diese Frage ist mir nicht neu. Mindestens während der letzten zwei Jahre, meist nach einem durchzechten Wochenende, habe ich regelmäßig gegoogelt: *Bin ich Alkoholikerin?* Daraufhin wird mir eine ganzen Reihe von Tests angeboten (toll, ich liebe Tests!). Jedes Mal kann ich mehrere Fragen mit JA beantworten. (*Haben Sie versucht, eine Woche oder so nicht zu trinken, aber nach ein paar Tagen aufgegeben?* Einmal?!? *Trinken Sie allein?* Natürlich, macht das nicht jeder? Außerdem bin ich nicht allein. Die Kinder sind da. Und der Hund. *Hatten Sie jemals Gewissensbisse, nachdem Sie Alkohol getrunken hatten?* Ist der Papst katholisch?)

Gott sei Dank gibt es immer einige Fragen, die ich mit NEIN beantworten kann. (*Trinken Sie gleich nach dem Aufwachen? Haben Ihnen Familie und Freunde schon geraten, mit dem Trinken aufzuhören? Haben Sie Blackouts?*) Nachdem ich alle Fragen beantwortet habe und auf die Auswertung gehe, lautet die Antwort: *Sie haben möglicherweise ein Problem im Umgang mit Alkohol.* Na, wenn das mal keine Überraschung ist. Das habe ich mir schon gedacht, deswegen habe ich euren blöden Fragebogen überhaupt ausgefüllt! Was ich wissen will, ist: *Bin ich Alkoholikerin?*

Doch in Wahrheit spielt es gar keine Rolle, ob ich »Alkoholikerin« bin oder nicht – ich weiß, dass ich süchtig nach Alkohol bin, auf dieselbe Art und Weise, in der ich früher fürchterlich süchtig nach Nikotin war. Alkohol ist eine extrem abhängig machende Substanz, und wenn man genug davon über einen genügend langen Zeitraum hinweg trinkt (was ich zugegebenermaßen getan habe), wird man zwangsläufig süchtig. Und wenn man einmal abhängig ist, gibt es, wie bei jeder Droge, kein Zurück mehr. Man hört auf oder man stirbt irgendwann daran. Doch allein aufzuhören ist hart, und ich bin sicher, dass mir die AA helfen könnten.

Das Problem mit den AA ist, dass sie das exakte Gegenteil von Soho House sind – ein Club, in dem jeder willkommen ist, bei dem aber absolut niemand Mitglied werden möchte. Denn Alkoholiker haben ein schreckliches Image. Man stellt sich darunter unwillkürlich Penner vor, die Billigfusel in der Gosse saufen und nach Urin stinken, oder Mütter, die mit dem Gesicht nach unten in der Kotze liegen, während ihre Kinder nach Essensresten suchen. Alkoholiker gelten als schwach und egoistisch, und selbst wer es schafft, aufzuhören, gilt als verdammt – dazu verurteilt, auf ewig ohne die beliebteste Droge der Welt zu leben, jeden Tag aufs Neue, in muffigen Kellergeschossen die bittere Vergangenheit durchzukauen und dabei süßen Tee aus Plastikbechern zu schlürfen. Alkohol ist die einzige Droge der Welt, bei der man davon ausgeht, dass diejenigen, die damit aufhören, ein Problem haben, eine Krankheit, während diejenigen, die sie weiterhin konsumieren, als »normal« betrachtet werden.

Dennoch sind viele der großartigsten Menschen, die ich kenne, »übermäßig dem Alkoholgenuss zugeneigt« oder ehemalige Trinker. Wir sind die Leute, die keine halben Sachen machen, die das Leben am Wickel packen und sich kopfüber ins tiefe Wasser stürzen. Okay, vielleicht haben wir ein winzig kleines Problem mit Mäßigung, aber wir sind eben unmäßig in allem – in der Liebe, in der Freundschaft, bei der Arbeit und als Eltern.

Abraham Lincoln sagte 1842 in seiner Rede vor dem Abstinenzler-Verband über »Gewohnheitstrinker«: »Es scheint seit jeher eine Neigung unter den Brillanten und Heißblütigen gegeben zu haben, sich diesem Laster hinzugeben. Der Dämon der Unmäßigkeit scheint sich seit je daran erfreut zu haben, das Blut

MÄRZ

von Genius und Großzügigkeit zu trinken.« Brillante, heißblütige, großzügige Genies. Nehme ich gerne an, sogar von einem Mann mit dubioser Gesichtsbehaarung.

Ganz bestimmt würde ich über die AA einige sehr interessante Menschen kennenlernen (insbesondere bei dem Chelsea Meeting in der Nähe, wo sich unter Garantie jede Menge B-Promis einfinden). Ganz sicher würde man mich mit offenen Armen willkommen heißen und mir helfen. Aber ich kann mich einfach nicht dazu überwinden.

Ich befürchte, dass die vielen Geschichten von schrecklichen »Abstürzen« nur dazu beitragen würden, dass ich meine eine Flasche pro Tag für vollkommen akzeptabel hielte. Nein, ich will mir nichts vormachen. Ich weiß genau, dass solche Abstürze auch mich erwarten, wenn ich weitertrinke. Ich weiß, dass Sucht progressiv verläuft und ich eines Tages meine Familie, mein Heim, kurzum alles verlieren werde, aber ich bin noch nicht an diesem Punkt und habe nicht die Absicht, dorthin zu gelangen.

Außerdem habe ich schreckliche Angst, dass mich jemand vom Lehrer-Eltern-Ausschuss sehen könnte, wenn ich zu einem Treffen ginge oder von einem käme. Ich will mich auch keiner Organisation unterordnen und mir graut vor den vielen Regeln. (Ich bin nicht gut im Regelnbefolgen. Deswegen bin ich ja in diesen Schlamassel geraten.)

Ich kann mir einfach nicht vorstellen, mich in einem Kirchensaal vor einen Haufen Fremder zu stellen und zu sagen: »Mein Name ist Clare und ich bin Alkoholikerin.« Selbst wenn ich mich dazu überwinden könnte, dieses Wort auszusprechen, habe ich keine Lust dazu, mich in einer so negativen Weise zu definieren. Ich möchte aufstehen und stolz verkünden: »Mein Name ist Clare und ich bin eine Nicht-Trinkerin«. Ich will damit fertig werden, es hinter mich bringen und den Rest meines Lebens in Angriff nehmen.

IST DA JEMAND?

Deswegen gebe ich »Wie kann ich mit dem Trinken aufhören?« in Google ein und finde etwas Erstaunliches heraus. Es gibt Frauen auf der ganzen Welt, Frauen wie mich, Frauen, die aufgehört haben zu trinken und darüber schreiben. Sie schreiben über das Ende ihrer Liebesaffären mit dem Fusel, über ihre Hoffnungen und Ängste und ihre alltäglichen Kämpfe. Sie erzählen der ganzen Welt all die Dinge, die sie nicht mal ihrer engsten Freundin anvertrauen können.

Ich lese mich fest, mache es mir im Bett mit meinem Laptop bequem und sauge mich mit dem Privatleben von Ex-Trinkerinnen voll. Jetzt weiß ich, dass ich nicht alleine bin. Ich hinterlasse einige Kommentare in meinen Lieblingsblogs und fühle mich wie das neue Mädchen in der Schule, das schüchtern den coolen Girls eine Marlboro light anbietet und hofft, in die Bande aufgenommen zu werden. Dann überlege ich: *Warum gehst du nicht einen Schritt weiter? Warum schreibst du nicht deinen eigenen Blog, legst Rechenschaft ab, erzählst dem ganzen World Wide Web von deinem Vorhaben? Dann gibt es wirklich kein Zurück mehr.*

Und genauso mache ich es. Ich – die Technophobikerin, die ihren Ehemann bei der Arbeit anrufen muss, damit er ihr erklärt, wie man einen E-Mail-Anhang runterlädt, ich finde ein Programm namens Blogger, das es ziemlich leicht macht, und erstelle einen einfachen, nicht sehr anspruchsvollen reinen Textblog. Dann verfasse ich meinen ersten Post, beichte alles und erzähle jedem dort draußen, wie gründlich ich mein Leben versaut habe. Ich tippe drauflos und fühle mich wie eine pummelige ältere Version der Carrie Bradshaw aus *Sex and the City*, wobei ich mir ziemlich sicher bin, dass Carrie nicht mit einer Hand getippt und gleichzeitig mit der anderen vertrocknete Rice Crispies von der Küchenanrichte gewischt hat.

Unglaublich: Als ich eine halbe Stunde später meinen Status checke, wurde mein Blog bereits dreimal gelesen! Ich bin ganz

MÄRZ

aufgeregt, bis ich begreife, dass ich das bin, die immer wieder ihren eigenen Blog liest.

Vor dem Veröffentlichen habe ich meine Texte zwei-, dreimal daraufhin kontrolliert, ob ich vollkommen anonym bleibe. Ich habe mich SoberMummy genannt, weil ich hoffe, jedes Mal eine positive Verstärkung zu erleben, wenn ich mein Pseudonym auf der Tastatur eingebe. Außerdem bedeutet es, dass ich jeden Post mit meinen Initialen unterschreiben kann: SM. Nur ein „&" entfernt von *Fifty Shades of Grey*. Gewagt.

Ich habe den Blog *Mummy was a Secret Drinker*, also »Mummy war eine heimliche Trinkerin« genannt, weil ich das Gefühl habe, dass es eine dunkle Seite meines Lebens gibt, die niemand (nicht einmal John) kennt. All diese Mütter am Schultor, die mich immer als organisiert erleben, da ich Kaffeevormittage organisiere, Spenden sammle und mich bei der Hausaufgabenhilfe engagiere, haben keine Ahnung. Sie haben mich niemals betrunken oder unbeherrscht erlebt. Ich mache nur selten Fehler. Wahrscheinlich bin ich ziemlich nervtötend, wenn ich es mir genauer überlege. Was mich auf den Gedanken bringt: *Wenn niemand mein Geheimnis kennt, wie viele andere Mütter gibt es dann noch dort draußen? Wer steht noch am Schultor und mopst die Haribos der Kinder, um seine Fahne zu übertünchen?*

NÜCHTERNE VORMITTAGE

Wieder ein neuer Sonntagmorgen, aber mein Zustand ist kein Vergleich zu dem vor zwei Wochen.

Als Kind glaubte ich, wenn ich ein tiefes Loch bis nach Australien graben würde, wäre dort alles ungefähr genauso wie hier, nur dass wir alle auf dem Kopf stehen würden. Tja, seitdem ich auf Alkohol verzichte, ist es irgendwie ähnlich – alles fühlt sich an wie kopfüber und auf links gedreht.

In den alkoholischen Zeiten waren die Freitag- und Samstagabende die Highlights der Woche, der Sonntagvormittag dagegen der absolute Tiefpunkt. Jetzt aber fürchte ich die Abende und kann sie nur mithilfe von Riesenmengen Kuchen ertragen. Dafür ist der Sonntagvormittag meine Belohnung.

Jahrelang waren meine Nächte düster und voller Schrecken. Ich wurde von Schlaflosigkeit gequält und erlaubte es meinem überreizten Verstand, mit dem Talent einer preisverdächtigen Romanschriftstellerin Kleinigkeiten zu unüberwindlichen Problemen aufzublasen. Ich habe Lavendelkissen, homöopathische Globuli, verschreibungspflichtige Schlaftabletten, heiße Milch, Aromatherapiebäder, Meditation und Gymnastikübungen ausprobiert, bin aber nie auf die Idee gekommen, meine Schlafstörungen dem Alkohol zuzuschreiben.

Nachdem ich es jedoch endlich – mit ein wenig Übung – gemeistert habe, nüchtern einzuschlafen, schlafe ich jetzt ganze neun Stunden lang tief und ohne Unterbrechung durch. Keine

MÄRZ

psychedelischen Träume mehr, kein wiederholtes Aufstehen, weil ich aufs Klo muss, keine Wanderungen mehr zum Kühlschrank, um den brennenden Durst mit kaltem Wasser zu stillen, keine Mücken mehr, die zu Elefanten gemacht werden.

Heute Morgen rekele ich mich aus dem Schlaf wie ein Schmetterling aus einer Puppe (nota bene meine einzige Ähnlichkeit mit einem Schmetterling). Anfangs bin ich noch benommen und schwerfällig, aber eine Viertelstunde später hüpfe ich herum wie der Duracellhase auf Speed.

Während der Rest der Familie noch schläft und es still im Haus ist, recherchiere ich ein bisschen und finde heraus, dass der Zusammenhang zwischen Alkohol und Schlaflosigkeit sehr gut erforscht ist. Um sich frisch und munter zu fühlen, braucht man idealerweise sechs bis sieben REM-Schlaf-Zyklen pro Nacht. Nach dem Genuss von Alkohol erlebt man typischerweise nur ein oder zwei, weshalb man sich am nächsten Tag abgeschlagen fühlt. Außerdem wacht man wahrscheinlich mehrmals auf und muss aufs Klo, weil Alkohol entwässernd wirkt. Pinkeln und Schwitzen wiederum dehydrieren und machen durstig. Außerdem kann Alkohol zu Schnarchen bis hin zur Schlafapnoe führen. All diese Faktoren zusammengenommen beeinträchtigen erheblich die Schlafqualität. Schlafmangel macht jedoch nicht nur müde und weniger leistungsfähig, sondern schadet auch erheblich der Gesundheit. Er fördert Depressionen und Gewichtsprobleme, schadet der Haut, belastet das Herz und erhöht das Risiko von Darm- und Brustkrebs. Oh mein Gott, ich liebe Schlaf! Er ist das Zweitbeste nach Schokolade und gibt mir sogar das Gefühl, dass mein Verzicht auf Alkohol auch seine positiven Seiten hat. Eine Studie von Amie Gordon und anderen Forschern ergab zudem, dass Paare, die regelmäßig eine ganze Nacht durchschlafen, eine höhere Wahrscheinlichkeit haben, eine glückliche, stabile Beziehung zu führen.

NÜCHTERNE VORMITTAGE

Und noch etwas hat meine Vormittage entscheidend verändert: Ich bin nicht mehr verkatert. Früher war es manchmal ziemlich schlimm. Eines denkwürdigen Samstags mit ordentlich Restalkohol im Blut schaffte ich es, mein Auto rückwärts auf eine Erhöhung in einem Minikreisel zu setzen, den ich im Rückspiegel nicht gesehen hatte. Zu meinem Schrecken bewegte sich das Auto nicht mehr und ich erkannte, dass ich oben auf der Erhöhung balancierte, alle vier Räder in der Luft. Ich musste aus meinem Auto klettern (ich war noch im Schlafanzug!) und vier Wachleute um Hilfe bitten.

»Keine Sorge, Madam«, beruhigte mich einer von ihnen freundlich, »das passiert andauernd.«

»Stimmt das?«, fragte ich erleichtert.

»Nein«, erwiderte er, und in dem Moment konnten sich die anderen nicht mehr halten vor Lachen. Sie mussten sich gegenseitig stützen, so sehr amüsierten sie sich.

Ich erkenne jetzt erst, dass ein entscheidender Unterschied zwischen Problemtrinkern und »normalen Trinkern« (vermaledeit seien sie alle) die Einstellung zu Katern ist. Ich konnte nie verstehen, wenn jemand sonntags zum Mittagessen keinen Wein trinken wollte, weil er am Abend zu tief ins Glas geschaut hatte. Dabei wusste doch jeder, dass das einzig effektive Mittel gegen einen Kater mehr Alkohol war.

Ich war immer eine große Verfechterin des Prinzips »mehr desselben«. Dass Alkohol gegen Kater hilft, hat überdies eine wissenschaftliche Grundlage. Alkoholische Getränke enthalten Methanol, ein Gift, durch das man sich mies fühlt, und womit behandeln Ärzte eine Methanolvergiftung? Mit Ethanol, besser bekannt als Alkohol.

Nicht zuletzt kuriert Alkohol einen Kater deshalb, weil zahlreiche Symptome – Reizbarkeit, Kopfschmerzen, Zittrigkeit – frühe Stadien eines Alkoholentzugs markieren. Unser Körper verlangt einfach nach mehr! Gibt man ihm also mehr, verschwinden die Symptome. Ganz einfach. Ich teile all das mit meinen Bloglesern. Gibt es welche? Egal. In gewisser Weise spielt es keine große Rolle, ob irgendjemand meine Posts liest, denn das Schreiben wirkt wie eine Gratistherapie. Ich tippe drauflos und teile meine Ängste, meine Hoffnungen und meine alltäglichen Kämpfe, die mit dem Verzicht auf Alkohol einhergehen, und hinterher fühle ich mich erleichtert, klarer und entschlossener. Ich drücke »veröffentlichen« und meine Worte fliegen hinaus ins Internet und nehmen viel von meinem Kummer mit sich.

Dann entdecke ich etwas Neues: Unter meinem letzten Blogpost steht ein Kommentar. Er stammt von jemandem namens »Whimsical«: *Großer Applaus für dich. Danke, dass du deine Geschichte teilst. X*

Mir ist, als hätte ich eine dicke Umarmung vom World Wide Web bekommen. Mein Monitor reflektiert mein breites Grinsen. Da draußen ist jemand!

Derart gestärkt, trommele ich meine Truppen für einen Ausflug zum Indoor-Spielplatz zusammen. Ein solcher Indoor-Spielplatz ist mit chronischem Kater eine ganz spezielle Art von Hölle. Der Lärm mehrerer Hundert kreischender Kinder in Kombination mit dem Geruch von Frittenfett, Schweiß, Desinfektionsmittel und vollen Windeln und dazu alkoholbedingtem Flüssigkeitsmangel, Gereiztheit und Kopfschmerzen ist wahrhaft grauenvoll. Früher verzog ich mich in die ruhigste Ecke, die ich finden konnte, umklammerte eine Tasse Kaffee und zählte die Sekunden, bis alles vorüber war.

Heute jedoch ist es anders. Heute, ausgeruht, nüchtern und putzmunter, kann ich alles durch die Augen der Kinder sehen. Hunderte von aufgekratzten Zwergen toben durch die Gegend und haben einen Riesenspaß. Eine Myriade verschiedener Farben, Geräusche und Texturen. Ein richtiges Wunderland.

NÜCHTERNE VORMITTAGE

Bis Evie und Kit atemlos angerannt kommen.

»Mummy, Maddie kommt nicht mehr von der Rutsche! Sie ist raufgeklettert, traut sich aber nicht wieder runter. Wir haben versucht, ihr zu helfen, aber sie will, dass du kommst.«

Na super. Ich muss mich durch turmhohe aufblasbare Hindernisse kämpfen. Tunnel. Leitern. Rutschen. Hängeseilbrücken. Alle konstruiert für durchschnittliche Achtjährige und nicht für Mütter mittleren Alters mit Weinwampe. Ob verkatert oder nicht: Als Erwachsene kann man nur eine begrenzte Dosis Indoor-Spielplatz ertragen.

MÄRZ

| TAG | 021 |

DER WEINBAUCH

Ich habe nicht aufgehört zu trinken, um abzunehmen, aber ich muss zugeben, dass die Vorstellung, ein paar Pfund loszuwerden, ein wichtiger Anreiz ist. Ich wiege 76 Kilo, was bei 1,74 m mindestens zwölf Kilo Übergewicht bedeutet, und ich habe einen dicken, fetten Weinbauch.

Im Laufe der Jahre habe ich unzählige Diäten ausprobiert: den F-Plan (jede Menge Ballaststoffe), die Beverly-Hills-Diät (jede Menge Obst), die Scardale-Medical-Diät (detaillierte Ernährungspläne), die Hay-Diät (komplizierte Regeln in Bezug auf Eiweiß und Kohlenhydrate), die Kohlsuppendiät (ist genau so, wie sie klingt), die Cambridge-Diät (Milchshakes), Atkins (keine Kohlenhydrate), Dukan (ebenfalls keine Kohlenhydrate), die GLYX-Diät (nur bestimmte Arten von Kohlenhydraten) und die 5:2-Diät (zwei Tage Fasten pro Woche). Schon allein diese Liste zu schreiben macht mich hungrig.

All diese Diäten funktionierten tatsächlich eine Weile lang. Ich verlor bis zu fünf Kilo pro Monat. Aber sie waren unmöglich langfristig durchzuhalten, und sobald ich wieder anfing, normal zu essen, kamen die Pfunde wieder drauf, als wollten sie mich für meinen naiven Optimismus bestrafen.

Sport habe ich auch getrieben. Jane Fondas Aerobic. Rosemary Conleys Hüften-und-Oberschenkel-Work-out. Stepping. Spinning. Laufen. Theraband. Gymnastikbälle. Callanetics. Krafttraining. Body-Pump. Body-Attack und diese komische Rüttelplatte, auf die man sich draufstellt. Allein diese Liste zu schreiben, erschöpft mich schon. Ich wurde tatsächlich fitter, aber nicht wesentlich schlanker, und rein gar nichts schien dem Bauch etwas anhaben zu können.

Ich bin nicht monströs (bis jetzt). Ich trage Kleidergröße 42. (Okay, da ich mir das nicht eingestehen will, quetsche ich mich oft mit Gewalt in 40. Wenn Göttin gewollt hätte, dass wir alle dünn sind, hätte sie den Stretchstoff nicht erfunden. Doch während ich hier in meinen bequemen Jeans sitze, hängt eine kleine Speckrolle wie ein Schwimmring über meinem Gürtel. Sehr ansprechend. Wenn ich mich in die Badewanne lege und mein Bauchfett mit beiden Händen greife (was ich in masochistischen Phasen getan habe), hatte es – ironischerweise – ungefähr die Maße einer Weinflasche.

Wenn man ansonsten einigermaßen schlank ist und nur diesen dicken Weinbauch hat, hat man das Problem, dass man wie im fünften Monat schwanger aussieht. Und es gibt nichts Schlimmeres, als wenn einen irgendeine nichts ahnende Frau fragt, wann es so weit ist, oder wenn man auf einer Party bechert und sich aufgrund des runden Bauches ein paar äußerst feindselige Blicke von der Schwangerschaftspolizei einhandelt.

Bei meinen Google-Recherchen zu Alkoholthemen lese ich auch ein wenig über Weinbäuche und stelle fest, dass sie nicht nur unästhetisch aussehen, sondern auch äußerst schädlich sind.

Es ist offenbar viel gesünder, am ganzen Körper dick zu sein, als relativ schmal mit einem Bier- oder Weinbauch. Eine Studie der Forscher an der Mayo-Klinik in Minnesota (veröffentlicht in *Annals of Intern Medicine*) ergab, dass normalgewichtige Erwachsene mit Fettansammlungen am Bauch ein doppelt so hohes Risiko besitzen, früh zu sterben, wie diejenigen, die übergewichtig oder sogar adipös sind, jedoch das Fett am ganzen Körper verteilt tragen.

MÄRZ

Bauchfett ist deswegen so gefährlich, weil es nicht nur unter der Haut sitzt und wabbelt (wie Schwiegermutterflügel und Schwabbeloberschenkel, mit denen ich auf Du und Du stehe), sondern sich rund um lebenswichtige Organe legt und massiv das Risiko für Schlaganfälle, Herzinfarkt, Krebs und Typ 2 Diabetes erhöht.

Ich beschließe, meine Körpermaße zu nehmen, sozusagen als Ausgangswerte, sodass ich, wenn ich mich in eine Göttin verwandelt habe, einen Blick darauf werfen und entsetzt aufstöhnen kann. Ich habe jedoch nur ein Metallbandmaß aus dem Baumarkt, sodass ich mich mit Fäden umwickle und diese dann auf das Metallband lege.

Laut der britischen NHS, der nationalen Gesundheitsbehörde, sollte die Taille einer Frau idealerweise weniger als achtzig Zentimeter Umfang haben. Zwischen achtzig und neunundachtzig gilt als viel und über neunundachtzig als sehr viel. Außerdem wird geraten, das Verhältnis zwischen Taille und Hüfte zu messen (Taillenumfang geteilt durch Hüftumfang). Bei Frauen sollte dieses Verhältnis unter 0.85 betragen.

Obwohl mein BMI nur knapp über dem Normalmaß liegt, beträgt mein Taillenumfang einundneunzig Zentimeter und mein Verhältnis zwischen Taille und Hüfte 0.87, was mich mitten in die Gefahrenzone katapultiert. Ich laufe Gefahr, von meiner Wampe gekillt zu werden.

Ich bin mir ziemlich sicher, dass der Alk daran schuld ist. Alkohol hat sieben Kalorien pro Gramm, was ihn zum zweitkalorienreichsten Nahrungsmittel nach Fett macht. Eine Flasche Wein enthält mindestens sechshundert Kalorien. Trinkt man also eine Flasche Wein pro Tag, konsumiert man pro Woche zwei Tagesenergiemengen zusätzlich.

Es gibt noch zwei weitere Gründe, warum Alkohol dazu führt, dass man Speck ansetzt, und beide sind mir wohlvertraut.

Einer ist, dass Trinken enthemmt, sodass man nach einer Mahlzeit durchaus denkt: »Tod durch Schokolade? Was gibt's Schöneres? Kleine, süße Schokoladenstückchen zum Kaffee? Warum zum Teufel nicht? Oh, nur noch eines von diesen Minttäfelchen!« Der zweite Grund ist der gefürchtete Kater. Da der Körper dehydriert ist und Energie braucht, um sich vom Marathon des Abends zuvor zu erholen, giert man nach fett- und kohlenhydratreichem Essen, weshalb etwas Gebratenes, ein fettiges Bacon-Sandwich oder ein Heidelbeer-Muffin (der erste von fünfen am Tag!) immer gut ankommt, in einer Art und Weise, wie frisches Obst und zuckerfreies Müsli es niemals könnten.

Es stimmt auch, dass Rotwein eine Substanz namens »Resveratol« enthält, die helfen kann, Fett zu verbrennen, ABER (und es ist ein großes Aber) nur dann, wenn man nicht mehr als ein kleines Glas pro Tag trinkt. Entschuldigt mich für eine Minute, ich muss mal gerade meinen Bauchspeck festhalten und mich lachend auf dem Boden herumwälzen.

Ich poste alle meine Maße im Blog, was sich ein wenig so anfühlt, als würde ich nackt in einen Raum voller Fremder spazieren, und dazu eine Zusammenfassung meiner Rechercheergebnisse. Um das Ganze abzurunden stelle ich mich dann noch auf die Waage im Badezimmer, zum ersten Mal, seitdem ich vor drei Wochen aufgehört habe. Schon im Voraus grinse ich selbstzufrieden, denn jetzt kommt der Moment, in dem ich für meinen ganzen harten Verzicht belohnt werde. Jetzt ist Payback-Time, Baby!

Also ziehe ich mich aus, gehe aufs Klo und schneide mir sogar die Nägel, um jeden überflüssigen Ballast loszuwerden, und dann stelle ich mich auf die Waage.

Himmel, Arsch und Zwirn! Ich habe anderthalb Kilo zugenommen! Ich stelle mich auf einen Fuß. Dasselbe Ergebnis. (Ich halte mich am Waschbecken fest und verliere sofort drei Kilo, doch sogar ich muss zugeben, dass das geschummelt ist.) Wo bleiben da Logik und Fairness? Ich erhasche einen Blick auf mich im Badezimmerspiegel. Nackt, durcheinander und IMMER NOCH FETT! Warum? Warum? Warum?

Wenn ich ganz ehrlich zu mir selbst bin, dann kenne ich wahrscheinlich die Antwort, und sie lautet: Kuchen. Nachdem ich ein Jahrzehnt lang geraucht habe, um runterzukommen und Stress abzubauen, gefolgt von weiteren zehn Jahren mit Strömen von Alkohol, besteht meine automatische Reaktion auf jedes negative Gefühl (und auch auf jedes positive Gefühl, wenn ich so darüber nachdenke), mir etwas in den Mund zu stecken. Und wenn man eine ziemlich miese Zeit durchmacht, tut nichts so gut wie Kuchen.

Eine andere neue Angewohnheit von mir ist es, heiße Schokolade zu trinken, die, wie ich entdeckt habe, magische Kräfte besitzt. Wenn ich abends mit der blöden Weinhexe kämpfe, bereite ich mir eine Tasse heißen, süßen, tröstlichen Kakao zu, lege beide Hände darum und werde zurück in meine Kindheit versetzt, in eine unkompliziertere Zeit, bevor die alte Schreckschraube mir mit den Armen den Hals zugedrückt und mir mit den Fersen die Sporen gegeben hat.

Doch nachdem ich die Schuldigen ausgemacht habe, bin ich mir nicht ganz sicher, dass ich ohne sie auskommen kann. Oder will. Im Moment habe ich das Gefühl, als gehöre Schokolade zu den notwendigen Grundnahrungsmitteln. Ganz ehrlich, ich habe jedes andere Laster aufgegeben, das ich jemals hatte, und dieses lasse ich mir nicht nehmen, zumindest jetzt noch nicht.

Doch trotz der Hiobsbotschaft der Badezimmerwaage könnte ich schwören, dass mein Gesicht weniger aufgedunsen ist und ich nicht mehr solche Hängebacken habe. Und obwohl der Bauch immer noch riesig ist, scheinen die »Jeans, die nicht lügen« besser zu passen. Außerdem hat Evie heute Morgen gesagt: »Mummy, ich glaube, dein Hintern hängt weniger.«

DER WEINBAUCH

Doch apropos indirekte Kritik – ich strahlte schon vor Zufriedenheit, als sie hinzufügte: »Dein Busen hängt aber immer noch.«

Ich unterdrückte den Impuls, sie anzuschreien, dass das praktisch ganz allein die Schuld von ihr und ihren Geschwistern sei, besonders die von Maddie, die fast ein Jahr lang keine Flasche wollte. (Sie kommt nicht nach ihrer Mummy, stimmt's?)

MÄRZ

| TAG | 026 |

OH GOTT, ES IST FREITAG

Früher war der Freitag mein Lieblingstag, denn mittags beginnt das Wochenende und alles ist möglich.

Der Freitag war immer schon ein besonderer Wochentag für mich – ein wichtiger Tag. In der Schule gab es keine Hausaufgaben, und freitagabends brauchte meine Mutter nicht in der Küche zu stehen, und da mein Vater nicht mal ein Ei kochen konnte, bedeutete das, dass Essen geholt wurde. Fish and Chips oder Chop suey, und das wurde dann vor dem Fernseher gegessen, während wir Serien schauten oder begeistert bei Spielshows mitfieberten.

Als junges Mädchen hatte ich eine Freundin namens Lou. Sie war Jüdin und lud mich manchmal freitags zum Schabbatessen ein. Ich war begeistert! So sehr, dass ich ernsthaft erwog, zum Judentum zu konvertieren (wobei der Verzicht auf Schinkenbrötchen ein ernstes Hindernis war). Die vielen Kerzen, die Rituale, mehrere Generationen von Verwandten, die um den Tisch saßen und einander bei Bubbas Hühnersuppe mit Klößchen liebevoll neckten.

Als ich älter wurde und anfing zu arbeiten, wurde der Freitag umso bedeutender. Das Ende der Arbeitswoche! Wir fingen oft schon um die Mittagszeit an zu feiern, wenn wir gemeinsam in die Pizzeria um die Ecke gingen. Widerwillig kehrten wir an unsere Schreibtische zurück, sortieren Papiere hin und her, verschoben so viel wie möglich auf Montagmorgen, und dann gingen wir raus in die Stadt. Machten einen drauf. Rockten die Bude. Wir hatten es uns verdient!

Ich hatte damals einen Freund mit einem großen Bäckerkorb vorne am Fahrrad. Freitagabends holte er mich von der Bar ab, in die ich mit meinen Kollegen gegangen war, und dann kletterte ich in den Korb (meinen Drink noch in der Hand), ließ die Beine seitlich raushängen und wir fuhren nach Soho oder ins West End, wo wir uns in den neuesten, heißesten Club nur für Mitglieder reinschmuggelten.

Auch als ich Vollzeitmutter wurde, war und blieb der Freitag mein Lieblingstag. Ich verabredete mich dann oft mit Freundinnen zum Mittagessen (und ein, zwei Gläsern Wein), und wenn nicht, bot mir dennoch der Freitag einen absolut plausiblen Grund, eine Flasche zu öffnen, sobald die Schule aus war, entweder mit einer Freundin, während die Kinder zusammen spielten, oder – wenn nötig – alleine. (Wobei ich damit, wie ich inzwischen weiß, nicht allein war.) Laura Donnelly vom *Daily Telegraph* zitiert einen kürzlich erschienenen Bericht der Organisation Alcohol concern, die eine signifikante Zunahme von »gestressten Müttern, die sich nach der Schulhektik dem Wein zuwenden« festgestellt hat. Laura zitiert Alison Wise, Direktorin der australischen Non-Profit-Organisation Drink Wise, die sagt: »Wir haben ein echtes Problem mit dem Alkoholkonsum, der nach der Schule beginnt. Früher trank man eine Tasse Tee, heute stattdessen ein Glas Wein nachmittags um halb vier.«

Manch ein Freitagnachmittag verging damit, dass die Kinder in irgendeinem Kinderzimmer herumtobten und ein Kreis von Müttern währenddessen bei ein, zwei Gläsern die Welt in Ordnung brachte und gelegentliche Schreie wie »Mummy, Archie hat mich gebissen!« oder Ähnliches ignorierte. Ich erinnere mich an einen herrlich sonnigen Tag in einem nahe gelegenen Park. Ich war angenehm beschwipst, als mich plötzlich eine meiner Freun-

MÄRZ

dinnen anstieß und fragte: »Clare, ist das nicht Kit da oben im Baum?« Und tatsächlich, da war er, ungefähr zehn Meter über dem Erdboden, und schaffte es nicht mehr, runterzukommen. Und ich hatte es nicht mal bemerkt.

Keines meiner Kinder kam je zu Schaden, aber vielleicht war das mehr Glück als Verstand. Erst jetzt wird mir klar, dass ich in den letzten Jahren mit einer Schere in der Hand rumgelaufen bin und es reiner Zufall war, dass ich niemals hineingefallen bin und oder jemand anderen verletzt habe.

Ich liebte also diese angenehmen, faulen (und manchmal verrückten) Freitagnachmittage, doch vor ein paar Jahren begann der Freitag mich zu ängstigen. Was immer ich damals für eine Methode anwandte, mich zu »mäßigen« (kein Alkohol an Wochentagen, nur Bier, nicht alleine trinken etc.), so galt das nie für den Freitag. Und die Lage geriet allmählich außer Kontrolle. Trotz aller guten Vorsätze begann die Weinhexe ab mittags auf mich einzureden: *Komm schon! Es ist Freitag! Du hast es dir verdient! Du bist erwachsen, du musst dich etwas amüsieren. Du warst so brav.* Prompt begann ich ab spätestens vier Uhr nachmittags zu trinken, sodass ich, wenn mein Mann von der Arbeit nach Hause kam, schon den größten Teil einer Flasche Wein geleert hatte und um neun mürrisch, streitsüchtig oder eingeschlafen war.

Jetzt hasse ich Freitage kategorisch. Wenn mich der Radiowecker aus dem Schlaf reißt, vergesse ich für ein paar wundervolle Momente meinen jetzigen Zustand und denke: *Jippieh, Freitag!* Dann fällt mir wieder ein, dass es absolut nichts gibt, worauf ich mich freuen könnte, und stattdessen ein weiterer Abend auf mich wartet, an dem ich mit meinen inneren Dämonen ringe.

Heute werde ich wohl mal etwas Neues ausprobieren: alkoholfreies Bier. In Abstinenzlerkreisen ist »Nepp-Alkohol« nicht unumstritten. Die einen halten ihn für einen Segen, die anderen für Teufelswerk. Sie behaupten, er würde einen schneller zurückwerfen, als man »nüchtern« sagen könne. Da Bier jedoch nie die Droge meiner Wahl war, gehe ich davon aus, dass alkoholfreies Bier kaum ein Auslöser für mich sein wird. Von alkoholfreiem Wein lasse ich im Moment jedoch lieber die Finger (wobei die meisten, die ihn probiert haben, ihn ohnehin widerlich finden).

Auf dem Weg zur Schule, um die Kinder abzuholen, springe ich also in den Supermarkt und finde im Bierregal Beck's Blue. Es sieht ziemlich genauso aus wie echtes Bier. Ich nehme einen Sixpack und trage ihn zur Kasse.

Und hier kommt ein Geständnis: Ich habe Wein immer abwechselnd in verschiedenen Läden gekauft, aus Angst, den Leuten an der Kasse könnte auffallen, wie viel ich kaufte und sie könnten mich aufgrund dessen verurteilen – vor allem in diesem Supermarkt, der in der Nähe der Schule liegt und wo ich daher relativ oft hingehe. Es regte mich auf, dass scheinbar immer dieselbe Kassiererin Schicht hatte. Wenn ich meine Weinflaschen auf das Band stellte, sagte ich dann schon mal laut zu den Kindern: »Wir dürfen Daddys Wein nicht vergessen«, oder: »Onkel Duncan kommt zum Abendessen!«, wobei ich die Augen verdrehte. Unnötig zu erwähnen, dass die Kinder dachten, ich wäre verrückt geworden. Sie hatten nicht ganz Unrecht.

Beklommen nähere ich mich der Kassiererin, bis mir einfällt, dass es nichts gibt, wofür ich mich schämen müsste (zur Abwechslung). Ich stelle mein alkoholfreies Bier aufs Band, und trotzdem sagte ich ein wenig zu laut: »Warum gibt es für alkoholfreies Bier eine Altersbeschränkung? Ist das nicht komisch? Ist ja gar kein Alkohol drin! Haha!« Ich benehme mich immer noch wie eine Verrückte. Mich würde mal interessieren, ob Kassiererinnen sich überhaupt darum scheren, wer was kauft, und sich fragen, welche der Mütter, die sie bedienen, heimliche Säuferinnen sind. Ich vermute, dass die einzige Person, die mich jemals verurteilt hat, ich selbst war.

MÄRZ

Ich hole die Kinder von der Schule ab und eine der Mütter ruft mir zu: »Hey, Clare! Ich hab dich ja ewig nicht gesehen! Sollen wir nicht mal wieder einen trinken gehen?«

»Ich trinke im Moment keinen Alkohol«, antworte ich, »ich will ein bisschen entgiften …«

Verdattert sieht sie mich an und eilt davon. Über die Schulter hinweg ruft sie mir zu: »Sag Bescheid, wenn du wieder einsatzbereit bist!«

»Ausgehen kann ich aber trotzdem, weißt du!«, rufe ich ihr hinterher. »Ich kann ja Wasser trinken! Alkoholfreie Cocktails!« Aber sie ist weg. Und ich bin offiziell ein Paria. Mir ist plötzlich zum Heulen zumute, deshalb stecke ich den Kopf in den Schrank mit den Fundsachen, mit dem ich (dank Kit) bestens vertraut bin. Glücklicherweise bringt mich der Geruch von vergessenen, verschwitzten Rugby-Socken ziemlich schnell wieder zu Verstand.

Wir kommen nach Hause und die Kinder quellen aus dem Auto. Sie starren auf den Boden vor unserem Haus. Die Wasserbehörde hat vor kurzem ein Riesenloch in den Bürgersteig gegraben und es mit nassem Zement aufgefüllt, in den ein Scherzbold einen 1,50 m großen Penis gezeichnet hat. Na, super. Gut, dass er kein talentierter Künstler war.

»Was ist das, Mummy?«, fragt Maddie.

»Das ist eine Rakete, Schätzchen«, antworte ich.

»Ist ja lustig, sieht ein bisschen aus wie ein …« Ich bringe Kit mit einem starren Blick zum Schweigen und scheuche schnell alle ins Haus.

»Mummy!«, sagt Maddie, greift in ihren Schulranzen und wippt vor Aufregung auf die Zehen, hoch und runter. »Ich hab eine Überraschung für dich! Rate mal, wen ich mit nach Hause nehmen durfte?«

Oh Gott, es ist der Klassenbär. Der hat mir gerade noch gefehlt.

OH GOTT, ES IST FREITAG

Rasch verziehe ich mein Gesicht zu einem begeisterten Lächeln.

»Gut gemacht Schätzchen!«, sage ich in einem aufgesetzten, enthusiastischen Tonfall. »Wir freuen uns ja so, dich bei uns zu haben, Billy.«

Evie und Kit haben beide früher schon einmal den Klassenbären mit nach Hause gebracht. Vordergründig benutzt ihn die Klassenlehrerin, um Schüler für ihre besonderen Anstrengungen zu belohnen, und als Anregung, das Schreiben zu üben, da sie ein kleines Tagebuch (idealerweise mit Fotos) ausfüllen und dabei beschreiben müssen, was der Klassenbär am Wochenende gemacht hat. Den Müttern wiederum dient dieser Bär dazu, den anderen Eltern mal so richtig zu zeigen, was für ein tolles Leben sie führen.

Evie greift in Maddies Ranzen und zieht Billys Tagebuch heraus. Sie und Kit blättern kichernd darin herum.

»Schau mal! Billy hat letzte Woche die Elgin-Marmorstatuen im Britischen Museum besichtigt. Er war bei einem Konzert in der Royal Albert Hall und mit einem Typen namens Jasper im Mandarinunterricht. Hier ist sogar ein Bild von ihm oben auf dem Eiffelturm! Und schau mal, was er in den Sommerferien gemacht hat: Er war auf den Malediven tauchen!«

Sechs Augen blicken mich an. Acht, wenn man Billys glänzende braune Knöpfe hinzuzählt.

»Was machen wir mit Billy, Mummy?«

Ich schaffe es bis Viertel vor fünf (trotz allem hat sich nicht viel geändert), bevor ich ein »Bier« öffne, während ich versuche, mir einen angemessen beeindruckenden Wochenendausflug für Billy auszudenken. Vielleicht sollte ich Evie bitten, mir zu zeigen, wie Photoshop funktioniert, dann könnten wir Billy in alle möglichen architektonischen Sehenswürdigkeiten hineinkopieren.

Unheimlicherweise sieht mein alkoholfreies Bier genauso aus

MÄRZ

wie das echte, nur mit etwas weniger Schaum. Es schmeckt genauso und macht mich sogar leicht duselig. *Betrunken. Juhu!* Ich sehe mir noch mal die Flasche an. Es ist alkoholfrei. Entweder ist das ein schlechter Scherz oder mein Nervensystem ist so sehr darauf eingestellt, dass jetzt Alkohol kommt, dass es automatisch in den dazugehörigen Modus umgeschaltet hat.

Es hilft, wirklich! Durch das Bier fühle ich mich ein wenig »erwachsener«, etwas mehr in Feierlaune. Dann esse ich ein gigantisches Stück Karottenkuchen. (Das ist Gemüse, deswegen zählt es nicht. Sogar der Zuckerguss ist aus Zitronensaft.) Das hilft noch mehr. Aber ich hab immer noch die Nase voll. Die Nase voll davon, »langweilig« zu sein. Die Nase voll von dem konstanten inneren Dialog über Alkohol.

Ich treffe eine Abmachung mit mir. Ich werde weitere 74 Tage lang durchhalten, bis Tag 100. Das ist eine schöne runde Zahl. Wenn es bis dahin nicht besser wird, werfe ich das Handtuch.

DER HEULMONAT

| TAG | 033 |

NICHT MEHR DIE FRAU, DIE ER GEHEIRATET HAT

Vor dreizehn Jahren hat mein Mann ein Partygirl geheiratet. Eine Lebensgenießerin. Bis vor kurzem (vor 33 Tagen, um genau zu sein) drehte sich unser Leben um gesellige Treffen mit Freunden bei alkoholgetränkten sonntäglichen Mittagessen, feucht-fröhliche Partys und üppige Abendessen, begleitet von teurem Wein. Zu Abenden zu zweit gehörte normalerweise ein Essen im neuesten Restaurant mit Aperitif, Wein und Digestif, gefolgt von einem Schlummertrunk. Doch jetzt ist John mit einer Abstinenzlerin verheiratet. Ich habe mich dem Alkoholverzicht verschrieben – er nicht. Er wollte, dass ich mich einschränke (drastisch). Er hat mich aber nicht darum gebeten (oder es gewollt), dass ich ganz aufhöre.

Bevor ich aufgehört habe, suchten mich in meinen dunkelsten Momenten, normalerweise gegen drei Uhr morgens, Visionen heim, wie mein Mann sein aufgedunsenes, versoffenes, runtergekommenes Eheweib verlässt und mit einer jüngeren, schlankeren, lebendigeren Version abhaut. Wenn ich jetzt niedergeschlagen bin, sehe ich das immer noch vor mir, nur dass sich die beiden glücklich eine Flasche Wein in einem romantischen Bistro teilen, während ich allein zu Hause sitze, ein Glas Wasser in der Hand.

Es gibt viele Hilfs- und Gesprächsangebote für Familien von Alkoholsuchtgefährdeten, nicht dagegen – soweit ich weiß – für Ehemänner von Nicht-Trinkerinnen. In guten wie in schlechten

APRIL

Zeiten, in Reichtum und Armut, in Trunkenheit und Nüchternheit …

Ich habe John meine Ängste bisher nicht gestanden (sie aber natürlich in meinem Blog geäußert), da er zu lieb ist, als dass er jemals irgendwelche Anwandlungen von Reue zugeben würde. Ich befürchte daher, dass ich ihm nicht glauben könnte, egal was er sagt, aber heute Abend kann ich mich nicht mehr bremsen.

»Schatz«, sage ich, »kann ich dich was fragen?« Er sieht aus wie ein Hase, der im Scheinwerferlicht eines Autos gefangen ist. John ist ein beherrschter Schotte – er redet nicht gern über Gefühle. Schon mit sieben Jahren wurde er ins Internat geschickt. Jetzt arbeitet sein Verstand fieberhaft und er geht in Gedanken alle gespeicherten sinnvollen Antworten bei heiklen Konversationen im Voraus durch.

»Stört es dich, dass ich aufgehört habe zu trinken? Ist es schlimm für dich, dass ich als deine Frau dir jetzt keine Gesellschaft mehr dabei leiste?«

John wirkt erleichtert. Wenigstens habe ich ihn nicht gefragt: »Sieht mein Hintern hier drin fett aus?« Er kämpft immer mit der richtigen Antwort auf diese Frage.

»Nein, natürlich nicht, das ist doch etwas sehr Gutes«, antwortet er. Ich will mehr wissen, bohre nach Einzelheiten. Die positiven Seiten sind offenbar wie folgt:

1. Ich schlafe beim Fernsehen nicht mehr ein, sodass wir tatsächlich mal gemeinsam eine Serie schauen können.
2. Ich habe bessere Laune.
3. Ich wecke ihn nachts nicht mehr mit meinem unruhigen Herumgewälze auf.
4. Er muss nicht mehr so schnell trinken, um sicherzugehen, dass er seinen Anteil von einer Flasche Wein bekommt.

NICHT MEHR DIE FRAU, DIE ER GEHEIRATET HAT

Ich dränge ihn, mir auch negative Seiten zu nennen. Er denkt gründlich nach und sagt dann: »Ich bekomme nicht mehr so oft die Fernbedienung.« Dann versteckt er sich hinter seiner Zeitung wie eine Schildkröte, die den Kopf in den Panzer zieht. Konversation beendet. Männer. Einfache Wesen. Stör sie nicht beim Schlafen und beim Fernsehen und klau ihnen nicht die Kuscheldecke, dann sind sie zufrieden.

Ich glaube, die Wahrheit ist, dass es nur für uns Abhängige ein abschreckender Gedanke ist, dass der Partner nicht mehr trinkt, nicht dagegen für die »normalen« Trinker.

Aber wenn ich versuchen würde, ihm dauerhaft die Fernbedienung abspenstig zu machen? Darüber wäre er wirklich sauer …

APRIL

| TAG | 040 |

ICH BIN KHALEESI

Heute ist Tag 40, und in meinem Kampf gegen die abendlichen Gelüste lese ich mir etwas über Visualisierungstechniken an.

Die Technik der Visualisierung wird seit Jahrhunderten angewendet und hat ihre Wurzeln in Meditation, Gebet und Hypnotherapie. Zahlreiche Spitzensportler nutzen Visualisierungstechniken. Arnold Schwarzenegger verwendete sie in seiner Karriere als Bodybuilder, Schauspieler und Politiker.

Ich stoße auf eine Website namens easyvisualisationtechniques.com, die Arnie zitiert: *Ich habe visualisiert, wie ich alles war und alles hatte, was ich wollte. Bevor ich meinen ersten Titel als Mister Universum gewann, spazierte ich über das Wettkampfgelände, als gehörte es mir. Ich hatte den Wettkampf schon so oft in meiner Vorstellung gewonnen, dass ich keinerlei Zweifel daran hatte, dass ich gewinnen würde. Dann wurde ich Schauspieler, und da war es genau dasselbe. Ich stellte mir vor, dass ich ein berühmter Schauspieler war und viel Geld verdiente. Ich wusste einfach, dass es so kommen würde.*

Die absolute Unwahrscheinlichkeit, dass ein beängstigend aufgepumpter Österreicher mit unverständlichem Akzent Gouverneur von Kalifornien wird, lässt mich glauben, dass vielleicht tatsächlich etwas hinter diesem ganzen Visualisierungsquatsch steckt.

Ich finde heraus, dass es drei Möglichkeiten gibt, Visualisierung auf dem Weg zu einem alkoholfreien Leben zu nutzen. Die

ICH BIN KHALEESI

erste besteht in Entspannung und Stressminderung. Die Idee dahinter ist, dass man sich gegen wine o'clock ein ruhiges Fleckchen sucht und sich an seinen »Glücksort« versetzt, anstatt an Alkohol zu denken. Man benutzt sämtliche Sinne, konzentriert sich auf Geruch, Gefühl, Geräusche, Farben, Geschmack. Die Gelüste sollen angeblich nur zehn Minuten lang anhalten, obwohl es mir sehr viel länger vorkommt. Aber vielleicht kann mir diese Methode helfen, den Sturm abzuwettern.

Ich versuche es. Ich lege mich in die Badewanne, schließe die Augen und stelle mir vor, dass ich wieder in meinem Auslandsjahr auf dieser thailändischen Insel bin, zusammen mit Buck, dem umwerfenden Texaner, mit dem ich eine denkwürdige Urlaubsromanze hatte. Buck trug einen eintätowierten thailändischen Schriftzug auf der Fußsohle, der angeblich bedeutete: »der junge Mann endet hier«. In Wirklichkeit hieß es wahrscheinlich »blöder, naiver Tourist«. Ich höre Palmwedel in der Brise klappern, spüre den Sand zwischen den Zehen und schmecke das kühle Singha-Bier auf den Lippen. Oh nein! Es scheint, dass alle meine »Glücksorte« mit Alkohol zu tun haben!

Irgendwann komme ich zu dem Punkt, an dem ich mir vorstelle, auf dem Rücken eines Pferdes über eine Landzunge in Cornwall zu galoppieren, die Arme um den harten, glänzenden Sixpack des Serienhelden Poldark geschlungen, der gerade vom Schlachtfeld zurückgekehrt ist. Gottlob ist es sogar in meiner fiebrigen Fantasie vollkommen unmöglich, ein Glas Wein zu trinken, während man auf einem galoppierenden Hengst sitzt.

Die zweite Methode, Visualisierung zu nutzen, ist die von Arnie: Man stellt sich seinen zukünftigen Erfolg vor, sieht sich an dem Punkt, an dem man in einem Jahr sein möchte. Ich versuche es. Ich stelle mir eine nüchterne, schlanke, umwerfend gekleidete und gepflegte Clare bei der Präsentation ihres zukünftigen Bestsellerromans vor, umringt von Freunden, Verwandten

APRIL

und ihren stolzen, glücklichen, wohlerzogenen und ausgeglichenen Kindern.

Zukunftsvisualisierungen sollen Konzentration, Selbstvertrauen, Motivation und Selbstwertschätzung unterstützen. Zu wissen, worauf man hinarbeitet, und wirklich zu glauben, dass es etwas nützen kann, sei, so heißt es, der erste Schritt, um sein Leben zu verändern. Einige behaupten sogar, dass das Visualisieren einer positiven Zukunft diese wahrmachen kann. Man nennt das »das Gesetz der Anziehung«. Es klingt verrückt, aber zahlreiche Studien beweisen, dass Menschen, die positiv denken, positivere Ergebnisse erzielen und umgekehrt, also steckt vielleicht etwas dahinter.

Wissenschaftler haben die Macht der Wahrnehmung und des Unbewussten wieder und wieder bewiesen. Man denke nur an die Placebos in der Medizin oder die Heilkraft meiner Küsse, wenn die Kinder ein Wehwehchen haben. Wenn ich sage: »Ich geb dir jetzt ein Küsschen drauf, dann tut es nicht mehr weh«, hilft das tatsächlich – weil die Kinder daran glauben. (Zugegeben: Wenn sie sich eine Fingerkuppe abhacken würden, würde es nicht helfen und wir würden sofort in die Ambulanz rasen.)

Doch meine Lieblingsmethode, Visualisierung einzusetzen, ist die, die ich Tritt-in-den-Arsch-Methode nenne. Allen Carr, Autor von *Endlich ohne Alkohol: Der einfache Weg* rät, sich die innere Gier – die Cravings – oder den »inneren Süchtigen« als sich windende Schlange oder Ungeheuer vorzustellen. Jedes Mal, wenn man der Schlange einen Drink verweigert, stirbt sie ein wenig. Man muss so lange weitermachen, bis sie ganz und gar verschwunden ist. Doch nur ein kleiner Schluck, und sie erwacht wieder zum Leben.

So ähnlich stelle ich mir die »Weinhexe« vor. Es ist leichter, die innere Süchtige zu schlagen, wenn man sie sich als bösartige, manipulative alte Schachtel und nicht nur als das eigene Unterbewusstsein vorstellt. Ich gehe noch einen Schritt weiter und sehe mich selbst als kämpferische Figur, die den Feind in großem Stil und mit Verve bekämpft und besiegt.

Mir fällt ein, dass ich einen ähnlichen Trick benutzt habe, als ich in den Vorstand meiner Werbeagentur berufen wurde. Als ich als jüngste und eine der ganz wenigen weiblichen Direktoren zu meinem ersten Vorstandsmeeting ging, stellte ich mir vor, ich wäre wie Madonna um 1987 und trüge einen dieser spitzen BHS und Lederhotpants. Ich stellte mir außerdem vor, dass ich aus den Brustwarzen, wenn nötig, Laserstrahlen feuern konnte. Überflüssig zu erwähnen, dass ich in diese Meetings mit wesentlich mehr Selbstvertrauen hineinmarschierte, als ich es ohne Madonna gehabt hätte.

Tut mir echt leid für dich, Madonna – ich werde dir auf ewig dankbar sein, aber leider muss ich dich updaten. Ich bin jetzt Khaleesi aus *Game of Thrones*. Khaleesi – alias Daenerys Targayen, Drachenmutter – stark, weise und schön. Khaleesi würde niemals nach dem Chablis greifen, wenn es schwierig würde. Oh nein! Sie würde ihre Armee der Unbefleckten loslassen. Khaleesi hätte keine Probleme damit, eine lächerliche Sucht loszuwerden. Diese Frau kann durch Feuer gehen und unversehrt herauskommen!

Wenn mir also jetzt die Weinhexe auf die Schulter tippt, stelle ich mir Khaleesi vor und lasse meine drei Drachen los, die die miese Bitch, ohne mit der Wimper zu zucken, zu Asche verbrennen. (Dabei ist es wichtig, das Ende von Staffel 4 zu ignorieren, wenn Khaleesis Drachen böse werden und anfangen, kleine Kinder zu braten.) Nimm das, hässliche alte Schachtel, und komm mir nicht zu nahe!

APRIL

| TAG | 044 |

WENN DIE WEINHEXE GEWINNT

Seitdem ich aufgehört habe zu trinken, schlafe ich so tief, dass ich mich morgens nicht an meine Träume erinnern kann, bis auf letzte Nacht, als ich lebhaft von Juliet träumte.

Ich begegnete Juliet mit 26. Ein Freund von mir stellte sie mir als seine neue Freundin vor. Juliet und ich waren uns auf Anhieb sympathisch.

Sie hatte wildes, unzähmbares rotes Haar und Sommersprossen, und sie knisterte und zischte vor greifbarer Energie. Mit ihr zusammen zu sein war, als würde man einen großen Mund voll Brausepulver essen. Sie war teuflisch klug und absolut loyal, rauchte wie ein Schlot und soff wie ein Fisch, genau wie ich. Mit Juliet an meiner Seite fühlte ich mich wie eine bessere Version meiner selbst. Attraktiver, klüger, lebendiger.

Ich hätte wissen müssen, dass eine Flamme, die so hell brannte, unweigerlich jung sterben würde.

Juliet und ich gingen oft in schicke Restaurants und quatschten, bis die Kellner rings um uns die Stühle auf die Tische stellten. Wir tranken die erste Flasche Wein schnell aus und dann winkte Juliet die Bedienung und rief: »Entschuldigen Sie, könnten wir bitte noch so eine haben, aber voll?« Und dann lehnte sie sich auf ihrem Stuhl zurück und lachte aus vollem Hals.

Wir verbrachten lange Nächte in ihrer oder meiner Wohnung und tanzten hingebungsvoll zu den Hymnen unserer Jugend: Duran Duran, Siouxie and the Banshees, Toyah Willcox. Wir lasen uns Gedichte vor (prätentiös, ich weiß, aber wir waren eben jung). Wir versprachen einander, zusammen alt zu werden. Wir würden exzentrische alte Ladys werden, mottenzerfressene Nerze mit Köpfen dran tragen, Jugendliche mit unseren Spazierstöcken drangsalieren und hingebungsvoll Martini trinken.

Juliet war absolut furchtlos (wenn sie betrunken war, nüchtern wurde sie von Unsicherheit gequält) und überzeugend. Es gelang ihr immer, andere davon zu überzeugen, dass sie selbstverständlich noch Auto fahren konnte. Sie sei, sagte sie, eine ausgezeichnete Fahrerin, und sogar eine noch bessere nach ein paar Drinks.

Eines Tages, nachdem wir alle über das Wochenende auf einer wilden Landhausparty gewesen waren, beschloss sie, dass sie absolut noch in der Lage war, nach Hause zu fahren, was ihr lieber war, als noch Sonntagnacht zu bleiben wie wir anderen. Zu unserer Schande muss ich gestehen, dass wir sie fahren ließen. Sie zerlegte ihr Auto auf der M1.

Gott sei Dank wurde niemand verletzt, aber es schockierte sie zutiefst. Sie erkannte, dass sie nicht unbesiegbar war. Sie kündigte ihre Stelle als Unternehmensberaterin, die sie auffraß und die sie hasste, und zog aus London weg, fort von den Versuchungen, um gesünder zu leben und ihren Traum zu verwirklichen, ein Buch zu schreiben. Sie schrieb genauso, wie sie lebte – mitreißend, originell und humorvoll. Ihre E-Mails waren zwerchfellerschütternd lustig. John las einige von ihnen bei ihrer Trauerfeier vor.

Zu meiner Schande muss ich gestehen, dass ich in meinem jugendlichen Egoismus nach ihrem Umzug nicht mehr so viel mit Juliet geredet habe, wie ich es hätte tun sollen. In dem Jahr nach ihrem Umzug habe ich sie nicht ein einziges Mal besucht.

Eines Abends hatte Juliet einen Freund zu Besuch. Er war noch kein fester Freund – ich glaube, sie näherten sich gerade erst an. Juliet brauchte Zigaretten, aber dort draußen auf dem Land lag der nächste Laden, der noch offen hatte, mehrere Kilometer

APRIL

entfernt. Sie spulte die übliche Leier ab, dass sie noch besser fahren könne, wenn sie betrunken war.

Juliets Auto kam von einer verlassenen Landstraße ab und landete kopfüber in einem Graben. Der Noch-nicht-Freund, der es auch niemals werden sollte, war, noch im Schlafanzug, stundenlang neben ihrer Leiche im Auto gefangen. Sie ist nicht einmal dreißig Jahre alt geworden.

Viele Jahre später fuhren John und ich mit Evie und Kit (damals ein Kleinkind und ein Baby) durch Afrika. Es herrschten schlechte Sicht, strömender Regen und Nebel. Ich schlief ein. In meinem Traum sah ich Juliet, ganz klar und deutlich. Sie rief: »Wach auf!« Ich erwachte und sah, dass sich der Weg zu einer zweispurigen Straße gabelte. John hatte es nicht bemerkt und fuhr genau auf den zweispurigen Gegenverkehr zu. Ich schrie auf. Er riss am Lenkrad. Ich glaube wirklich, dass Juliet uns das Leben gerettet hat. Ich wünschte, ich hätte auch ihres retten können. (John meint, ich solle diese Geschichte nicht mehr erzählen, weil sie etwas spinnert klänge und ich mich dadurch wie ein Hippie anhöre. Ich finde ihn herzlos.)

So ist das mit der Weinhexe. Sie beendet vielversprechende Lebenswege lange vor der Zeit und sorgt dafür, dass andere Leben nur halb gelebt werden. Sie lässt Kinder in dem Glauben aufwachsen, dass es für Erwachsene normal sei, den ganzen Abend, jeden Abend Alkohol zu trinken. Sie arrangiert, dass Mütter mitten in der Nacht von einem Fremden geweckt werden, der ihnen berichtet, dass ihr einziges Kind tot im Straßengraben gefunden wurde, neben einem Mann, den sie kaum kannte.

Ich denke daran, dass ich das alles nicht nur für mich tue. Ich tue es auch für meinen Mann und meine Kinder und ich tue es für meine nichtsnutzige, furchtlose, feuerrote Freundin – Juliet, die ich niemals vergessen werde.

| TAG | 047 |

DIE DINNERPARTY

Es ist Samstagnachmittag, und nach tagelangem Frühlingsregen scheint die Sonne. John und ich nutzen die Gelegenheit und fahren mit Evie, Kit, Maddie und dem Hund in den Holland Park. Ich sehe den Kindern zu, wie sie auf dem Abenteuerspielplatz Verstecken spielen, während John auf einer Bank sitzt und die Wochenendausgabe der *Financial Times* liest. Ob ich ihm sagen soll, dass er besser mal Sonnenmilch oben auf dem Kopf auftragen sollte? Nein, ich möchte den Moment nicht verderben.

Plötzlich, wie aus dem Nichts, überkommt mich ein Hochgefühl, ein Schwall purer Lebensfreude und Liebe, wie ich sie seit Ewigkeiten nicht mehr empfunden habe.

Voll gespannter Erwartung habe ich von diesem Gefühl gelesen. Es nennt sich die »rosa Wolke« der frühen Abstinenz. Und so schwebe ich einige Minuten lang auf meiner rosa Wolke, mit dem Gefühl, dass alles möglich ist und nichts schiefgehen kann, und dann – *plopp* – ist sie weg. Evie, Kit und Maddie fangen wie üblich an zu streiten. Evie neckt Kit wegen irgendetwas, und da er gegen seine große Schwester nicht ankommt, tritt er die unschuldige Maddie, als er sich unbeobachtet fühlt. Maddie fängt an zu weinen, die Hälfte von Johns Zeitung wird vom Wind weggeweht und der Hund rennt mit einem Brötchen weg, das er aus irgendeinem Picknickkorb gestohlen hat.

Ich starre sehnsüchtig der sich rasch verziehenden rosa Wolke nach. War's das? Wird sie je zurückkehren?

APRIL

Und jetzt ist es wieder sechs Uhr abends – wine o'clock – und die Gier ist mit aller Gewalt zurück, noch verstärkt durch die Tatsache, dass ich mich für eine Dinnerparty fertig machen muss. Ich durchwühle meinen mageren Kleiderschrank nach etwas halbwegs Nettem, instruiere den Babysitter und fahre dann mit John zu Laura.

Ich fahre. Das ist ein Bonus. Keine Nachtbusse mehr, keine U-Bahnen mit randalierenden Besoffenen, keine exorbitanten Kosten für Taxis mehr.

Ich nehme mir vor, es nicht an die große Glocke zu hängen, dass ich keinen Alkohol trinke; auf diese Weise muss ich mich nicht den vielen Fragen stellen, die das automatisch aufwirft. Vielleicht fällt es nicht mal jemandem auf. Und selbst wenn, wird es womöglich keiner für erwähnenswert halten. Man wird einfach davon ausgehen, dass ich noch fahren muss, eine Frühjahrskur mache oder so ähnlich.

Wir parken das Auto und betreten das große, stuckverzierte Haus in Kensington, das die Kulisse war für zahlreiche meiner betrunkenen Auftritte in den letzten fünfzehn Jahren.

»John! Clare!«, ruft unsere Gastgeberin, als wir die Küche im Untergeschoss betreten, die bereits mit Gästen gefüllt ist. »Was möchtet ihr trinken?«

»Ihr habt nicht zufällig eine Cola light da?«, frage ich zurück.

Die Gespräche verstummen und ungefähr acht Augenpaare wenden sich mir zu und starren mich an. Na, das hat ja super geklappt.

»Ich muss noch fahren«, füge ich lahm hinzu.

»Aber warum nehmt ihr euch kein Taxi?«, fragt mich Laura. »Außerdem kannst du doch trotzdem ein, zwei Gläser trinken.«

»Danke, lieber nicht. Ich … entgifte gerade.«

Achselzuckend gibt sie mir eine Cola light, die ich mit beiden Händen umklammere wie ein Kleinkind seine Schmusedecke.

DIE DINNERPARTY

Ich plaudere ein wenig mit Lauras Sohn, der etwa im selben Alter wie Evie ist und dazu verdonnert wurde, Mäntel anzunehmen und Chips zu verteilen. Er fragt mich, ob er mein Handy haben kann, weil er mir etwas auf Instagram zeigen möchte. Ich reiche es ihm.

»Du solltest nicht so viele Apps offen lassen, weißt du«, sagt er, »dadurch wird das Handy langsamer und verbraucht zu viel Datenvolumen.« Mit der Geschicklichkeit weit jenseits der Fähigkeiten irgendeines Erwachsenen beginnt er, Bildschirme zu schließen. Zu meinem Entsetzen ist mein iPhone-Display plötzlich mit meinem Blog gefüllt. Er hält inne und starrt mit zusammengekniffenen Augen auf den Text.

»Mummy war eine heimliche Trinkerin?«, liest er langsam und laut vor. In meinen Ohren klingt seine Stimme klar und deutlich wie die eines Chorknaben und hallt von den Wänden und der Decke der überfüllten Küche wider.

Oh, Schreck! Während ich problemlos alle möglichen Einzelheiten meines Lebens mit Fremden auf der ganzen Welt teile, wird mir ganz schlecht bei der Vorstellung, dass irgendjemand aus meinem Bekanntenkreis meine finsteren Geheimnisse, Ängste, ja, sogar meine Körpermaße erfahren könnte.

Ich nehme dem Jungen das Handy ab, in der Hoffnung, dass ihn niemand gehört hat, und mein Gesicht nimmt die Farbe des Rote-Bete-Salats auf dem Küchentisch an.

»Ist nur ein Blog, den ich gelesen habe. Total verrückt, diese Frau. Den abonniere ich garantiert nicht, haha«, stottere ich.

Insgesamt sind wir etwa zu zehnt. Alle stehen herum und unterhalten sich, nur ich fühle mich ausgeschlossen, eher wie eine Beobachterin als eine Beteiligte. David Attenborough scheint sich in meinem Kopf eingenistet zu haben, und er kommentiert die Szene wie in einem Naturfilm: *Und hier sehen wir eine repräsentative Gruppe von erwachsenen Alkoholkonsumenten in ihrem*

APRIL

natürlichen Habitat – der Küche bei einer Party. Achten Sie darauf, wie sie versuchen, einander mit ihren komplizierten Ritualen und ihrem bunten Federkleid zu beeindrucken ...

Als ich mich im Raum umblicke, stelle ich fest, dass alle unglaublich nüchtern wirken. Bis vor 47 Tagen wäre ich das zu dieser Uhrzeit nicht mehr gewesen. Ich hätte schon mehr als einen leichten Schwips gehabt. Trinken denn nicht alle samstags zum Mittagessen ein paar Gläser Wein? Und dann eines oder zwei zum Vorglühen, während sie sich zum Ausgehen bereit machen? Offenbar nicht. Wer hätte das gedacht?

Wir setzen uns zum Abendessen, und obwohl ich mich nervös und unbehaglich fühle, stelle ich fest, dass ich nüchtern eine viel bessere Gesprächspartnerin bin. Es gelingt mir, mich ungefähr gleichermaßen mit den Männern zu meiner Linken und zu meiner Rechten zu unterhalten. Früher hätte ich mich dem interessanteren Mann zugewandt und den armen Kerl auf der anderen Seite zappeln lassen. Außerdem wäre ich permanent im Sendemodus gewesen, hätte anderen Unterhaltungen nur mit halbem Ohr zugehört und sie als Gelegenheit genutzt, mir zu überlegen, welche müde alte Anekdote ich als Nächstes zum Besten geben könnte. An diesem Abend höre ich aufmerksam zu, ehrlich interessiert an dem, was andere Leute zu sagen haben.

Andererseits schafft mich die Anstrengung, nicht nach einem Glas Wein zu greifen, und ich beiße die Zähne zusammen, dass es knirscht. Nachdem ich mit dem Essen fertig bin, scheinbar lange vor allen anderen, weiß ich nicht, was ich mit meinen Händen anfangen soll. Ich bekämpfe den Impuls, mich daraufzusetzen.

Ich entwische auf die Toilette, schließe die Tür ab, setze mich aufs Klo und lausche den gedämpften Stimmen leicht angeheiterter Partygäste in der Küche. Ich hole mein iPhone heraus und logge mich in meinen Blog ein. Dort finde ich folgenden Kom-

DIE DINNERPARTY

mentar von einer meiner Lieblingsleserinnen, Kags: *Ganz sicher spreche ich für viele von deinen Followern, wenn ich dir sage, dass für uns, sosehr wir dich auch dazu anspornen, abstinent zu bleiben, dein Blog dasjenige ist, was uns alle in der Spur hält. Zu wissen, dass es diese kleine Truppe von starken und unabhängigen Nicht-Trinkerinnen und -Trinkern da draußen gibt, die alle dasselbe fühlen, hilft mir, vernünftig und nüchtern zu bleiben.*

Ich kann sie nicht enttäuschen. Ich atme tief durch und kehre zurück in die Arena.

Seltsamerweise gewinne ich den Eindruck, dass sich nicht viele Leute auf einer Dinnerparty betrinken. Ich schäme mich zu Tode. In den letzten paar Jahren habe ich mir fröhlich einen hinter die Binde gegossen (nie so, dass es peinlich wurde, dass ich getorkelt wäre, mich übergeben hätte oder – sehr – ausfallend geworden wäre, aber wahrscheinlich so, dass ich gegen Ende etwas gelallt habe). Ich ging einfach davon aus, dass alle anderen dasselbe taten. Doch von uns zehn trinken mindestens zwei den ganzen Abend über nicht mehr als ein, zwei Gläser Wein, und selbst nach einigen Stunden ist keiner auf der Party merklich betrunken.

Sobald wir lange genug geblieben sind, um nicht unhöflich zu erscheinen, gehen wir. Genug ist genug. Zeit, nach Hause zu fahren. Jahrelang hatte ich Angst vor Streifenwagen, weil ich mir nie sicher war, dass ich nicht noch zu viel Restalkohol vom Abend zuvor im Blut oder die Wirkung meiner Drinks unterschätzt hatte, aber heute Abend wünsche ich mir geradezu, angehalten zu werden. Ich möchte, dass mich ein uniformierter Polizist fragt, wie viel genau ich heute Abend getrunken habe, sodass ich antworten kann: »Keinen Tropfen. Soll ich mal pusten?« Irgendwoher muss man doch seine Kicks kriegen.

Trotz fehlender Polizeisperren war dieser Abend für mich ein Erfolg. Ich habe es geschafft, nicht zu trinken, ohne dass ich zusammengebrochen bin oder jemanden ermordet habe. Ich hatte sogar Spaß. Ich war – hoffentlich – ein guter Gast. Ich werde morgen ohne Kater aufwachen. Trotzdem fühle ich mich weiterhin niedergeschlagen. Noch immer habe ich Angst, ausgegrenzt zu werden, sobald die anderen merken, dass ich nicht mehr richtig mitmache. Ich befürchte, dass die Einladungen ausbleiben, wenn ich trocken bleibe. Ich weiß, dass ich damit oberflächlich wirke, aber Geselligkeit war immer ein wichtiger Bestandteil meines Lebens. Und da ich die meiste Zeit des Tages mit Kindern unter zwölf verbringe, habe ich sonst kaum die Gelegenheit, mich mit Erwachsenen zu unterhalten.

Warum tue ich das? Ist es wirklich notwendig? War ich wirklich so schlimm?

HEULTAG

Ich beim Multitasking: bügeln, Jaffa Cakes einatmen und die verpassten Folgen meiner Fernsehserie nachholen. Erstaunlich, wie sauber und ordentlich das Haus aussieht, wenn man aufhört zu trinken. Putzen und bügeln sind eine super Ablenkung von der ganzen Abstinenzkiste. Überhaupt gleicht Hausarbeit einer etwas rigideren Form von Achtsamkeit – man muss sich auf das Hier und Jetzt konzentrieren, und dabei sind auch noch die Hände beschäftigt. Es entsteht sogar eine wunderbare Synergie zwischen dem Reinigen des ganzen Umfelds und der Selbstreinigung. Tabula rasa. Neustart. Momentan finde ich frisch gewaschene Bettwäsche fast so erhebend wie früher eine gekühlte Flasche Sancerre. Wie traurig ist das denn?

Aber zurück zum Thema. Hier bin ich also, sehe fern und bügle die Hemden meines Ehemannes, als ich plötzlich, aus dem Nichts heraus, anfange zu weinen. Heftig. Schluchzend. Und dabei bin ich nicht mal traurig. Auch die Serie ist es nicht – die Hauptperson hat gerade Kupfer in ihrer Mine entdeckt und alle feiern.

Wie aus Sympathie kracht draußen lauter Donner und es fängt in Strömen an zu regnen. Große, dicke Tropfen fließen in unsere unzureichenden Regenrinnen am Haus und über mein Gesicht.

Aber ich bin doch Britin! Ich heule normalerweise nicht. Ich bewahre unter allen Umständen die Fassung. Ich kann mich nur

APRIL

an ein einziges Mal erinnern, als ich ohne besonderen Grund so aufgewühlt war, und das war kurz nach Evies Geburt. Aber das lag an den Hormonen und dem Schock, plötzlich Mutter zu sein. Dadurch brauchte ich zwei Tage, um über die Szene in *Findet Nemo* hinwegzukommen, in der Nemos Mutter und Hunderte seiner ungeschlüpften Geschwister von einem Barrakuda gefressen werden.

Ich fühle mich ein wenig wie eine Zwiebel, der nach und nach alle Häute abgepellt wurden, sodass ich ganz nackt und verwundbar bin. Die Gefühle überwältigen mich. Es ist kein schmerzliches Weinen, das nicht, es ist eher kathartisch, aber ich komme mir so blöd dabei vor.

Ich habe inzwischen viel darüber gelesen, dass man trinkt, um Emotionen zu vermeiden: Sind wir gestresst, trinken wir. Haben wir Angst, trinken wir. Sind wir glücklich, trinken wir. Ergebnis: Wir werden nicht erwachsen. Die wunderbare Caroline Knapp, Autorin von *Alkohol: meine gefährliche Liebe*, schreibt: *Was ich nie begriffen habe, war, dass das Erwachsenwerden eine bewusste Entscheidung ist und dass das Erwachsensein weniger ein chronologischer Zustand denn ein emotionaler ist, den man beschließt, mittels schmerzlicher Handlungen sowohl anzunehmen als auch aufrechtzuerhalten. Ebenso wie viele andere Leute, die ich kenne (Alkoholiker und Nichtalkoholiker), habe ich den größten Teil meines Lebens damit verbracht, darauf zu warten, dass das Erwachsensein über mich hereinbricht, als würde ich einfach eines Morgens aufwachen und fertig sein, wie ein Braten im Ofen.* Das ist typisch für mich: ein ofenfertiges Hühnchen, das sich fragt, wann es gebraten werden wird. Im Herzen fühle ich mich immer noch wie neunzehn.

Doch offenbar reifen wir nicht sofort, nachdem wir aufgehört haben zu trinken. Es ist, als müssten wir erst auseinandergenommen werden, bevor wir uns wieder zusammensetzen können, bevor wir uns dafür entscheiden, mit unserem Leben und unseren

Gefühlen angemessen – nüchtern – umzugehen und wirklich erwachsen zu werden. Ein perfekter Braten.

Hier bin ich also, ganz schutzlos, und weine über meiner frisch gebügelten Wäsche.

Ich recherchiere weiter im Internet, um einen Weg aus meinem schwarzen Loch zu finden, bevor ich mich selbst in den Wahnsinn treibe. Es stellt sich heraus, dass meine derzeitige Gefühlslage vollkommen normal ist. Ich bin stupide vorhersehbar. Es gibt offenbar mehrere Schritte der Gesundung. Die »Hochzeitsreisephase« ist von Gefühlen der Zuversicht und des Optimismus bezüglich des eigenen Lebens und einem Gefühl des Wohlbefindens und der Kontrolle geprägt.

Leider heißt die darauffolgende Phase »die Mauer« und erstreckt sich typischerweise von Tag 46 bis Tag 120. Die Mauerphase wird charakterisiert von Langeweile, Depression und Zweifeln. Oh nein – das klingt nicht sehr lustig. Wie hoch ist diese Mauer? Ist es eine niedrige, bröckelige Bruchsteinmauer oder gleicht sie der kilometerhohen Eiswand in *Game of Thrones*? Wie komme ich drüber, und, noch wichtiger, was befindet sich auf der anderen Seite?

Letztere Frage stelle ich meinen Bloglesern, und ein erfahrener Mensch, ein Blogger namens Ainsobriety, antwortet mit nur einem Wort: *Freiheit*.

Ich brauche einen Plan, um die Mauer zu überwinden. Den Begriff »Selbstfürsorge« habe ich in vielen der Artikel und Bücher gefunden, die ich gelesen habe. Bisher bin ich davon ausgegangen, dass mit »Selbstfürsorge« im Wesentlichen gesunde Ernährung und Bewegung gemeint waren, um allmählich die Schäden zu reparieren, die die Jahre des Alkoholmissbrauchs verursacht haben. Doch aufgrund der Heulerei heute erweitere ich die Definition von Selbstfürsorge um eine Portion Selbstverwöhnen. Verflixt noch mal, das habe ich mir inzwischen wohl verdient!

APRIL

Ich setze mich hin und rechne zum ersten Mal aus, wie viel Geld ich für Wein ausgegeben habe. Ich habe keinen billigen Fusel getrunken. In meiner Vorstellung machte mich ein Wein für über zehn Pfund die Flasche zur Kennerin anstatt zu einer gewöhnlichen Säuferin. Daher habe ich im Durchschnitt ungefähr 12,50 £ pro Flasche investiert. Und ich habe (konservativ geschätzt) ungefähr zehn Flaschen pro Woche getrunken. Das macht 125 £ pro Woche. Über 500 £ pro Monat! Ein Löwenanteil meines gesamten Haushaltsbudgets.

Ich muss mir eigentlich darüber im Klaren gewesen sein, wie viel ich ausgegeben habe (schließlich habe ich nicht umsonst einen Abschluss in Wirtschaftswissenschaften), doch da diese Käufe in meinem Kopf als absolut notwendig abgespeichert waren, gleichrangig mit Klopapier und Waschmittel, habe ich diese Ausgabe nie hinterfragt. Woche für Woche achtete ich im Supermarkt auf die Sonderangebote und legte statt teurer Markenprodukte billige Hausmarken in den Einkaufswagen. Und auf der anderen Seite gab ich über 500 £ pro Monat für Alkohol aus, 6000 £ pro Jahr!

Das sind die schrecklichen, grauenvollen, peinlichen schlechten Neuigkeiten. Doch hier kommt die gute Nachricht: Ich habe inzwischen 500 £ pro Monat gespart. Yeah! Auf, Mädchen! Lass uns shoppen gehen!

Und so trete ich hinaus auf die Straße, die vom Regen reingewaschen ist, und atme die frische Luft tief ein, nachdem die Natur für kurze Zeit den Kampf gegen die Londoner Luftverschmutzung gewonnen hat. Ich gehe zum Blumenstand und kaufe einen herrlich duftenden Strauß für zu Hause (eine Flasche Wein). Ich vereinbare einen Termin für eine Frühlingspediküre (zwei Flaschen Wein) und ich lasse meine Augenbrauen mit der Zwirnmethode (eine Flasche Wein) zupfen (wodurch ich noch mehr Tränen vergieße, aber diesmal hab ich wenigstens einen Grund).

In den letzten paar Jahren habe ich nicht viel Zeit mit Schönheitspflege vergeudet. All das Wachsen, Epilieren, Bräunen, Föhnen und der ganze Quatsch erschienen mir wesentlich unwichtiger als das Kaufen und Trinken von Wein. Außerdem war ich so missmutig, aufgequollen und voll mangelnder Selbstachtung, dass ich jedes Mal, wenn ich mich irgendwie pflegte, das Gefühl hatte, als ob sich ein Schwein mit Lippenstift schminkte. Doch inzwischen fühle ich mich ein kleines bisschen mehr sexy. Ich habe mehr Zeit. Ich habe mehr Geld. Also sage ich: Auf Wiedersehen, hässliches Entlein! Und: Hallo, Schwan!

DER MONAT, IN DEM ICH ES MIT DER GESELLIGKEIT ÜBERTREIBE

NOCH MAL DAVONGEKOMMEN

Wir sind unglaublich gut darin, nur das zu sehen, was wir sehen wollen, und das zu hören, was wir hören wollen. Als ich noch überzeugte Raucherin war, wurde ich mit unübersehbaren Warnungen der Gesundheitsbehörde konfrontiert. Wann immer ich nach einer Zigarettenpackung griff, sah ich abschreckende Bilder teerschwarzer Lungen. Ich kannte die Statistiken – dass die Hälfte aller Raucher irgendwann an ihrer Gewohnheit sterben wird. Aber glaubte ich, dass irgendetwas davon auf mich zutraf? Natürlich nicht!

Doch wann immer ich jetzt an einer Gruppe junger Frauen vorbeigehe, die draußen vor einer Bar stehen und rauchen, möchte ich sie am liebsten an den Schultern packen und anschreien: »Warum macht ihr das? Was bringt euch das? Glaubt ihr, dass das sexy aussieht? Wisst ihr denn nicht, dass ihr Selbstmord auf Raten begeht?« Erst, wenn man sich aus den Fängen einer abhängig machenden Droge befreit, kann man dem Wolf den Schafspelz herunterreißen und ihn als das sehen, was er wirklich ist.

Als Gesellschaft sind wir geschickt darin, die Gefahren des Alkohols zu ignorieren. Wir gehen, nicht ganz unbegründet, davon aus, dass eine Droge, die legal, öffentlich und in großem Stil von einem Großteil der erwachsenen Bevölkerung konsumiert wird, ziemlich harmlos sein muss. Wir betrachten die Richtlinien der Gesundheitsbehörden als genau das – Richtlinien eben, die igno-

MAI

riert werden können, wann immer sie unbequem sind. Wir überspringen jeden Zeitungsartikel über Leberschäden und stürzen uns dagegen auf jene, die auch nur die geringsten positiven Seiten eines kleinen Glases Rotweins pro Tag herausstellen. Ich konnte daraufhin zufrieden eine Flasche entkorken und mir sagen, dass Wein zu den fünf Einheiten Obst und Gemüse am Tag zählt, da er schließlich aus Trauben besteht, und mir dazu gratulieren, einen mediterranen Lebensstil zu pflegen. Ich konnte mir vorstellen, wie ich in reifem Alter in der Sonne sitzend meinen Wein schlürfe, so wie die hochbetagten, runzligen, von Kopf bis Fuß in Schwarz gekleideten Damen auf obskuren griechischen Inseln, die, verehrt von ihren vielen Enkeln und Urenkeln, mit hundertzehn eines nachmittags friedlich einschlafen.

Erst jetzt, nach zwei Monaten Abstinenz, kann ich meinen Blick auf das Ausmaß der Schäden lenken, die Alkohol anrichtet.

Im Jahr 2010 veröffentlichte Professor Nutt, ehemaliger Chefdrogenberater der britischen Regierung, eine Studie in *Lancet* über die relativen Schäden von zwanzig verschiedenen Drogen im Hinblick auf die Auswirkungen für die Konsumenten selbst sowie für die Gesellschaft als Ganzes. Wir geben ein Vermögen dafür aus, Kindern die Gefahren von Heroin vorzuhalten, und sorgen uns um die Probleme der Abhängigkeit von illegalen Drogen, obwohl laut dem Nutt-Bericht die bei Weitem schädlichste Droge von allen, bezogen auf die kombinierten Auswirkungen auf das Individuum und die Gesellschaft, diejenige ist, die wir nicht einmal als Droge betrachten – Alkohol.

Selbst wenn man die Auswirkungen von Alkohol auf Gesellschaften und die breitere Wirtschaft außer Acht lässt und sich nur die Gefahren für den individuellen Konsumenten ansieht – im Hinblick auf Abhängigkeit sowie seelischen und physischen Schaden –, ist Alkohol dennoch eine der schrecklichsten Drogen. Sie ist gefährlicher als irgendeine der anderen untersuchten Drogen außer Heroin, Crack, Kokain und Methamphetamin. Tödlicher als Tabak, Cannabis, Kokain, Ecstasy oder Ketamin. Wenn Alkohol heutzutage auf den Markt käme, würde er niemals gesetzlich zugelassen werden.

Nie würde man eine Gruppe von Müttern am Schultor finden, die darüber scherzen, wie sie sich danach sehnen, nach Hause zu kommen und eine Linie Koks zu schniefen. Dennoch ist der Konsum einer wesentlich schädlicheren Droge nicht nur akzeptiert, sondern wird sogar erwartet, in dem Ausmaß, dass ein Verzicht darauf einen zur Außenseiterin macht.

Der Grund, warum Alkohol so schädlich ist, liegt zu einem Teil an dem extrem hohen Suchtfaktor. Wir haben uns eingeredet, dass nur eine kleine, unglückliche Gruppe von Menschen, die mit einer Neigung zum Alkoholismus geboren wurden, überhaupt von Alkohol abhängig wird. Der Nutt-Bericht dagegen kam zu dem Schluss, dass Alkohol schneller abhängig macht als irgendeine andere Droge, abgesehen von Heroin, Kokain, Nikotin und Barbituraten. Abgesehen von dem Suchtfaktor hat Alkohol tief greifende Auswirkungen auf die körperliche und seelische Gesundheit.

Die englische Gesundheitsbehörde schätzt, dass 1,6 Millionen Personen im Vereinigten Königreich alkoholabhängig sind – 10 Prozent der gesamten Anzahl der Konsumenten. Für Deutschland gehen Experten von etwa 10 Prozent aus, die potenziell gesundheitsschädliche Mengen Alkohol trinken. Laut der Deutschen Hauptstelle für Suchtfragen leben in Deutschland 1,8 Millionen Süchtige und 1,6 Millionen Vieltrinker.

Natürlich wusste ich, dass zu viel Alkohol zu unheilbarer Leberzirrhose führt, aber ich glaubte, dass diese Krankheit nur bemitleidenswerte alte Männer befällt – die Typen, die man auf Parkbänken schlafen sieht, umgeben von leeren Flaschen.

Doch das ist keineswegs der Fall. Aus Krankenhäusern in ganz

MAI

Großbritannien berichten Leberspezialisten von hohen Steigerungsraten bei Lebererkrankungen unter Frauen zwischen 30 und 50 Jahren. Häufig handelt es sich um Frauen in höheren Führungspositionen, die Alkohol als selbstverständlichen Teil ihres Lebensstils betrachten und nicht etwa als Droge, die sie langsam tötet.

Verschärft wird dieses Problem zusätzlich dadurch, dass es ein Gebiet gibt, auf dem Frauen niemals den Männern ebenbürtig sein werden, nämlich in der Art und Weise, wie ihr Körper Alkohol verarbeitet.

Ich habe jahrelang mit Männern zusammen getrunken und Glas für Glas mit ihnen mitgehalten. Oft tranken diese Männer Bier, während ich den alkoholhaltigeren Wein bevorzugte. Ich vergaß, dass ich zwar auf geistiger Ebene mithalten kann, ja, oft mehr als das, es aber niemals körperlich können würde.

Frauen haben im Allgemeinen ein niedrigeres Körpergewicht als Männer und einen niedrigen Spiegel eines entscheidenden Stoffwechselenzyms, das hilft, Alkohol zu verarbeiten. Hinzu kommt, dass das Hormon Östrogen die Auswirkungen von Alkohol intensiviert. Infolgedessen werden Frauen wesentlich schneller von Alkohol abhängig als Männer, und er ist für uns offenbar zweimal so tödlich. Durchschnittliche alkoholabhängige Frauen sterben zwanzig Jahre früher als nicht abhängige.

Doch Alkohol schädigt nicht nur unsere Leber. Frauen, die vier oder mehr alkoholische Getränke pro Tag zu sich nehmen, vervierfachen ihr Risiko, an Herzkrankheiten zu sterben, und sind fünfmal so stark gefährdet, einen Schlaganfall zu erleiden.

Exzessiver Alkoholkonsum wird außerdem für ein erhöhtes Krebsrisiko verantwortlich gemacht, insbesondere für Brustkrebs. Laut der Organisation www.breastcancer.org geht aus neueren Untersuchungen hervor, dass Alkohol das weibliche Risiko für hormonrezeptorpositiven Brustkrebs so erheblich vergrö-

NOCH MAL DAVONGEKOMMEN

ßert, dass schon Frauen, die nur drei alkoholische Getränke pro Woche konsumieren ein um 15 Prozent erhöhtes Brustkrebsrisiko gegenüber Abstinenzlerinnen haben.

Professor Dame Sally Davies, Oberste Beamtin der britischen Gesundheitsbehörde, wurde etwas kontrovers von der BBC mit der Aussage zitiert, es gebe keinen unschädlichen Alkoholkonsum und sie denke jedes Mal an das Brustkrebsrisiko, wenn sie ein Glas Wein trinken wolle.

Unsere seelische Gesundheit leidet darüber hinaus ebenso sehr unter dem Alkoholkonsum wie unsere körperliche; so wird er etwa eng in Zusammenhang mit Depressionen gebracht. Experten sagen außerdem, dass starker Alkoholkonsum im Laufe der Zeit zum Abbau der geistigen Fähigkeiten, Gedächtnisstörungen, Problemen bei der Entscheidungsfindung, Angstzuständen und emotionalen Problemen führt. Diese alkoholinduzierten Schäden werden oft nicht diagnostiziert und mit Demenz verwechselt oder als unvermeidliche Auswirkungen des Alterns betrachtet.

Wenn sich die Weinstunde nähert und ich händeringend und sehnsüchtig zum Kühlschrank blicke, frage ich mich: Ist dieses abendliche Glas – oder besser: Sind diese drei Gläser – Wein zwanzig Jahre meines Lebens wert? Sind sie es wert, mich und meine Familie mit einer Brustkrebsdiagnose zu belasten? Und mit einem Seufzer der Resignation bereite ich mir einen heißen Kakao zu.

MAI

| TAG | 070 |

ALKOHOLFREIES HAAR

Tag 70. Als ich heute Morgen flüchtig in den Spiegel blicke (mit über vierzig sollte man von längeren Blicken absehen), fällt mir auf, dass etwas anders ist.
Es ist mein Haar.
Ich habe mit einigen positiven Veränderungen gerechnet, als ich mit dem Trinken aufhörte – Gewichtsverlust, erholsamerem Schlaf, mehr Energie usw. –, aber elastisches, kräftiges, attraktives Haar gehörte nicht dazu. Mein Haar ist üppig geworden, selbstbewusst, ja fast aufdringlich. Amerikanisch.
Ich google »Haarwuchs bei Abstinenz« und es stellt sich heraus, dass ich mir das nicht nur einbilde. Das Haar leidet ebenso wie die Haut an Feuchtigkeitsmangel, wenn man trinkt. Es wird trocken und brüchig mit splissigen Spitzen. Außerdem ist Alkohol ein Eisenräuber, was zu Haarausfall führt. Meine älteren Freundinnen berichten, dass die Menopause frisurtechnisch eine Katastrophe ist, deshalb betrachte ich es als das letzte Aufbäumen meines Haares. Genießt es, ihr hübschen kleinen Follikel! Das ist eure Chance, zu glänzen!
Die Sache mit dem Haar kommt genau zur rechten Zeit, weil mir heute Abend eine schwere Prüfung bevorsteht. Mein ehemaliges Cambridge College veranstaltet einen Umtrunk im Haus of Lords.
Ich weiß noch, wie ich mein Zulassungsschreiben für Cambridge erhielt. Meine Freundin Philippa war gerade bei mir, und

ALKOHOLFREIES HAAR

um mir Mut anzutrinken, machte ich uns beiden – um elf Uhr morgens! – einen Wodka mit Orangensaft (keine gute Idee). Mit zitternden Händen faltete ich das Schreiben auseinander und überflog es rasch, bis ich auf die Worte stieß: »Wir freuen uns, Ihnen mitteilen zu können ...« An diesem Tag war ich so stolz wie niemals zuvor und nie mehr danach in meinem Leben.

Heute Abend werde ich mich also im Saal umblicken, wo wir, die wir zu den Klügsten und Vielversprechendsten unserer Generation gehören sollten, versammelt sein werden. Viele meiner ehemaligen Kommilitoninnen und Kommilitonen sind inzwischen Regierungsminister, Topanwältinnen, Hirnchirurgen, Nachrichtenmoderatorinnen, Bestsellerautoren und steinreiche Finanziers.

Und was bin ich? Eine Hausfrau auf Alkoholentzug. Die vielversprechende Zukunft blieb in Wein eingelegt auf dem Boden einer Flasche Chianti zurück. Nicht zum ersten Mal frage ich mich, warum ich meine glänzende Karriere nicht weiterverfolgt und eine hoch bezahlte Kinderfrau entlassen habe, die wesentlich mehr Erfahrung und Expertise in der Kindererziehung besaß als ich, um stattdessen meine drei Kinder großzuziehen. Doch rasch erinnere ich mich daran, wie sehr ich die kleinen Blagen liebe, wie schnell sie groß werden und welches Privileg es ist, ein paar Jahre lang bei ihnen zu Hause bleiben zu können.

Seitdem ich nicht mehr trinke, war ich noch nicht bei einem Umtrunk. Wozu ist so was gut, wenn nicht zum Trinken? Wie der Name schon sagt ... Außerdem weiß ich noch von meinen Schwangerschaften her, dass dort meist keine vernünftigen nicht alkoholischen Getränke ausgeschenkt werden. Es gibt höchstens warmen Orangensaft oder Holunderblütensirup. Getränke für Kinder und Großmütter. Keinen alkoholfreien Mojito für die anspruchsvolle abstinente Lady, oh nein.

Also habe ich beschlossen, mein neues, vorwitziges Haar mit

MAI

einem professionellen Brushing zu verwöhnen. Kosten: so teuer wie zwei Flaschen Wein – genau so viel, wie ich früher an diesem Abend getrunken hätte. Ich mag noch zittrig auf der Schwelle stehen, da wird mir mein Haar schon vorauseilen, sich an die Bar stellen und mit dem Kellner flirten.

Das Big Hair und ich treffen beim Haus of Lords ein. Natürlich gießt es wie aus Eimern und ich kämpfe mit einem riesigen Regenschirm, in dem verzweifelten Versuch, meine teure Frisur zu schützen.

Im Hinblick auf die Auswahl alkoholfreier Drinks habe ich mich geirrt. Es gibt keinen Holunderblütensirup – nur warmen, klebrigen Orangennektar. Nicht mal Mineralwasser, geschweige denn alkoholfreie Cocktails.

Nicht nur habe ich keine Lust auf Orangensaft, nein, mein leuchtend orangefarbenes Glas ruft auch noch laut »Nicht-Trinkerin« in das Meer edler Weingläser hinein. Niemand sonst hält ein Glas Orangensaft in der Hand. Infolgedessen machen ständig Leute Bemerkungen über meine seltsame Getränkewahl. Ich erkläre, ich würde zurzeit auf Alkohol verzichten, um im Sommer einen Beach-Body zu haben. Sehr witzig! Ich habe seit zwanzig Jahren keinen Beach-Body mehr! Überhaupt fahren wir im Sommer immer nach Cornwall, wo ich sowieso einen Ganzkörperneoprenanzug brauche und keinen winzigen Bikini. In Cornwall einen Beach-Body zu haben bedeutet, sich so viel Unterhautfettgewebe wie möglich anzufuttern, um sich vor der Kälte zu schützen. Seltsamerweise zuckt jedoch niemand auch nur mit der Wimper bei meiner lächerlichen Ausrede, sondern alle akzeptieren sie und reden nicht weiter darüber.

Ich fühle mich wie einer der Geister bei einem Fest in Hogwarts: Ich bin da, jeder kann mich sehen und sogar mit mir reden, aber ich bin nicht in der Lage, richtig mitzumachen, da ich mich in Wirklichkeit in einer anderen, parallelen Dimension bewege. Alle anderen sind in fest umrissener Gestalt vorhanden, während ich nur als ätherisches Hologramm existiere.

Schließlich stoße ich auf ein paar ehemalige Kommilitoninnen und Kommilitonen und unterhalte mich nett. Auf einmal kommen zwei Frauen auf mich zu, die ich nicht wiedererkenne, und rufen laut: »Clare Pooley! Wir haben deinen Namen auf der Liste gelesen und wollten dich unbedingt wiedersehen! Wahrscheinlich erinnerst du dich nicht an uns – wir waren zwei Jahre unter dir –, aber wir haben immer an dich gedacht!«

Oh je. Ich lächle schwach.

Die Erste sagt: »Du warst meine Tutorin.« (Puh, an sie hätte ich mich erinnern müssen!) »Ich habe dich damals gefragt, welchen Rat du mir geben würdest, und du hast etwas zu mir gesagt, das ich nie vergessen habe, ja, das sogar zu meinem Lebensmotto geworden ist.«

Habe ich das getan? Wow, wie außergewöhnlich. Ich besitze derart verborgene Talente, dass nicht mal ich sie kannte! Ich aale mich in Selbstzufriedenheit. Offenbar bin ich sehr weise.

»Was habe ich denn gesagt?«, frage ich gespannt.

»Du hast gesagt, dass man niemals zu viele Pailletten tragen kann!«

Aha. Wie tiefsinnig.

Die zweite Frau fällt ein. »Ich erinnere mich auch noch gut an dich!« Oh Gott. Ich habe das Gefühl, dass das kein gutes Ende nehmen wird. »Du warst dafür berühmt, dass du mal nackt über den Flur gelaufen bist, nur mit einer strategisch platzierten Yucca-Palme bekleidet, und behauptet hast, Eva im Paradies zu sein.« Ich schicke ein stummes Dankgebet zum Himmel, dass Facebook damals noch nicht erfunden war und damit Evie, Kit und Maddie derartige Eskapaden aus dem ehemaligen Leben ihrer Mutter erspart bleiben.

MAI

Mich überkommt eine Welle der Sehnsucht nach meinem jungen und (wenn auch aus den falschen Gründen) unvergesslichen, übersprudelnden Selbst und ich schlürfe an meinem ekligen, klebrigen Orangensaft.

Als der Alkohol weiter in Strömen fließt, verabschieden sich Saskia und ich und gehen zum Abendessen.

Saskia kannte ich schon lange vor dem College. Wir lebten beide als junge Mädchen in Brüssel und rissen uns immer zu Hause darum, mit dem Familienhund spazieren zu gehen (wir hatten einen springlebendigen Labrador, Saskia einen ziemlich doofen Golden Retriever), damit wir uns heimlich im Wald auf eine verbotene Zigarette treffen konnten. Jahre später starb Saskias Hund an Krebs, und ich machte mir Vorwürfe.

Ich bin froh, mich nach fünf Jahren endlich mal wieder in Ruhe mit ihr unterhalten zu können. (Fünf Jahre! Wie konnte das passieren?) Und es ist okay, dabei nichts zu trinken, obwohl ich zugeben muss, dass ich das Gefühl vermisse, wie sich die Nackenmuskeln lösen, Entspannung eintritt und man von einer Welle der Menschenfreundlichkeit und Positivität getragen wird, nachdem man ein paar Gläser Wein getrunken hat. Ich fühle mich zu steif, zu aufmerksam und analytisch bei allem, was ich tue und sage.

Ich zwinge mich, an das letzte Mal zu denken, als ich dieselbe Veranstaltung besucht habe, damals vor fünf Jahren. Wahrscheinlich hatte ich schon vorher zu Hause mindestens ein Glas Wein getrunken. Dann trank ich etwa drei Gläser auf der Party – große Gläser, auf leeren Magen. Als wir anschließend zu fünft zum Abendessen gingen, fühlte ich mich lethargisch.

Ich weiß noch, wie ich befürchtete, dass meine Aussprache bereits undeutlich war, und wie doof und langweilig ich mir vorkam, weil ich zu betrunken und erschöpft war, um mir witzige Erwiderungen einfallen zu lassen oder den Unterhaltungen auf-

ALKOHOLFREIES HAAR

merksam zu folgen. Selbstredend wachte ich am nächsten Tag mit schrecklichen Kopfschmerzen auf und musste trotzdem die Kinder fertigmachen und in die Schule bringen.

An diesem Abend ist nicht alles perfekt. Es fällt mir nicht leicht, nichts zu trinken. Ich vermisse mein früheres Selbst – aber das von vor 25 Jahren, nicht das danach. Und ich vermute, dass ich jetzt, ohne Alkohol, wieder mehr so bin wie früher als noch vor fünf Jahren.

MAI

TAG | 080

GARTENARBEIT GEGEN DIE ANGST

Ich habe Jasons Vales Buch *Kick the Drink ... Easily!* noch einmal gelesen. Beim ersten Lesen war es wie eine Erleuchtung. Ich erkannte allmählich, dass ein Leben ohne Alkohol nicht nur erträglich, sondern durchaus schön sein könnte. Während ich die Seiten umblätterte, nickte ich vor mich hin. Das alles klang durch und durch logisch. Na ja, fast alles.

Nur eines von Vales Argumenten fand ich nicht ganz zutreffend. Er schreibt, Alkohol besitze keinerlei positive Auswirkungen. Nun gab es in meinem Fall zahlreiche Auslöser für den Griff nach der Flasche. Ich tat es immer dann, wenn ich mich elend, glücklich, gestresst, besorgt fühlte, ja, genau genommen immer dann, wenn ich überhaupt irgendetwas fühlte. Und Alkohol schien tatsächlich zu helfen!

Jason Vale dagegen behauptet, negative Emotionen würden zumindest teilweise vom Alkohol ausgelöst. Starke Trinker seien, so schreibt er, im Grunde ständig auf Entzug, wenn der Alkoholspiegel falle, und dies löse Gefühle von Stress, Besorgnis und Niedergeschlagenheit aus. Höre man auf zu trinken, so argumentiert er, fühle man sich permanent so wie früher nach ein paar Drinks.

Na, dachte ich, hier übertreibst du aber ein bisschen. Alkohol mag zwar in vielerlei Hinsicht schädlich sein, aber er hat auch einige positive Effekte. Doch jetzt, nach 80 Tagen, verstehe ich allmählich, was Vale damit meint. Ich habe nämlich Folgendes festgestellt:

GARTENARBEIT GEGEN DIE ANGST

In den letzten Jahren bin ich zunehmend ängstlich geworden. Ich machte mir Sorgen um ganz banale Dinge, erlitt Mini-Panikattacken wegen nichts und wieder nichts. Schon bei der kleinsten schlechten oder ärgerlichen Nachricht, ob telefonisch oder per E-Mail, bildete sich ein Knoten in meinem Bauch, der sich wand wie ein Bandwurm. Und der beste Weg, den Wurm zu töten oder ihn zumindest für eine Weile außer Gefecht zu setzen, war es, ihn in Sauvignon Blanc zu ertränken.

Das störte mich. Ich hatte riesige globale Werbekampagnen mit Millionenetats geleitet, war Chefin von sechzig Leuten gewesen. Und jetzt wurde ich hysterisch bei einem feuchten Fleck im Schlafzimmer, einem Steuerbescheid oder einem nicht so tollen Zeugnis?

Ich dachte, ich sei vielleicht einfach aus der Übung, würde alt oder geriete in die Wechseljahre. Den Alkohol machte ich nicht dafür verantwortlich. Tatsächlich hielt ich den Alkohol für die Lösung, nicht für das Problem.

Doch letzte Woche wurde mir klar, dass ich den bösen Knoten im Bauch schon eine ganze Weile nicht mehr gespürt habe. Dabei hatte ich in letzter Zeit einige Probleme – wie wir alle, nicht wahr? – und ich löste sie einfach.

Wenn man seine Probleme in Alkohol ertränkt, lösen sie sich nicht von allein, sondern geraten nur für eine Weile in Vergessenheit. Dort gären sie vor sich hin und verschlimmern sich, so wie die schimmeligen Käsestückchen, die die Kinder in die Ritzen zwischen die Autositze haben fallen lassen. (Oder gilt das nur für mein Auto?) Die mangelnde Fähigkeit, mit ihnen fertig zu werden, untergräbt daraufhin das Selbstvertrauen immer weiter. Es ist, als wäre man Supermann und jemand hätte einem Kryptonit in die Hosen gesteckt.

Wenn man mit seinen Problemen nüchtern umgeht und sie nicht vor sich herschiebt, wächst das Selbstvertrauen. Man findet

MAI

das Kryptonit, das gar nicht so gut versteckt ist, wirft es weg und spürt, wie die Kräfte zurückkehren. Das Ehemaligentreffen neulich hat mich daran erinnert, wie tapfer und furchtlos ich früher war. Nichts brachte mich aus der Fassung.
Und so will ich wieder werden. Oh yeah, Baby!

Ängstlichkeit lässt sich jedoch nicht immer vermeiden, und sie gehört zu den Hauptgründen, warum ich manchmal beim Anblick von Johns Weinflasche im Kühlschrank gierig werde. Daher habe ich jetzt diverse gesunde Methoden ausfindig gemacht, wie man mit solchen Gefühlen fertig werden kann. Eine ganz wunderbare ist: Gartenarbeit.

Gartenarbeit, so nimmt man an, wirkt deswegen hilfreich gegen Ängste, weil sie ein Gefühl der Kontrolle vermittelt, der psychologischen Nemesis von Stress und Angst. Außerdem ist Gartenarbeit eine Form von Achtsamkeit – sie bringt uns dazu, uns auf das Hier und Jetzt zu konzentrieren und lenkt uns von Problemen in der Vergangenheit oder Sorgen um die Zukunft ab.

Laut MIND, einer Stiftung für seelische Gesundheit, haben Forscher bewiesen, dass Gartenarbeit Selbstwertgefühl verleiht und zur seelischen und körperlichen Gesundheit beiträgt. Deswegen werden in England 130 Ökotherapieprojekte gefördert.

Schon die Betrachtung von Gärten vermittelt ein Gefühl der Ruhe und kann Patienten dabei helfen, sich schneller von operativen Eingriffen zu erholen. Das berüchtigte New Yorker Gefängnis Rikers Island setzt Gartentherapie ein, um Gefängnisinsassen zu beruhigen und sie auf ihre Entlassung vorzubereiten.

Aber um von der Gartenarbeit zu profitieren, genügt es nun mal nicht, darüber zu lesen – man muss rausgehen und die Ärmel hochkrempeln.

Und das ist eine echte Herausforderung.

Man muss wissen, dass hochfunktionale Alkoholabhängige lernen müssen, Prioritäten zu setzen. Der Tag hat nicht genügend nüchterne Stunden, um alles absolut perfekt in Gang zu halten, deswegen lernt man, sich zunächst um das zu kümmern, was ganz oben auf der Liste steht.

In meinem Leben war Priorität Nummer eins, die Kinder und meinen Mann bei Laune zu halten, sodass sie gut ernährt, gekleidet und leistungsfähig waren. Hausaufgaben machen, Instrument üben, Verabredungen mit anderen Kindern arrangieren, Kostüme nähen, Kuchen für Basare backen – allein das ist ein Vollzeitjob.

Danach kommt das Haus. Wir haben ein altes und für Londoner Verhältnisse relativ großes Haus, dessen Instandhaltung über unsere Verhältnisse geht. Daher muss ich nicht nur dafür sorgen, dass es sauber und aufgeräumt ist, sondern renne dazu noch ständig mit Töpfen Spachtelmasse, Eimern Feuchtraumfarbe et cetera herum und versuche zu verhindern, dass der Eindruck entsteht, als würde die Bude jeden Moment zusammenbrechen (die Gefahr besteht).

Nach dem Haus und seinen übrigen Bewohnern komme ich. Und ich hatte mich, wie gesagt, in den letzten Jahren ziemlich vernachlässigt, sowohl von der Pflege als auch von der Selbstfürsorge her. Wer hat Zeit für Termine im Sportstudio, für Zahnreinigung oder die Kosmetikerin, wenn am Wochenende die Geselligkeit (aka das Trinken) am wichtigsten ist, noch zusätzlich zum Haus-Kinder-Ehemann-Trubel? Ich jedenfalls nicht.

Und ganz unten auf der Liste? Steht der Garten. Es ist nur zu leicht, die Türen zu schließen und so zu tun, als wäre er nicht wirklich da. Besonders im Winter. Zwischen Oktober und März ist das einzige Mitglied des Haushalts, das überhaupt mal raus in den Garten geht, der Hund. Mit den unvermeidlichen Konsequenzen.

Einmal kam ein Techniker von Sky unerwartet früh zu einem Termin, um die Satellitenschüssel zu reparieren. Es hatte meh-

MAI

rere Tage lang geregnet und ich war nicht mehr draußen im Garten gewesen, um die Hundehaufen abzusammeln. Der Mann von Sky weigerte sich, seine Leiter auf unserem Rasen aufzustellen, weil er darin eine »Gefahr für seine Gesundheit und Sicherheit« sah und entfleuchte zurück ins Sky-Hauptquartier. (Das klingt, als wäre er ein Engel gewesen. War er nicht. Er war nur ein ganz normaler Typ mit einer nicht unbegründeten Abneigung gegen Hundescheiße.) Oh Gott, ich fühlte mich wie eine Schlampe.

Doch jetzt habe ich Äonen mehr Zeit, und ich befinde mich auf einer Mission, nämlich, etwas für unseren Außenbereich und meinen Innenbereich zu tun. Und so gelingt es mir mittels acht Stunden harter Arbeit, meinen Garten von Grund auf zu verwandeln. Ich maniküre den Rasen, jäte Unkraut in den Beeten und bringe die alten, kaputten Plastikgartenspielzeuge auf den Müll. Ich setze jede Menge Pflänzchen und drapiere Geißblatt und Klematis über das alte Spielhaus. Ich lege einen kleinen Kräutergarten an und bestelle ein Outdoor-Sofa (Kostenpunkt: der Gegenwert von gleich dreißig Flaschen Wein, aber das ist es wert).

Und es hat funktioniert! Nicht nur, dass mein Garten gepflegt aussieht, sondern schon die Arbeit an sich hat mich in einen regelrechten Rausch versetzt. Meine neuen Pflanzen werden hoffentlich wachsen und gedeihen und zu einer lebendigen Belohnung für meine Abstinenz werden. Außerdem werden wir keine Probleme mehr mit unserem Satellitenfernsehen haben.

Jetzt bin ich kaputt, die Kinder sind im Bett und ich habe mich mit Jason Vale aufs Sofa gefläzt (dem Buch, nicht dem Mann). John lacht schallend über irgendetwas auf dem Computer. Als er bemerkt, dass ich ihn ansehe, hört er abrupt auf, mit schuldbewusster Miene.

Er liest meinen Blog.

Ich vermute ja schon seit einer Weile, dass er ab und zu hi-

GARTENARBEIT GEGEN DIE ANGST

neinschnuppert, aber jetzt habe ich den Beweis. In flagranti ertappt. Und offenbar hat er nicht über meinen Text gelacht, sondern über mich.

»Was ist denn so lustig?«, frage ich mit drohend gerunzelter Stirn.

»Wo steht denn das große Haus in Chelsea, über das du schreibst?«, gluckst er.

Ich erkläre ihm, dass ich um jeden Preis anonym bleiben will und deswegen nicht offen schreiben kann, dass wir in Fulham wohnen. Und da ich mir einen Ort ausdenken musste, konnte ich doch auch gleich eine etwas hübschere Gegend wählen. Ich wollte immer schon gerne in Chelsea wohnen.

»Außerdem haben wir keinen Rasen, sondern bestenfalls ein Stück Wiese, und es ist sehr lobenswert, dass du sie gemäht hast, aber manikürt würde ich das kaum nennen. Und wo ist dieser Kräutergarten, den du beschrieben hast? Du meinst doch nicht etwa diese drei Töpfe mit Unkraut vor unserer Küchentür? Wo liegt dieses Nirwana? Kann ich hingehen und da wohnen? Oder, noch besser, können wir es verkaufen und uns von dem Geld zur Ruhe setzen?«

Ha ha.

Ich erkläre John, dass es in seinem Interesse ist, wenn ich die Dinge durch eine rosa Brille sehe, denn trotz der dreizehn Jahre Ehe und der Spuren, die die Zeit hinterlassen haben, halte ich ihn immer noch für den tollsten Mann weit und breit.

Es ist mir ein wenig peinlich, dass er mein Onlinetagebuch entdeckt hat, aber zugleich bin ich erleichtert, dass ich nach all den Jahren, in denen ich meinen ständig wachsenden Weinkonsum vor ihm verborgen hielt, nun wirklich keine Geheimnisse vor ihm habe. (Abgesehen von dem neuen Outfit in meinem Schrank, das darauf wartet als »Was? Dieses alte Ding?« klassifiziert zu werden.)

MAI

| TAG | 084 |

... DENN SIE WISSEN NICHT, WAS SIE TUN

Ich hasse das Wort »nüchtern«. Ich habe es im Wörterbuch nachgeschlagen. Es bedeutet *vernünftig, besonnen, sachlich*. Weitere, ebenso scheußliche Synonyme lauten: *ernst, düster, ernsthaft, zurückhaltend, konservativ, streng, puritanisch, unemotional* und *leidenschaftslos*. Nichts davon trifft auf mich zu. Es passt nicht zu meinem Selbstbild.

Dazu muss ich sagen, dass ich mich immer als eine Art Rebellin betrachtet habe. Vorschriften konnte ich noch nie leiden, oder besser: Ich fand es gut, dass sie da waren, damit ich sie missachten konnte. Trinken und rauchen passten perfekt zu der Vorstellung, die ich von mir hatte.

Ich ging auf die Roedean School in der Nähe von Brighton, ein damals sehr traditionelles, strenges Mädcheninternat. Aber man braucht mich deswegen nicht zu bemitleiden – ich war gerne dort. Es gab so viele Möglichkeiten, ungezogen zu sein, so viele Regeln, die man brechen konnte! In meinem Abschlussjahr hatte ich ein Zimmer über einem Flachdach. Regelmäßig kletterte ich vom Schreibtisch aus durchs Fenster, hockte mich spätabends in den orkanartigen Wind (das Haus stand auf einer Klippe) und rauchte zusammen mit meiner besten Freundin Selina. Bei mir war buchstäblich das Tor zur Rebellion.

(Die wunderschöne Selina, einszweiundachtzig groß, weißblondes Haar, verursachte später großen Aufruhr, weil sie mit einem zehn Jahre älteren sexy Amerikaner von der Schule durch-

... DENN SIE WISSEN NICHT, WAS SIE TUN

brannte und ihn an einem Strand in Mexiko heiratete. Aber ich schweife ab.)

Zu meinen liebsten Minirebellionen gehört der »Kakerlaken-Zwischenfall«. Neulich habe ich in einer Zeitschrift Fotos der Internatsgebäude des Roedean nach einer kürzlich erfolgten Renovierung gesehen. Sie gleichen jetzt luxuriösen Boutiquehotels, ganz im Gegensatz zu damals. Mein Haus (fantasievoll »Haus vier« genannt) war mit Kakerlaken verseucht. Tagsüber machten sie sich rar, aber abends krabbelten sie aus den Wänden und Fußböden hervor und suchten nach heruntergefallenen Crackerkrümeln. Da ich relativ furchtlos war, bot ich an, mich bei unserer grimmigen Housemistress – der zuständigen Lehrerin für unser Haus – zu beschweren, die umso furchteinflößender war, weil ein Schlaganfall sie halbseitig gelähmt hatte und ihr Gesicht auf einer Seite herabhing.

Ich klopfte an die Tür ihres Büros, während meine Freundinnen draußen herumlungerten und mich aus sicherer Entfernung unterstützten.

»Madam«, sagte ich, denn so mussten wir unsere Lehrerinnen anreden. »Könnten Sie bitte veranlassen, dass etwas gegen die Kakerlaken unternommen wird? Annabel ist letzte Nacht aufgewacht, weil ihr eine über den Arm gekrabbelt ist. Sie sind überall!«

»Mach dich nicht lächerlich!«, donnerte die Housemistress, dass ihr die Spucketröpfchen nur so aus dem schiefen Mund flogen. »In diesem Haus gibt es keine Kakerlaken! Selbst wenn es welche gäbe, was nicht der Fall ist, wäre es ganz allein eure Schuld, weil ihr Knabberzeug in euren Zimmern aufbewahrt! Und jetzt raus mit dir!«

Ich war stocksauer. Denn eines war ich mit Sicherheit nicht: eine Lügnerin!

Daraufhin organisierte ich die große Kakerlakenjagd. Im

MAI

Laufe der folgenden Woche standen wir mitten in der Nacht auf und jagten, bewaffnet mit Poster-Papprollen, die prähistorisch anmutenden Insekten über die Linoleumböden der Badezimmer und Schlafzimmer, bis wir eine ganze Quality-Street-Dose mit den zappelnden, verängstigten Viechern zusammen hatten. Am nächsten Tag nahm ich die Dose mit hinunter ins Büro Ihrer Majestät.

»Madam, könnten wir bitte noch einmal über die Sache mit den Kakerlaken reden?«, fragte ich höflich.

»Wie oft soll ich dir noch sagen, dass es hier keine Kakerlaken gibt?«

Daraufhin stellte ich die Dose auf ihren großen, lederbezogenen Schreibtisch, nahm den Deckel ab und verließ den Raum.

Ihre Schreie waren den ganzen langen Flur hinunter bis in den Speisesaal zu hören. Der Kammerjäger wurde gerufen, und ich musste eine Woche lang die Morgenglocke läuten.

Die beste Rebellion habe ich mir doch für mein Abschlussjahr aufgehoben, nachdem ich meine Prüfungen sicher in der Tasche hatte. Es war Tradition im Roedean, dass die Abschlussklasse einen Streich spielte. Meist war der ziemlich harmlos – bis meine Freundinnen und ich das änderten.

Zu unserer letzten großen Schulversammlung in der Aula, bei der die Lehrer auf einem erhöhten Podest saßen, hatten wir ein Stripprogramm bestellt. Wir baten den Mann, als Polizist verkleidet, auf die Direktorin, Mrs Longley, zuzugehen, sich bis auf den winzigen Slip auszuziehen und der Dame eine rote Rose zu überreichen.

Der Tag kam. Ebenso das Stripprogramm. Begleitet von einem Reporter von der *Sun*. Das gehörte nicht zu unserem Plan! Der Stripper spulte sein Programm ab. In der Aula hätte man eine Stecknadel fallen hören können, während fünfhundert Unterkiefer runterklappten. Mrs Longley sah aus, als würde sie jeden Mo-

... DENN SIE WISSEN NICHT, WAS SIE TUN

ment einen Herzinfarkt erleiden. Sie stand da wie angewurzelt. Nicht so ihre untersetzte, dafür aber recht agile Stellvertreterin. Sie stürmte den Mittelgang hinunter wie ein angreifendes Rhinozeros, riss dem Reporter die Kamera aus den Händen, nahm den Film raus und warf den Eindringling vom Grundstück.

Unser Abschlussball wurde gestrichen.

Die meisten meiner besten Freundinnen und Freunde damals und in den nächsten zwanzig Jahren waren die Leute, die sich in kalten Gärten oder zugigen Notausgängen zusammendrängten, um eine zu rauchen, oder die als Letzte bei einer Party bis in die frühen Morgenstunden Trinkspiele spielten.

Ich ging in die Werbebranche, weil dies die Antithese zu einem vernünftigen Job zu sein schien. Regelmäßiges enthusiastisches Trinken war obligatorisch und rauchen konnte man überall. (Ich weiß noch, wie eine Frau aus meinem Team bat, das Rauchen bei den Status-Meetings zu verbieten, da sie Asthma hatte. Da ich das als empörende Beschneidung der Bürgerrechte empfand, erwiderte ich ihr, sie müsse nicht kommen. Im Nachhinein glaube ich, dass ich keine besonders verantwortungsbewusste Chefin war.) Es wurde erwartet, dass man ein bisschen wild war. Ich trug zum Beispiel – manchmal – Anzüge, deren Kragen mit Kunstpelz abgesetzt waren.

Die frühen 1990er waren Partyzeit. Ich arbeitete viel und feierte viel, führte ein Leben auf der Überholspur. An den Wochenenden kampierten wir auf Feldern bei spontanen Festivals und hingen in Clubs wie dem Cross, dem Fridge und dem Ministry of Sound ab. Der Sonnenaufgang über der Stadt war ein wohlvertrauter Anblick für mich, und manchmal übernachtete ich auf dem Sofa in meinem Büro (das praktischerweise genau neben Annabel's Nachtclub lag), weil es keinen Sinn gehabt hätte, noch nach Hause zu fahren.

MAI

Vor fast fünfzehn Jahren hörte ich dann mit dem Rauchen auf. Ich brauchte eine Weile, bis ich mich von meinem Selbstbild mit der ewigen Zigarette im Mund verabschiedet hatte – in meinen Augen dem Markenzeichen der Rebellin, dem mysteriösen, verheißungsvollen Dunstschleier und meinem persönlichen Weichzeichner. Aber ich hatte ja noch den Alkohol ...

Bis ich aufhörte, schenkte ich mir ein Glas gekühlten Sancerre oder einen Chianti ein und feierte meine eigene kleine Privatparty, wenn ich mich eingeengt fühlte, erdrückt und weich gedrückt, ein langweiliges, pummeliges, nicht mehr junges Heimchen am Herd, allein gelassen mit der Hausarbeit. Doch diese Möglichkeit habe ich jetzt nicht mehr. Mein letztes verbleibendes Laster. Meine letzte Rebellion. Jetzt bin ich nur noch ein nüchternes, pummeliges, etwas schlankeres Heimchen am Herd.

Was kommt als Nächstes? Ich weiß alles über Cross-Abhängigkeit, aber das Letzte, was ich will (oder brauche) ist eine Internetpornosucht, Bulimie oder eine Online-Bingo-Abhängigkeit. Also betrachte ich es mal so:

Wenn achtzig Prozent der erwachsenen Briten trinken, wer ist dann die Rebellin? Wer schwimmt gegen den Strom? Wer ist an vorderster Front und steckt neue Grenzen ab? Ich! Also steckt das in eure Wasserpfeife und raucht es.

Außerdem habe ich meinen kleinen Blog, meine eigene Privatrebellion, mein subversives Geheimnis. Manchmal, wenn eine der anderen Mütter mich fragt, was ich so mache, antworte ich: »Na ja, ich habe angefangen, einen Blog zu schreiben.«

»Wirklich? Liest den jemand?«, fragen sie ungläubig.

»Oh ja, Tausende Leute auf der ganzen Welt. Von Indien und China über die Ukraine bis nach Antigua und Oman – überall.«

»Und worum geht's dabei?«, fragen sie erstaunt.

»Ach, dies und jenes. Nichts Perverses oder Illegales«, antworte ich dann mysteriös und gehe. Immer noch eine Rebellin.

Das Problem ist jedoch, dass ich mir unbedingt beweisen wollte, dass ich nicht langweilig bin und auch ohne Alk noch immer eine coole Rebellin sein kann, und es dabei offenbar übertrieben habe. Anfängerfehler.

Ich habe zwei Familien zu einem Grillfest eingeladen, um meinen neu gepflegten Garten zu präsentieren. Doch wie es immer so ist an einem langen Wochenende, fing es an zu regnen, sobald wir den Grill angeheizt hatten. Wir zogen nach drinnen um und erst gegen halb drei war das Essen fertig.

Gegen halb vier hatten wir alle viel mehr gegessen, als gut für uns gewesen wäre. Anders als früher jedoch (als ich zu diesem Zeitpunkt jeden Anspruch aufgegeben hätte, eine gute Gastgeberin zu sein), dachte ich daran, allen Kaffee und Pralinen zum Nachtisch anzubieten. Ich räumte das Geschirr ab und belud die Spülmaschine, während alle anderen nur herumsaßen und soffen!

Versteht mich nicht falsch. Es war ganz toll. Die Unterhaltungen waren witzig und ich habe mehrmals Tränen gelacht. Aber ich fühlte mich gereizt. Ich wünschte mir verzweifelt, einfach das Licht dimmen, mich in meinen Sessel fallen und mich treiben lassen zu können. Ich bin viel zu wach und aufmerksam, um vier Stunden lang am Tisch sitzen zu können, ohne Alkohol zu trinken.

Ich merke, dass ich alles analysiere, was ich sage, während ich es sage. *War das lustig? Warum erzähle ich diese Anekdote? Ist dieser Tratsch wirklich angebracht?* Früher hätte ich einfach irgendwas gesagt, ohne nachzudenken. Vielleicht schockte es die Leute oder verärgerte sie von Zeit zu Zeit, aber es war leicht. Es war natürlich.

Seltsamerweise erinnere ich mich jetzt daran, dass ich als Teenager und noch mit Anfang zwanzig auch schon alles, was ich sagte, so kritisch unter die Lupe nahm. Das war wohl auch

MAI

die letzte Phase meines Lebens, in der ich Einladungen zum Essen einigermaßen nüchtern hinter mich brachte. Außer als ich schwanger war, aber da war es leicht. Man konnte sich einfach im Stuhl zurücklehnen, ruhig und zufrieden über seinen kostbaren Bauch streicheln, seine innere Madonna rauslassen (das Original, nicht den Popstar) und dann ohne Weiteres früh nach Hause gehen.

Gegen fünf hätte ich mich am liebsten auf einen Stuhl gestellt und gerufen: »Alle mal herhören! Ihr habt mein Essen gefuttert. Ihr habt meinen Alkohol gesoffen. Und jetzt alle Mann ab nach Hause!« Aber ich liebe sie alle, und sie hatten Spaß, nur ich konnte nicht daran teilhaben.

Um halb acht gingen die Letzten nach Hause. Ich hatte bohrende Kopfschmerzen und erkannte, dass ich mehrere Stunden lang buchstäblich die Zähne zusammengebissen hatte. Ich war stolz auf mich, aber zutiefst erschöpft. Jetzt wollte ich mich nur noch in meinem sicheren kleinen Haus mit meiner sicheren kleinen Familie einigeln und mit einer Tasse heißem Kakao *Mad Men* schauen.

Mir ist klar geworden, dass mit dem Trinken aufzuhören so ähnlich ist, wie nach einem Unfall wieder laufen zu lernen. Man muss mit kleinen Schritten anfangen. Und an diesem Wochenende habe ich versucht, einen verdammten Marathon mit nur einem Minimum an Training zu laufen.

PAWS

Es sind Ferien, die Kinder, der Hund und ich sind zu meinen Eltern gefahren.

Viele meiner Leserinnen und Leser erzählen von ihrer schwierigen Kindheit – von Scheidung, Schikanen oder Missbrauch. Sie berichten oft davon, dass sie sich fühlen, als hätten sie ein »Loch in der Seele«. Ich habe keinerlei solche Erfahrungen gemacht.

Ich habe wundervolle Eltern. Wenn ich den Film meiner Kindheit im Kopf abspule, ist es eine glückliche Mischung von Monopoly, leckerem Nachtisch, Meerschweinchen, Stelzenlaufen und jenem endlosen heißen Sommer von 1976. Die etwas suboptimale Wendung, die mein Leben genommen hat, kann ich in keiner Weise meinen Eltern anlasten, obwohl ich eine leise Vermutung habe, dass eine genetische Prädisposition zu Suchtverhalten in der Familie meines Vaters liegt.

Als ich klein war, dachte ich, mein Vater sei Soldat und oft im Krieg. Als meine Mutter feststellte, dass ich das meiner Lehrerin und meinen Freundinnen erzählt hatte, hakte sie nach. Es stellte sich heraus, dass das Missverständnis dadurch entstanden war, dass er einmal gesagt hatte, er werde nach Island fliegen, um im Kabeljau-Krieg zu kämpfen. Er war Mitarbeiter im Ministerium für Landwirtschaft, Fischerei und Nahrungsmittel und wurde entsandt, um über Fischfangrechte zu verhandeln.

Mein Vater ist einer der klügsten Männer, die mir je begegnet sind. Er erhielt ein Stipendium für Cambridge (am Clare Col-

MAI

lege, nota bene) und erzielte hervorragende Ergebnisse bei seiner Bewerbung für das Ministerium. Er ist außerdem sehr prinzipientreu. Er war extrem erfolgreich und hoch angesehen, aber ich ahne, dass er es ganz bis an die Spitze hätte schaffen können, wenn er dazu in der Lage wäre, zu lügen oder zu betrügen – was er aber niemals tun würde.

Außerdem ist Dad unglaublich witzig. Als er für die Europäische Kommission arbeitete, war er berühmt für seine urkomischen Aprilscherz-Memos. In einem Jahr ließ er aus Jux einen angeblichen Agrar-Subventionsantrag von einer imaginären Kooperative betagter schottischer Ladys herumgehen, die handgestrickte Hodenwärmer für Schafe herstellten, um die Spermienzahl von Hochlandwiddern zu erhöhen. Er musste mit der Wahrheit herausrücken, bevor zu viel Zeit damit vergeudet wurde, über den Sinn und Nutzen dieser Dinger zu debattieren.

Meine Mutter lernte Dad kennen, als sie in Whitehall zusammenarbeiteten, doch sie hörte nach meiner Geburt auf zu arbeiten, so wurde es damals erwartet. Als mein kleiner Bruder in die Schule kam, begann sie mit einer Lehrerinnenausbildung, aber dann wurde mein Vater nach Brüssel versetzt und wieder gab sie ihre beruflichen Ambitionen auf.

Ich weiß, wie erfolgreich meine Mutter hätte sein können, wenn ich mir ansehe, wie sie an Projekte heranging, die ihr wichtig waren. Als mein Bruder Wölfling bei den Pfadfindern werden wollte, meldete sie sich freiwillig als Helferin und wurde rasch Akela. Nach etwa zwei Jahren leitete sie die Wölflingbewegung der gesamten Beneluxregion. Als die BBC drohte, Radio 4 von der Langwelle zu nehmen (was bedeutet hätte, dass Mum ihre Lieblingssendungen nicht mehr hätte hören können), mobilisierte sie die Expat-Community, druckte T-Shirts, Autoaufkleber und Banner und organisierte einen Marsch zum Parlament. BBC war die Klügere und gab nach.

PAWS

Doch obwohl ich nun im sicheren Hafen meines Elternhauses bin, habe ich mich in den letzten Tagen niedergeschlagen und gereizt gefühlt. Und ich bin müde! Körperlich müde und seelisch ausgelaugt.

Ich schlafe wie ein Stein, gute sieben Stunden, fühle mich aber trotzdem nach dem Aufwachen erschöpft. Mitten am Nachmittag nicke ich in einem Sessel ein. Abends habe ich keinerlei Energie mehr, um irgendetwas anderes zu tun, als vor dem Fernseher zu hocken.

Also google ich etwas Ähnliches wie »Müdigkeit nach Alkoholentzug«. Ich erhalte die üblichen Informationen über Entzugssymptome in den ersten Tagen, aber die kenne ich. Ich erinnere mich noch sehr gut an die absolute Erschöpfung in der ersten Woche. Aber ich bin bei Tag 88 angekommen.

Doch dann finde ich Material über postakute Entzugssymptome, Post-Acute Withdrawal Symptoms, auch bekannt unter ihrem unangemessen niedlichen Spitznamen: PAWS.

So ein Mist!

Offenbar stellen PAWS die zweite Phase des Alkoholentzugs (und auch jeder anderen Droge) dar und treten nach dem anfangs intensiven körperlichen Entzugsstadium ein. Während die Gehirnchemie allmählich zu einem neuen Gleichgewicht zurückkehrt, tendiert sie dazu, zu fluktuieren und dadurch emotionale, physiologische und physikalische Symptome auszulösen.

Diese Episoden scheinen zyklisch vorzukommen – einige Betroffene schwören, sie hingen von den Mondphasen ab und träten etwa alle 28 Tage auf oder tatsächlich bei Vollmond. Oh, mein Gott, ich bin ein Werwolf! Die »Rosa Wolke«-Phase, gefolgt von der »Mauer«, ist die erste Episode von PAWS, aber diese Symptome können bis zu zwei Jahre lang immer wieder auftreten!

Die gute Nachricht ist, dass die Phasen mit der Zeit immer kürzer und weniger intensiv werden und nach wenigen Ta-

MAI

gen abklingen. Wenn man weiß, was einen erwartet, kann man sich darauf einstellen und damit umgehen. Doch trifft einen ein PAWS-Anfall unvorbereitet, wird er zu einer der größten Gefahren für einen Rückfall. Man glaubt, alles würde besser, und dann, BUMM!, hat man das Gefühl, wieder ganz an den Anfang zurückgeworfen zu sein. Man verliert den Glauben daran, dass es jemals besser wird, und greift nach der Flasche.

Zu den Symptomen von PAWS gehören: Gemütsschwankungen, Ängstlichkeit, Gereiztheit, Müdigkeit, Antriebslosigkeit, Konzentrationsschwankungen und Schlafstörungen (typischerweise mit Albträumen, in denen man sehr viel trinkt).

Ich lese auch, dass viele Betroffene in Phasen von PAWS unter gravierenden Gedächtnisstörungen leiden. Das erleichtert mich, denn das würde erklären, warum ich mich vor zwei Tagen nicht an meine Postleitzahl erinnern konnte, als ich in einem Geschäft danach gefragt wurde. Diese Postleitzahl habe ich seit fast einem Jahrzehnt. Ich hatte schon Panik, ich wäre an einer frühen Form von Alzheimer erkrankt! Kaum auszudenken – zwei Jahrzehnte beduselt vom Trinken, ein paar Monate klar im Kopf, und dann wieder zurück in die Nebel des Vergessens!

Also, was kann ich gegen PAWS tun? Auf www.addictionsandrecovery.org lese ich Folgendes: *Man kann den Gesundungsprozess nicht beschleunigen, aber man kann ihn in kleinen Schritten von einem Tag zum nächsten bewältigen. Wenn man sich gegen postakute Entzugserscheinungen wehrt oder sie mit Gewalt zu überwinden versucht, führt dies zu großer Erschöpfung, und wenn man erschöpft ist, wird man in Versuchung geraten, mithilfe von Drogen oder Alkohol darüber hinwegzukommen.*

Im Grunde genommen muss ich mich also einfach treiben lassen. Es über mich ergehen lassen wie PMS.

Wie immer teile ich mein neues Wissen auf *Mummy was a Secret Drinker*. Inzwischen zähle ich Hunderte Besucher pro Tag, da Leute auf der ganzen Welt über mich stolpern (vermutlich buchstäblich, angesichts des Themas). Ich erhalte viele Kommentare von Betroffenen, die genauso erleichtert sind wie ich, wenn sie erfahren, dass sie nicht den Verstand verlieren.

LushNoMore schreibt: *Dein Post heute kam genau zur richtigen Zeit. Ich weine mir die Augen aus, und zwar aus keinem anderen Grund als vor lauter Müdigkeit, wie ich glaubte. Hurra – ich bin normal! Allerdings fühle ich mich nicht sehr normal. Ich fühle mich wie ein Monstrum. Gemütsschwankungen habe ich keine. Psychoschwankungen trifft es schon eher.*

Es stellt sich heraus, dass der Blog eine wunderbare Therapie ist. Bis ich meinen Blogpost des Tages geschrieben habe, bin ich ganz hibbelig. Mir gehen die Worte so lange im Kopf herum, bis ich sie in einer klaren Linie zusammentreiben und dazu bringen kann, auf einem virtuellen Blatt Papier stramm zu stehen. Anschließend katapultiere ich sie ins Internet und empfinde ... Frieden. Besser noch, ich fühle mich weniger allein, und überdies scheine ich auch noch anderen damit helfen zu können. Nachdem ich während meiner Trinkerinnenjahre unglaublich egoistisch war, gibt es mir ein gutes Gefühl, etwas Nützliches zu tun.

MAI

| TAG | 091 |

DIE WEINHEXE

Das ultimative Alarmsignal dafür, dass man nicht länger den Alkohol kontrolliert, sondern man von ihm beherrscht wird, ist, wenn man instinktiv das Konzept der »Weinhexe« versteht. Ich habe sie erst vor etwa drei Jahren kennengelernt. Bis dahin hätte ich keine Ahnung gehabt, was das sein soll, wenn jemand sie erwähnt hätte. Manche Betroffenen nennen sie ihren »inneren Süchtigen« oder »den Affen auf meinem Rücken«. Männer sprechen häufig von einem »Teufel« oder einem »Wolf«. Doch für viele von uns Frauen in der trockenen Onlinewelt beschreibt die »Weinhexe« das Phänomen absolut treffend.

Ab einem bestimmten Punkt wird sie zu einer zunehmend aufdringlichen Präsenz.

Die Weinhexe beginnt relativ harmlos. Erst fragt sie: »Bist du sicher, dass das reicht? Warum kaufst du nicht noch eine Flasche, nur für den Fall, dass dir der Wein ausgeht?« Bald darauf stachelt sie dich weiter an: »Er hat sich viel mehr eingeschenkt als dir, oder?« Dann wird sie verschlagen: »Trink doch ein, zwei Gläser bevor du ausgehst, dann brauchst du dort nicht so viel zu trinken.« Und am Ende wird sie völlig absurd: »Such dir eine neue Stelle, wo du die ganzen leeren Flaschen hinstellst, sonst sehen die Nachbarn deine Recyclingtüten und verurteilen dich.«

Die einzige Möglichkeit, die Weinhexe zum Schweigen zu bringen, ist es, sie zu ertränken – ihr so viel Alkohol zu geben, wie sie will. Sobald man versucht, sich einzuschränken, seinen

Konsum aus irgendeinem Grund zu verringern, wird sie zunehmend laut und nagend. »Ein Glas? Das reicht nicht! Das ist ja gar nichts! Was bist du? Eine Frau oder eine Maus?« An diesem Punkt erkennt man, mit wem man es wirklich zu tun hat.

Langstreckenflüge sind ein gutes Beispiel, denn Fliegen gehört zu den Gelegenheiten, die große Mengen von Alkohol erfordern – um den Aufbruch zu feiern oder sich beim Nachhausekommen zu bemitleiden. Außerdem spielt es keine Rolle, wie viel man über die Physik des Fliegens weiß: Es scheint dennoch unmöglich, dass so ein Riesenvogel aus Metall am Himmel bleiben kann. Hinzu kommt jedes Mal die Befürchtung, dass das Gepäck in einem ganz anderen Flugzeug sein könnte oder das 45 Minuten zu knapp sind, um den Anschlussflug zu erreichen. Ein Drink hilft dabei, die Sorgen zu zerstreuen.

Ich liebte es, geschäftliche Flugreisen zu unternehmen. Von dem Moment an, in dem man das Flugzeug betrat – »Gratis-Sekt, Madam?« –, bis zu dem Moment, in dem man auf dem flach heruntergeklappten Sitz eindöste – »Digestif? Schlummertrunk?« –, wurde man kostenfrei mit Drinks versorgt. Economyflüge mit der Familie waren dagegen eine ganz andere Herausforderung.

Ich war überzeugt davon, dass British Airways die Politik geändert hatte und geiziger mit dem Wein geworden war. War ich früher auf Langstreckenflügen tiefenentspannt, empfand ich sie jetzt als unglaublich stressig. Ich war mir sicher, dass man früher mehr als einen Drink vor dem Essen und einen Becher Wein zum Essen bekommen hatte. Doch inzwischen vermute ich, dass ich das Einzige war, was sich verändert hatte.

Bis wir es durch die endlosen Sicherheitskontrollen und die Schlangen am Check-in-Schalter geschafft hatten und an Bord gegangen waren, lechzte ich nach etwas zu trinken. Doch ich musste warten, bis wir in der Luft waren und der Getränketrolley

MAI

endlich losrollte. Gebannt verfolgte ich seinen langsamen Weg den Mittelgang hinunter. Verdammt noch mal, jetzt gib doch mal Gas! Nach dem Essen und den beiden kleinen Drinks, die ich erhalten hatte, kämpfte ich endlos lange mit mir, ob ich die Stewardess rufen und um ein weiteres winziges Glas Wein bitten konnte, ohne mich seltsam ansehen lassen zu müssen.

In Momenten wie diesen drehte die Weinhexe durch. »RUF DIE VERDAMMTE STEWARDESS! WEN INTERESSIERT, WAS SIE DENKT?«

Als ich daher zum ersten Mal auf der wunderbaren Soberistas-Website auf den Begriff »Weinhexe« stieß, ging mir ein Licht auf. Nicht nur hatte jemand meiner Nemesis einen Namen gegeben, sondern ich war offensichtlich auch nicht die Einzige, die mit ihr vertraut war.

Mir gefällt der Gedanke, dass man mit jedem Tag, an dem man nichts trinkt, der Weinhexe etwas mehr von ihrer Energie raubt. Meine liegt inzwischen quasi im Koma. Sie ist immer noch da, aber sie ist schwach und sie spricht nicht mehr mit mir. Das Gute daran, seine Feindin zu kennen ist, dass Wissen Macht bedeutet und man sie mit dieser Macht überwältigen kann.

Als ich die Kinder von der Schule abgeholt habe und nach Hause fahre, gratuliere ich mir dazu, wie erfolgreich ich bin, wie tapfer und selbstlos, und wie ich allmählich zu einer wunderbaren Mutter werde. Ich hätte wissen müssen, dass Hochmut vor dem Fall kommt.

Eine Salve von Pieptönen dringt aus meiner Handtasche. Ich stöhne auf. Es muss eine dieser Klassen-WhatsApp-Gruppen sein, die von nussfreien Snacks oder verlorenen Kleidungsstücken berichten. Sobald wir nach Hause kommen, sehe ich auf meinem Handy nach.

DIE WEINHEXE

Schlechte Nachrichten, Ladys. Jocasta hat Läuse. Ich wollte euch nur Bescheid sagen, damit ihr eure Kinder untersuchen könnt.

Archie hat sie auch. Ich habe ein superökologisches, anti-allergisches Behandlungsmittel gefunden. Fragt mich, wenn ihr mehr wissen wollt.

Die Schulkrankenschwester hat mir gesagt, dass sie überall sind. In der ganzen Schule. Ich kämme jetzt die Haare von meinen Kids durch.

Sofort juckt es mich. Ich kann fühlen, wie ganze Armeen von Läusen über meine Kopfhaut marschieren. Ich werfe einen Blick auf meine Kinder, und genau in dem Moment hebt Kit den Arm und beginnt sich heftig am Kopf zu kratzen. Ich teile die Läusekämme aus und wir setzen uns im Kreis und kämmen uns gegenseitig die Haare wie eine Gruppe sich lausender Affen.

»Ich hab eine!«, ruft Evie, die Kit kämmt.

»Ich habe zwei auf Maddie gefunden!«, antwortet Kit, der nicht den Kürzeren ziehen will.

»Du hast einen Ansatz, Mummy!«, quietscht Maddie. »Du musst zum Friseur!«

Es dauert nicht lange, bis klar ist, dass wir alle betroffen sind.

»Dad wird nicht begeistert sein, wenn er hört, dass er Läuse hat«, bemerkt Maddie, wie immer die Meisterin der Untertreibung.

»Na ja, aber wenigstens sind sie bei ihm leicht zu finden«, erwidert Kit grinsend. »Sie können sich ja nirgendwo verstecken!« Es gibt keine größere Freude für einen Achtjährigen, als auf den Würdelosigkeiten des Alters herumzureiten.

Die luschigen, chemiefreien Bioshampoos können mich mal! Wir fahren die großen Geschütze auf. Ich reibe unsere Köpfe

MAI

mit irgendeiner giftig riechenden Tinktur aus einer Flasche mit einem Totenschädel und gekreuzten Knochen darauf ein. Die nächsten gefühlten Stunden verbringen wir damit, uns zu kämmen, die Haare zu waschen und zu trocknen. Am Ende bin ich wie zerschlagen. Gott sei Dank ist Zubettgehzeit und ich nehme an, dass wir das Vorlesen ausnahmsweise auslassen können.

»Mummy«, sagt Kit, »denk daran, dass ich morgen meine Römerprojektmappe abgeben muss.«

Aaarrrggghhh! Das Römerprojekt der vierten Klasse. Das könnte jede Mutter in den Alkohol treiben. Ich hätte daran denken sollen. Gestern habe ich mehrere überheblich dreinblickende Eltern das Römerprojekt einen Tag früher abgeben sehen. Ein Junge trug dabei sogar ein Gladiatorenkostüm und hielt ein maßstabsgetreues Modell des Kolosseums in der Hand. Ein anderer hatte sein Referat in wunderschöner Kalligrafie auf handgeschöpftem Papier abgegeben, das zu Rollen gedreht und mit violetten Bändern umwunden war. Auf gar keinen Fall können sie diese Projekte allein bewältigt haben.

Die nächsten beiden Stunden verbringen wir mit dem Versuch, Kits Römerprojekt in eine akzeptable Form zu bringen, und als ich schließlich alle ins Bett gebracht und einiges von Kits fantasievoller Orthografie korrigiert habe (mit der linken Hand, um seine Sauklaue zu imitieren), habe ich die Nase voll.

Ich lasse mich in einen Sessel fallen. Ich dachte, ich hätte die Weinhexe unter Kontrolle, aber stattdessen kehrt sie jetzt mit voller Wucht zurück. Ich trommle mit den Fingern, die danach lechzen, sich um ein Weinglas zu legen, auf die Armlehne meines Sessels. In dem Versuch, meinen Kopf und meine Hände zu beschäftigen, greife ich nach meinem Smartphone und logge mich in Facebook ein.

Blöder Fehler. Meine Startseite ist gefüllt mit Bildern von

DIE WEINHEXE

Leuten, die auf Partys trinken, Esstischen mit großen Weinflaschen im Vordergrund und den unvermeidlichen Witzen über Mütter und ihren Wein.

Weil es jetzt irgendwo 5:00 Uhr ist!

Halte deine Freunde nah bei dir. Halte den Wein näher.

Sei nett. Sei hilfsbereit. Bring Wein mit.

Irgendjemand hat sogar einen Link zu einer Designerhandtasche gepostet, die gleichzeitig als Weinspender dient. Sieht aus wie eine normale Tasche und kann immer noch Handy, Portemonnaie und Make-up aufnehmen, enthält aber im Futter zwei Liter Wein, die über einen diskreten und praktischen Hahn zugänglich sind. Das hätte mir in den alten Zeiten gefallen!

Was soll das eigentlich, dass ich das alles durchmache, wenn alle anderen die ganze Zeit trinken? Trinken ist doch eine absolut akzeptable Methode, sich am Ende des Tages zu entspannen. Es ist modern. Es ist kontinental.

Warum mache ich mir das Leben so schwer? Man kann von niemandem erwarten, dass er einen Abend mit Läusejagd und Römerprojekt mit einer Tasse Tee übersteht. Im Moment fühlt sich sogar ein alkoholfreies Bier ungefähr so nutzlos an wie die blöden kleinen Ärmchen eines Tyrannosaurus Rex.

In Zeiten wie diesen verfluche ich meine Entscheidung, den Alkohol nicht ganz aus unserem Haus zu verbannen. Ich war derart entschlossen, alles so normal wie möglich beizubehalten und eine offene Flasche Wein für John oder für Gäste bereitzuhalten. Die Anonymen Alkoholiker raten davon strikt ab. Es heißt, wenn man in einem Frisörladen rumhänge, werde man früher oder später einen Haarschnitt verpasst bekommen. Ich hatte mir gesagt,

MAI

ich sei stärker und es habe keinen Sinn, vor dem Alkohol wegzulaufen, solange die ganze Welt in dem Zeug badete.

Doch jetzt treibt mich das Wissen, dass eine halbe Flasche von meinem Lieblingswein im Kühlschrank steht, in den Wahnsinn. Ich gehe zum Kühlschrank und wieder zurück, so oft, dass es mich überrascht, dass ich noch keine Furche in den Dielenbrettern hinterlassen habe, während ein Kampf in meinem Kopf tobt. Irgendwann öffne ich die Kühlschranktür und schenke mir ein großes Glas ein.

DER MONAT, IN DEM ICH 100 TAGE FEIERE
UND ES ALLMÄHLICH EINFACHER WIRD

| TAG | 093 |

ENTRÜMPELN

Ich habe dieses Glas Wein nicht getrunken. Ich habe mich an den Küchentisch gesetzt und es angestarrt. Daran gerochen. Ich nahm das Glas in die Hand und schwenkte den gekühlten, honigfarbigen Wein darin herum. Dann ging die Tür auf und John kam herein. Er sah mich an, er sah das Glas in meiner Hand an und war sichtlich erschüttert. Ich forcierte ein Lächeln und verschüttete den Inhalt des Glases zu einem großen Teil über meiner Hand und dem Küchentisch. Es war ein Gefühl, als hätte mich der Stromableser nackt erwischt.

»Du willst das jetzt nicht trinken, oder?«, fragte er. »Du hast dich so tapfer gehalten, mach jetzt nicht alles kaputt.«

Und dann dachte ich selbst wieder daran, wie weit ich gekommen war. Ich las mein Tagebuch noch einmal von vorn, von Tag null an, den ich niemals wieder erleben wollte, und erinnerte mich daran, dass ich versprochen hatte, es hundert Tage lang zu schaffen, bevor ich mich geschlagen gäbe. Daraufhin kippte ich den restlichen Wein in die Spüle, sagte John, dass er wahrscheinlich Läuse habe, und ging zu Bett.

Und jetzt bin ich so froh, dass ich nicht eingeknickt bin, denn heute geht es mir schon viel besser. Um Kate Moss falsch zu zitieren: Kein Wein schmeckt so gut, wie sich Nüchternheit anfühlt. Ich schwebe auf der glücklichen rosa Wolke, und, mehr noch, heute sind es genau drei Monate, seitdem ich aufgehört habe. Ein Vierteljahr. Wer hätte das gedacht?

JUNI

Doch ohne meine Freundinnen und Freunde, die ich durch meinen Blog gefunden habe, hätte ich es nicht bis an diesen Punkt geschafft. All diese Gleichgesinnten, die mich zum Lachen und zum Weinen gebracht und mich mit ihrer Stärke und Großzügigkeit verblüfft haben. Ich weiß, wenn ich dieses Glas Wein getrunken hätte, hätte ich sie alle enttäuscht, und wenn ich nachgegeben hätte, hätte ich möglicherweise viele meiner virtuellen Freundinnen und Freunde dazu gebracht, umzufallen wie Dominosteine. Das Internet hat mich gerettet.

Doch es gibt viele Momente, in denen mir das nicht reicht, in denen ich dringend eine Umarmung bräuchte. Etwas Greifbares. Eine Freundin mit einem Gesicht und nicht nur mit einem erfundenen Namen.

Wenn ich den Mumm hätte, zu den Anonymen Alkoholikern zu gehen, würde ich heute einen Kuchen in den Kirchensaal mitbringen und im Kreis echter Menschen feiern, die mich persönlich kennen anstatt nur meinen virtuellen Avatar. Sie würden applaudieren, mir auf den Rücken klopfen, mit mir den Kuchen teilen und mir meine Dreimonatsmedaille überreichen. Heute bin ich also ein bisschen traurig, dass ich mich mit meinem armseligen erfundenen Namen hinter meinem Monitor verstecke.

Um mich aufzuheitern, beschließe ich, heute zu entrümpeln.

Bei hochfunktionalen starken Trinkern geht es ständig darum, den äußeren Schein zu wahren. Wenn von außen betrachtet alles so aussieht, als wäre es unter Kontrolle, können wir uns vormachen, dass es das auch wirklich ist. Wir sind wie Schwäne – scheinbar gleiten wir mühelos über das Wasser, aber unter Wasser paddeln wir wie wild durch die Fischscheiße.

Bei vielen von uns wirkt daher ihr häusliches Umfeld oberflächlich betrachtet ganz ordentlich; blickt man aber in die Schränke, unter das Bett oder in den Keller, findet man überall Gerümpel und Staubmäuse. Wer viel trinkt, hat einfach keine

ENTRÜMPELN

Zeit, sich um den ganzen Krempel zu kümmern, sich zu überlegen, wohin man ihn räumen könnte oder was man damit anfangen soll. Also stopft man alles in eine Schublade und schenkt sich noch ein Glas Wein ein.

Und das Unheimliche ist: Genauso verfahren wir mit unserem Innenleben. Oh nein, hier ist ein lästiges Gefühl, das mir nicht gefällt und von dem ich nicht weiß, was ich damit anfangen soll. Ab in die Ecke damit – ich schenke mir so lange noch etwas zu trinken ein.

Wenn wir aufhören zu trinken, holen wir nach und nach all diese abgeschobenen und vernachlässigten Gefühle hervor, die keineswegs verschwunden sind, sondern vor sich hingegammelt und uns träge und dysfunktional gemacht haben. Ich gehe daher davon aus, dass es keine große Überraschung ist, wenn ich das Gefühl habe, auch in meiner Umgebung klar Schiff machen zu müssen. Den Garten habe ich mir schon vorgeknöpft; jetzt wird es Zeit, das Haus in Angriff zu nehmen.

Bevor ich mit dem »Projekt schöner Wohnen« beginne, beschließe ich, mich ein bisschen über Feng-Shui schlau zu machen, der chinesischen Lehre, nach der durch die Gestaltung der Wohn- und Lebensräume eine Harmonisierung des Menschen mit seiner Umgebung erreicht werden soll. Ich muss zugeben, dass ich Feng-Shui bisher als esoterischen Schnickschnack abgetan habe, aber inzwischen erkenne ich durchaus einen Sinn darin.

In einem Artikel auf www.thespruce.com heißt es: *Gerümpel ist niedrige, stagnierende und verwirrende Energie, die dir konstant Energie raubt. Je nach dem Feng-Shui-Bereich in deinem Zuhause, in dem sich das Gerümpel angesammelt hat, kann es sogar den Energiefluss und die Geschehnisse auf vielen Gebieten deines Lebens negativ beeinflussen oder schlimmstenfalls vollkommen blockieren.*

Laut der Feng-Shui-Lehre sind wir wie Pflanzen, die ohne Licht und Luft nicht gedeihen können.

JUNI

Aha, deswegen ist mein Leben so ein Chaos.

Merkwürdigerweise sind die beiden Bereiche des Hauses, die ich zuerst begonnen habe zu entrümpeln, unsere Küche und der Hauseingang. Nach ein paar (kurzen) Recherchen habe ich festgestellt, dass die Küche der Bereich ist, der mit der Gesundheit in Zusammenhang steht, besonders der Leber. Wie unheimlich ist das?!? Der Hauseingang ist als »der Mund des Chi« bekannt, durch den das Haus seine »Energie und Nahrung« erhält. Wenn dein »Mund des Chi« total blockiert ist, bist du im Arsch (Zusammenfassung der Geschäftsführung).

Meinen Recherchen zufolge sollte man sich beim Entrümpeln jedes Mal nur einen kleinen Bereich vornehmen und sich jeweils nicht mehr als eine halbe Stunde Zeit dafür nehmen. In dieser halben Stunde trennt man den ganzen Krempel in drei Haufen: »behalten«, »Müll« und »Weiß nicht«. Man behält nur die Sachen, an denen man wirklich hängt, die nützlich sind und für die man Platz hat. Wenn man nicht an einer Sache hängt, keinen Nutzen für sie hat und auch nicht weiß, wo man sie hintun soll, wirft man sie rigoros weg. Den »Weiß-nicht«-Karton stellt man für ein paar Monate beiseite und trennt den Inhalt dann erneut in »behalten«, »Müll« und »weiß nicht«, bis irgendwann alles weg ist.

Ohne es zu merken, singe ich dieses schreckliche Lied aus *Frozen* vor mich hin: »Let it go«, während ich fröhlich Sachen in einen Karton für die Nachbarschaftshilfe werfe wie eine Besessene.

Am Ende des Tages, als John und die Kinder nach Hause kommen, bin ich körperlich und seelisch erschöpft, zugleich aber auf einem (vollkommen legalen und nicht toxischen) High. Nicht nur habe ich jede Menge Platz geschaffen, sondern auch aus dem Chaos Ordnung gemacht. Neben der Tür habe ich einen Haken für die Hundeleinen angebracht und an der Wand Garderobenknäufe für sämtliche Schultaschen der Kinder, wobei ich

ENTRÜMPELN

vor mich hin murmelte: *einen Platz für alles, und alles an seinen Platz.* Außerdem habe ich die diversen Schüsseln mit Kleinkram geleert und den Inhalt kategorisiert. Ich habe sogar mit einem alten Aquarium und den Kaulquappen der Kinder meine eigene Version eines japanischen Koi-Teichs in meinem neuen »Kräutergarten« angelegt. Einen Moment tief durchatmen musste ich, als mir bei einem Paar knallorangefarbener Versace-Jeans (in Größe 38) aus meiner Partyzeit buchstäblich die Tränen kamen.

Ich bekämpfe den Impuls, meinen Ehemann zu entrümpeln, der derzeit unordentlich auf dem Sofa herumhängt und zusammen mit Maddie eine Serie über blutjunge Meerjungfrauen guckt.

»Warum schaust du dir das an?«, will ich wissen, als ich mit einem Müllsack bewaffnet an ihm vorbeigehe. Drei blonde Teenager tänzeln in kaum wahrnehmbaren Bikinis über den Bildschirm. Seine Augen kleben an ihnen.

»Das ist doch etwas für jedes Alter«, antwortet er, ohne den Blick von der Glotze abzuwenden.

Ich habe noch einen langen Weg vor mir, sowohl was den physischen als auch den emotionalen Krempel betrifft (und ich war nicht mal in der Nähe des Kellers, bei uns zu Hause als »Grube der Verzweiflung« bekannt), aber hier und da blinkt ein Lichtstrahl am Horizont. Vielleicht sind aber nur wieder ein paar Ziegel von unserem Dach gefallen.

Ich schalte den Wasserkocher ein, um mir zur Belohnung einen Tee zu kochen, und gehe die Post aus dem Briefkasten holen. Darunter ist ein Brief, der in einer Handschrift adressiert ist, die ich sofort wiedererkenne, obwohl ich sie seit zehn Jahren oder mehr nicht gesehen habe.

Der Brief stammt von Philippa, einer Freundin, die ich seit dreißig Jahren kenne und die inzwischen in Amerika lebt. Sie ist, abgesehen von John, die einzige Person aus meinem wahren Leben, die meinen Blog liest. Ich habe ihr den Link gleich zu Anfang geschickt, weil sie das alles auch durchgemacht hat. Jetzt ist sie nicht nur seit neun Jahren trocken, sondern hat sogar ihren Doktor in Suchtforschung gemacht. Wem, wenn nicht ihr, könnte ich meine Sünden beichten?

Ich mache es mir mit meiner Tasse Tee bequem und öffne den Brief. Im Umschlag stecken eine Glückwunschkarte und Philippas eigene Drei-Monats-Nüchternheitsmedaille von den Anonymen Alkoholikern. Es ist etwas Konkretes, Greifbares von einer realen Person, die nicht nur an mich gedacht, sondern mir etwas sehr Kostbares von sich geschenkt hat. Ich fange an zu weinen. Schöne, dicke, fette Glückstränen.

Ich danke dir, Philippa. Das bedeutet mir mehr, als du dir vorstellen kannst.

GEDANKEN

Ich habe mein großes Ziel erreicht, juhu! Yeah! Ich bin toll! Während die Anonymen Alkoholiker drei Monate Abstinenz feiern, begeht die Abstinenzgemeinde im Internet eher die ersten hundert Tage. Diese seien, so sagen sie, ein Meilenstein, denn nach etwa hundert Tagen würde es tatsächlich allmählich leichter werden.

Ich hatte eigentlich vor, den Anlass ganz allein für mich (und mit meiner virtuellen Mannschaft) zu feiern, aber es stellt sich heraus, dass es Vorteile hat, wenn der Ehemann ab und zu in den Blog hineinschaut. Während ich heute Morgen noch im Halbschlaf lag, überreichte er mir eine Karte zum 100. Geburtstag! (Ich wette, davon werden nicht viele verkauft.)

Und nicht nur das, sondern er hat mir auch eine wunderhübsche Silberkette mit einem Elefantenanhänger gekauft. Ich könnte mir jetzt etwas über das phänomenale Gedächtnis der Elefanten einfallen lassen oder sie mit dem Umfang meines Hinterns in Zusammenhang bringen, doch in Wahrheit weiß John einfach, dass ich Elefanten liebe.

Er ist ein guter Mann. Ein Kümmerer.

Da dies ein besonderer Tag ist, habe ich mein Tagebuch noch einmal von Anfang an durchgelesen und ein wenig nachgedacht.

Da war ich, mit leuchtenden Augen, naiv und voller Enthusiasmus, wie das neue Mädchen an der Schule. Man denkt, man habe es geschafft – man hat hart gearbeitet, die Prüfungen bestanden, man ist drin! –, und dann erkennt man, dass man gar nichts weiß. Man schaut sich um und stellt fest, dass keines von den anderen Mädchen die Strümpfe hochgezogen oder den Rock in normaler Länge trägt. Das Gebäude ist ein Labyrinth, die Regeln ein Buch mit sieben Siegeln. Man gerät vollkommen ins Schwimmen.

Ich habe also den »Bin ich Alkoholikerin?«-Test absolviert und die »Bestimmt kann ich doch ein Glas trinken?«-Module hinter mich gebracht (auch bekannt als: »War es das wirklich? Für immer?«). Ich habe das erste Halbjahr der Zehn und das zweite Halbjahr der Zehn überstanden und bin jetzt im ersten Halbjahr der elften Klasse! Doch ich muss feststellen, dass noch ein langer Weg vor mir liegt, bevor ich eine coole, allwissende, selbstbewusste Elftklässlerin bin. Ich habe gerade erst mit »Introspektion« und »Wer zum Teufel bin ich überhaupt?« begonnen und bisher keine Ahnung, was danach kommt. Ich habe nicht mal den Stundenplan erhalten.

Ich überlege, was ich mir als Neuling über die kommenden hundert Tage erzählt hätte, damit ich es in meinem Blog für alle neuen Mädchen posten kann, die nach mir kommen. Folgendes ist mir dazu eingefallen:

Du wirst mehr und besser schlafen als seit vielen Jahren, und trotzdem wirst du erschöpfter sein, als du dir vorstellen kannst. Du wirst feststellen, dass heißer Kakao magische Heilkräfte besitzt und dass alkoholfreies Bier wirklich nützlich ist. Möglicherweise fühlst du dich um zehn Jahre älter und klüger, aber du wirst fünf Jahre jünger aussehen. Du wirst eine Leidenschaft für Putzen, Aufräumen, Unkrautjäten, Sortieren und Entrümpeln entwickeln – sowohl konkret als auch im übertragenen Sinne – und wirst obsessiv alles über Alkohol, Alkoholismus, Alkoholiker und überhaupt alles, was mit Alk- beginnt, lesen. Du wirst feststellen, dass der Angstknoten, mit dem du seit Jahren gelebt hast,

GEDANKEN

vom Alkohol verursacht wurde und nicht von ihm gelöst werden konnte. Dein bester Freund war in Wirklichkeit dein schlimmster Feind. Du wirst exzessiv Nabelschau betreiben und dich ständig mit Fragen wie »Wer bin ich? Wer war ich? Wie bin ich hierhergeraten? Wohin gehe ich?« beschäftigen. Und während du all das durchmachst, wirst du einige tolle Mitreisende kennenlernen. Menschen, die dich zum Lachen, Weinen und Nachdenken bringen. Unglaublich starke, tapfere und inspirierende Leute, die dich auf deiner Reise begleiten.

Aber weißt du was? Es wäre sinnlos, wenn mein älteres, klügeres Ich meinem jüngeren und naiveren irgendetwas von alldem erzählen würde, denn zu meinen wichtigsten Erkenntnissen gehört, dass es keine Abkürzungen gibt. Es gibt ein Zitat, das Winston Churchill zugeschrieben wird (er hat es nicht wirklich so gesagt, aber es klingt wie etwas, was er gesagt haben könnte): *Wenn du durch die Hölle gehst, marschier einfach weiter.* Du musst unbeirrt einen Fuß vor den anderen setzen, von einem Tag zum anderen, bis du irgendwann das Schlachtfeld überquert hast. Und jetzt, nach hundert Tagen, in denen ich einfach immer weitergegangen bin, bin ich angekommen!

Ich logge mich auf der Soberistas-Website ein und lese einige Blogs, die von Neulingen an Tag eins, Tag sieben oder Tag vierzehn verfasst wurden, und fast (aber nicht ganz) bin ich neidisch, dass sie am Anfang einer Reise stehen, die ihr Leben verändern wird. Die ersten hundert Tage sind schwer, aber auch intensiver und lohnender, als ich mir je hätte vorstellen können.

Ich treibe auf meiner rosa Wattewolke (verkleidet als abgehalfterter Toyota-Minivan) zur High Street in Kensington, wo ich mit meiner Freundin Sam zum Mittagessen verabredet bin.

Sam ist eine umwerfende Blondine, die wie eine klassische Yuppie-Mutter aussieht. Aber Vorsicht mit den Vorurteilen, denn sie hat einen Doktor in Primatologie aus Cambridge, liest den

JUNI

New Scientist im Abonnement und sammelt erfolgreich Spenden zum Schutz von Elefanten. Deswegen überrascht es mich nicht, als sie sofort meine Silberkette bemerkt.

»Was für eine wunderschöne Kette!«, sagt sie, und spontan gestehe ich ihr, wofür ich sie bekommen habe. Ich erzähle ihr, dass ich aufgehört habe zu trinken, möglicherweise für immer. Ich rechne damit, dass sie mich entsetzt ansieht und ausruft: *Wie kommst du denn auf diese Idee? Du bist so langweilig! Ich will dich nie wiedersehen!* Aber das tut sie nicht.

»Gott, bin ich froh! Ich habe schon überlegt, wie ich dir beibringen soll, dass mir heute Mittag nicht nach Alkohol zumute ist. Ich habe noch so viel zu tun!« Wow! Jetzt, wo ich einmal in Fahrt bin, erzähle ich auch von meinem geheimen Blog, und sie ist nicht nur kein bisschen schockiert, sondern sogar beeindruckt. Sie schließt mich fest in die Arme und versichert mir, wie stolz sie auf mich ist. Ich lasse sie feierlich schwören, niemandem davon zu erzählen und nicht zu versuchen, meinen Blog zu finden. Ich hatte zwar einen kurzen Anfall von Mut, aber jetzt reicht's.

Als ich nach Hause komme, logge ich mich bei *Mummy was a Secret Drinker* ein und finde über zwanzig Nachrichten von Frauen (und einem Mann!) aus aller Welt, die mir gratulieren.

Ich rocke offenbar. Ja, vielleicht tue ich das!

Erst jetzt fällt mir ein, dass ich mir eine Kündigungsklausel für den 100. Tag eingebaut hatte. Ich hatte mir geschworen, dass ich mit dem Aufhören aufhören würde, wenn es mir nicht leichter fiele. Aber ich will auf keinen Fall wieder anfangen und an den Punkt zurückgeworfen werden, an dem ich angekommen war. Also nehme ich jetzt die nächsten 100 Tage in Angriff. Ich bin bereit. Ich feiere diesen Abend (heimlich) mit einem Kneipenquiz und freue mich jetzt schon darauf, am Ende des Abends genauso scharfsinnig (oder nicht) zu sein wie am Anfang. Das wäre das erste Mal.

ALLEINE TRINKEN

Jemand hat einen Kommentar auf meinem Blog hinterlassen, der mich beschäftigt. Er lautet: *Jeder, der alleine trinkt, hat ein Problem. IMHO.* Das hat mich zum Nachdenken gebracht: Seit wann war es kein Stigma mehr, wenn jemand alleine trank? Oder ist es vielleicht immer noch eines, und nur ich und die meisten meiner Bekannten haben es als altmodisch und irrelevant abgetan?

Die wichtige Grenze, die nicht überschritten werden durfte, war in meinem Fall das Trinken vor der Mittagszeit und das Lügen in Bezug auf das Trinken. (Flaschen verstecken und Ehemann und Freunde belügen. Den Arzt anlügen zählt nicht.)

Wenn ich das Alleinetrinken als Gefahrensignal bewertet hätte, hätte ich diese imaginäre Grenze schon vor zwanzig Jahren überschritten. An diesem Punkt hätte ich nicht ganz aufhören, sondern nur maßhalten müssen, dann wäre ich eine zufriedene, moderate Normtrinkerin geblieben, die die Weinhexe nie kennengelernt hätte.

Wann immer ich einen dieser Onlinefragebögen mit dem Titel »Sind Sie alkoholabhängig?« ausfüllte (und ich habe jede Menge von ihnen ausgefüllt, meistens betrunken) und ich zu der Frage kam »Trinken Sie, wenn Sie allein sind?«, tat ich sie als irrelevant ab. Ob ich trinke, wenn ich allein bin? Klar, macht das nicht jeder?

Meine Trinkkarriere begann in Gesellschaft, aber als ich nach Cambridge kam, gab es praktisch jeden Abend die Gelegenheit dazu. Nach der Universität hatte ich zusammen mit drei Freunden, alles angehende Ärzte, ein Haus gemietet. Niemand weiß besser, wie man Dampf ablassen kann, als ein Arzt. Bei uns war an den meisten Abenden betreutes Trinken angesagt. Niemand achtete auf die Berge von schmutzigem Geschirr, das in der Spüle vor sich hinschimmelte, und Zigarettenkippen wurden im Bodensatz der Kaffeetassen ausgedrückt.

Nach etwa zwei Jahren tauschte ich das Haus gegen die relative Ruhe einer kleinen Mietwohnung an der belebten Wandsworth Bridge Road. Dort zog ich mit Katie, einer College-Freundin zusammen. Wir lebten einträchtig miteinander, bis sie Mark kennenlernte und aus zweien drei wurden.

Ich mochte Mark. Er war, wie die meisten netten Leute, ein bisschen bekloppt. Ihm gehörte eine Feuerwerkfabrik, und er stellte auf unserem Flachdach, das man durchs Wohnzimmerfenster betreten konnte, eine riesige Raketenstartrampe auf. Wenn Katie und er abends zu Hause waren und ihre Ruhe haben wollten, feuerte er eine große Rakete über Fulham ab, die in einem großen Bogen über die Häuser hinwegflog und die ich von jeder Bar aus sehen konnte. Damit wusste ich Bescheid, dass ich mich noch ein bisschen länger draußen rumtreiben musste.

Marks dritte große Leidenschaft (nach Katie und Pyrotechnik) waren Streiche. Zum Beispiel positionierte er Knaller in der Wohnung, um mich bei meiner Heimkehr zu begrüßen. Wenn ich um zwei Uhr morgens leicht lädiert die Tür öffnete, machte es BÄMM! und die Tür explodierte. Irgendwann hatte ich jedoch den Trick mit der explodierenden Tür durchschaut und war darauf vorbereitet. Dann durchquerte ich eines Abends problemlos alle Türen und ging ins Badezimmer. Als ich den Klodeckel hochhob, traf mich beinahe der Schlag, als ein lauter Knall durch die Wohnung hallte.

Wie vorauszusehen, hatte ich es irgendwann satt, an einem

ALLEINE TRINKEN

Kriegsschauplatz zu leben, wo ich ständig auf der Hut vor Landminen oder explodierenden Toiletten sein musste, und fühlte mich außerdem wie das fünfte Rad am Wagen neben der jungen Liebe. Deswegen kaufte ich im Alter von 26 Jahren meine erste eigene Wohnung.

Ich fand ein großes Ein-Zimmer-Apartment in Fulham zum Preis von 80.000 £ (95 Prozent lieh ich mir bei der Bank und 5 Prozent von meinen Eltern). Heutzutage würde man dafür in London nicht mal so viel Grund und Boden kaufen können, um ein Moped darauf zu parken. Ich besaß so wenig, dass ich mithilfe des VWs mit Heckklappe einer Freundin und eines netten schwarzen Taxifahrers umziehen konnte.

Am ersten Abend in meiner neuen Wohnung, im ersten Stock eines der stufenförmigen viktorianischen Cottages im Sands-Gebiet, gebaut für die Arbeiter der Imperial Gaslight and Coke Company, saß ich in meinem einzigen Stuhl (einem farbenfrohen Liegestuhl von Habitat) in meinem neuen Wohnzimmer. Die einzigen anderen Einrichtungsgegenstände waren zwei verschnörkelte Kerzenhalter aus dem Conran Shop, meine Stereoanlage, eine Yucca-Palme namens Alan und ein Umzugskarton, der zugleich als Wohnzimmertisch diente. Ich war noch nie so glücklich gewesen!

Und, stieß ich auf meine Errungenschaft etwa mit einem Glas Sprudelwasser an? Natürlich nicht! Logischerweise machte ich eine Flasche Champagner auf und trank sie zur Hälfte aus (das war viel damals).

Da ich jetzt allein lebte, war es normal, dass ich auch alleine trank. Ich habe das nie hinterfragt. Tatsächlich fühlte ich mich unglaublich erwachsen, weil ich nach einem harten Arbeitstag im Haifischbecken der Werbebranche zu meinem eigenen Kühlschrank gehen und mir ein großes, kühles Glas Chardonnay einschenken konnte. (Den ich damals trank.)

JUNI

Das war kultiviert. Emanzipiert. Kein bisschen traurig! Oh nein! Bridget Jones hat allein getrunken. Carrie Bradshaw hat allein getrunken. So etwas machten junge, unabhängige Singlefrauen eben.

Als ich erwachsen wurde, heiratete und Kinder bekam, gehörte es zu meiner Rolle als viel beschäftigte, gestresste Mutter, mir ein großes Glas (oder drei Gläser) Wein zu genehmigen, nachdem die Kinder im Bett waren (und dann immer früher und früher). Jeden Tag hörte man Sprüche wie »Oh Gott, ich brauche dringend ein Glas Wein« oder Witze über »Mamasaft«. Und verdammt noch mal, wir warteten nicht, bis wir Gesellschaft hatten, um uns einen zu genehmigen (und uns wegzubeamen).

Im Nachhinein ist mir klar, worin das Problem am Alleinetrinken besteht: Der Wein wird vom sozialen Schmiermittel zur Selbstmedikation.

Wenn man in Gesellschaft trinkt, trinkt man dem Schwips zuliebe, weil man sich entspannen und gemeinsam diesen Wechsel der Stimmung genießen möchte. Wenn man alleine trinkt, trinkt man aus Stress. Langeweile. Wut. Einsamkeit. Bald stellt man fest, dass man trinkt, um jegliches Gefühl zu unterdrücken. Man bleibt lange mit seinem Glas Wein wach und führt mürrische Unterhaltungen mit Siri. Und das ist nicht gesund (logisch).

Außerdem trinkt man in Gesellschaft meist ungefähr so viel wie alle anderen. Trinkt man alleine, setzt man sich selbst das Limit. Ein Glas wird zu einer Drittel Flasche. Man glüht mit einigen Drinks vor, bevor man sich mit seinen Freunden trifft. Man geht davon aus, dass alle anderen dasselbe tun, um dann plötzlich festzustellen, dass man eine Außenseiterin ist.

Ich glaube daher, dass es das Beste für unsere Kinder und alle jungen Leute heute ist, das Alleinetrinken wieder zu stigmatisieren. Würde die Regierung Geld in eine Werbekampagne investieren, die das Alleinetrinken als armselig, verzweifelt und problematisch darstellte, könnte sie jede Menge Geld bei der Behandlung der akuten Folgeschäden des Problemtrinkens sparen.

Was mich auf den nächsten Gedanken bringt: *Wenn man mich fragen würde, was ich Teenagern in punkto vernünftiges Trinken raten würde, was wäre das?*

An diesem Punkt muss ich innehalten und leise kichern. Wäre das nicht so, als würde man Elvis bitten, über gesunde Ernährung zu sprechen oder Casanova über verantwortungsvollen Sex?

Diese Regeln würde ich für sie aufstellen, und ich wünschte, jemand hätte sie mir vorgegeben:

1. Trinke nicht vor 6:00 Uhr abends.
2. Kein Alkohol mehr, sobald du auch nur im geringsten das Gefühl hast, die Kontrolle zu verlieren.
3. Trinke nicht öfter als dreimal pro Woche, und:
4. Trinke nie, niemals alleine.
5. Sobald du feststellst, dass du dich nicht an die Punkte 1–4 halten kannst und oder über dein Trinkverhalten lügst, dir selbst und anderen gegenüber, hol dir Hilfe!

Mein Gott, wie schön es war, allein zu trinken... (Und das sagt doch wirklich alles).

Auf dem Weg ins Bett schaue ich nochmal in Kits Zimmer. Er liegt mit allen vieren ausgestreckt da wie ein gestrandeter Seestern, ganz in seine Daunendecke verheddert. Sein Haar ist wirr, und da er sich seit Kurzem für die großen Victorianer begeistert, hat er seine Koteletten lächerlich lang wachsen lassen. Ich überlege, sie ihm im Schlaf abzuschneiden, aber ich widerstehe und ziehe nur vorsichtig seine Decke glatt. Dann greife ich unter sein Kissen, hole den winzig kleinen ausgefallenen Zahn hervor, den er dort deponiert hat, und ersetze ihn durch eine Ein-Pfund-Münze.

JUNI

Die Zahnfee hat einen schlechten Ruf in unserer Familie. Sie ist dafür bekannt, etwas unzuverlässig zu sein. Schon bei mehreren Gelegenheiten musste ich erklären, dass sie im Stau gesteckt hatte, nicht wusste, dass wir in Urlaub waren oder die Nachricht von dem ausgefallenen Zahn nicht rechtzeitig erhalten hätte, obwohl sie in Wahrheit eine Flasche Wein getrunken hatte, vor einem schwedischen Krimi im Fernsehen eingeschlafen war (versucht mal, halb betrunken die ganzen Untertitel zu lesen) und es vergessen hatte.

Doch jetzt ist die Zahnfee, genau wie Mummy, wie ausgewechselt.

MÄSSIGUNG

Es wird definitiv leichter. Manchmal vergehen Stunden, ja sogar Tage am Stück, ohne dass ich überhaupt noch ans Trinken denke. Enthaltsam zu leben ist zur neuen Normalität geworden und verlangt mir keine riesigen Anstrengungen mehr ab. Wenn ich an meine Trinkerinnenzeit zurückdenke, steht sie mir nicht mehr so lebendig vor Augen. Mit dieser betrunkenen Frau im Film meiner Erinnerungen kann ich mich nicht mehr identifizieren.

Doch während ich mich nicht mehr gut an die schlechten Zeiten erinnern kann, dann umso lebendiger an die schönen. An den ersten, sehnsüchtig erwarteten Drink des Abends – denjenigen, bei dem sich die Schultern entspannten und die Gedanken zur Ruhe kamen. Der erste Rosé des Sommers, geteilt mit einer Freundin im Sonnenschein, während die Kinder unter dem Rasensprenger hindurchrannten. Das erste Glas Sekt an Weihnachten, während man Rosenkohl schälte und dem Geplauder über die Geschenke lauschte, die der Weihnachtsmann dieses Jahr gebracht hatte. Der Willkommenscocktail, wenn man endlich am Urlaubsziel angelangt war. Und dann höre ich das Flüstern ... *Du hast überreagiert! Wie blöd von dir. Natürlich musstest du dich einschränken, muss das nicht jeder? Aber ganz aufhören? Für immer? Was hast du dir dabei gedacht? So schlimm warst du doch auch wieder nicht – du warst ja keine richtige Alkoholikerin. Du hast es nur ein bisschen übertrieben! Du hattest nie Filmrisse, hast nicht in die Gosse gekotzt oder mit Fremden Sex gehabt.*

JUNI

Ich presse die Hände auf die Ohren und erwidere mit zusammengebissenen Zähnen: Aber warum sollte ich wieder anfangen wollen zu trinken, auch wenn ich es mäßig tun könnte? Ich gewöhne mich daran, nüchtern zu sein. Ich fühle mich gesünder. Ich schlafe besser. Ich bin schlanker. Ich bin netter. Ich bin eine bessere Mutter, eine bessere Ehefrau …

Daraufhin wird die Stimme beleidigend: *Das ist doch weich gespülter Mist! Du bist langweilig. Lebe ein bisschen! Du hast dich doch noch nie an die Regeln gehalten. Das bist nicht du!*

Ich denke an meinen Blog: *Und was ist mit meinen Internetfreunden? Sie verlassen sich auf mich. Ich würde sie enttäuschen.*

Die Antwort ist ein einziger Vorwurf: *Haha! Das glaubst aber auch nur du. Du bist eingebildet! Als wärst du die einzige Bloggerin zu dem Thema. Du bist nur ein Tröpfchen im Ozean des World Wide Web. Und deine Freunde im echten Leben würden sich freuen, wenn du wieder mit ihnen trinken würdest. Sie haben dein wahres Ich vermisst. Du hast dein wahres Ich vermisst.*

Und dann, noch perfider: *Ich wette, dein Mann vermisst es auch … Jetzt, nach 106 Tagen ohne Alkohol, hast du dich wieder im Griff. Du bist älter und klüger. Du hast das T-Shirt und die Dreimonatsmedaille. Du wirst nie wieder so werden wie früher. Natürlich kannst du mäßig trinken wie andere normale Leute auch. Warum versuchst du's nicht mal? Wenn es dir nicht gefällt, kannst du jederzeit wieder aufhören.*

Mäßigung. Die unausgesprochene Hoffnung. Die große Frage. Die alte Leier.

Das Wort ist in der nüchternen Blogosphäre sehr gefühlsbeladen. Es verursacht große Angst und spukt vielen ständig im Kopf herum. Die Leute stürzen sich darauf und marschieren virtuell beleidigt von Websites, eine Spur aufgebrachter Emojis hinter sich herziehend. Das Thema ist deshalb so hoch aufgeladen, weil maßvolles Trinken der Heilige Gral ist, das ultimative, mär-

MÄSSIGUNG

chenhafte Happy End. Gewiss wollen wir nicht in die finstere Zeit zurückfallen, in der wir jeden Abend eine Flasche Wein tranken und jeden Morgen mit Selbsthass erwachten, aber wir würden so gerne ab und zu mal ein leckeres Gläschen genießen, nur manchmal.

Jedes Mal, wenn ein ambitionierter Trinker (wie viele Euphemismen fallen mir noch ein, um das Wort »Alkoholiker« zu vermeiden?) verkündet, dass er nach einer langen Zeit des heftigen Konsums endlich wieder »maßvoll« trinken kann, keimt die Hoffnung in uns auf. Wir denken: *Wenn er oder sie es kann, dann kann ich das doch bestimmt auch?* Deswegen erregt das Thema so sehr die Gemüter.

Prominente machen das andauernd. Sie sitzen ihre Runden auf den bequemen Sofas in den Talkshows der Tagesprogramme ab und erzählen von ihrer Entzugshölle. Ein, zwei Jahre später verkünden sie, dass sie jetzt gelegentlich wieder einen Cocktail trinken, null problemo. Ein paar Monate später erscheinen Fotos von ihnen, wie sie sich betrunken und zerrupft an einen viel jüngeren Partner auf der Tanzfläche einer Disco klammern oder mit runtergerutschten Hosen aus einem Taxi fallen. Doch zwischendurch lockt man uns alle mit der Oase in der Wüste, dem Gesang der Sirene, dem verlockenden Schimmer falscher Hoffnung.

Da ich das in der Vergangenheit immer wieder erlebt habe, weiß ich, dass ein Glas Wein nach einer langen Phase der Enthaltsamkeit nicht zu einer dreitägigen Sauftour werden wird und ich auch nicht ohne Unterhose in der Gosse landen werde. Oh nein. Es ist wesentlich tückischer als das.

Das erste Glas schmeckt mir nicht mal so sehr – irgendwie nach Essig, nicht so, wie ich mich daran erinnere. Ich denke: »Na also! Es schmeckt mir nicht mal mehr so sehr. Haha. Steck den Korken wieder in die Flasche und lass ihn für immer dort. Oder jedenfalls bis zur nächsten ganz besonderen Gelegenheit.«

JUNI

Zwei Wochen später. Es kommt eine einigermaßen besondere Gelegenheit. Ich denke: *Ein Glas Wein kann ich trinken. Das letzte Mal hat es so gut geklappt. Das ist schon wieder zwei Wochen her. Hurra, ich bin geheilt!* Und dann trinke ich drei Gläser Wein. Und innerhalb von zwei weiteren Wochen trinke ich wieder jedes Wochenende, dann jedes Mal, wenn wir ausgehen, dann jeden Tag außer montags und dienstags, dann jeden Tag nach sieben Uhr abends ... und so weiter, und so fort. Wieder zurück auf Anfang, nur zerschlagene, kaputter und erschöpfter.

Die Wahrheit ist, dass ich einfach von Natur aus keine maßvolle Person bin. Für mich heißt es immer alles oder nichts. Mich in irgendetwas zu mäßigen ist nicht meine Stärke. Wenn ich außerdem einen Beweis dafür haben will, wie unnormal und obsessiv meine Beziehung zu Alkohol ist, muss ich nur die ungefähr hundert Blogposts über das Thema überfliegen. Anne, meine nüchterne Bloggerfreundin, hat vor Kurzem geschrieben: *Wer normal mit Alkohol umgehen kann, hat nicht das Bedürfnis, einen Blog über das Nichttrinken zu schreiben.* Volltreffer – hätte von mir sein können.

Bill Wilson, der Mitbegründer der Anonymen Alkoholiker, hat mal gesagt, dass der Test, ob man Alkoholiker ist oder nicht, nicht darin besteht, ob man es ein paar Tage oder Wochen ohne Alkohol aushält (was ich kann und mehrmals getan habe), sondern ob man nur ein Glas trinken und dann aufhören kann. Er sagt (es steht im grünen Buch der Anonymen Alkoholiker): *Versuche zu trinken und dann plötzlich aufzuhören. Versuche es mehr als einmal. Du wirst nicht lange brauchen, um zu einem Ergebnis zu kommen.* Und genau das konnte ich nicht, nicht ohne mit beiden Händen den Tisch zu umklammern und schier durchzudrehen.

Die Anonymen Alkoholiker äußern sich sehr dezidiert über das Thema Mäßigung. Bei ihnen heißt es: »Einmal abhängig, immer abhängig« – ein Glas führe nur zu mehr und mehr und mehr.

MÄSSIGUNG

Dafür gibt es sowohl neurologische als auch physiologische Gründe. Wenn das Gehirn »exzessiv und wiederholt« Alkohol ausgesetzt wird (wie bei mir damals), werden seine natürlichen Systeme von Verlangen und Belohnung durcheinandergebracht. Wenn wir trinken, wird das Belohnungssystem unseres Gehirns künstlich aktiviert und produziert Dopamin. Dopamin ist die Feel-good-Substanz unseres Gehirns und sorgt für ein natürliches High. Im Laufe der Zeit weiß das Gehirn nicht mehr, dass es viel zu viel von dem Zeug produziert, deswegen kompensiert es, in dem es den Rückwärtsgang einlegt und aktiv unser Basisniveau von Dopamin herunterfährt.

Aus diesem Grund werden Trinker nach und nach immer schwermütiger und geben sich dem Glauben hin, nur durch Alkohol würden sie sich besser fühlen. Das ist nicht ganz falsch. Trinken versetzt uns in die Lage, wieder Dopamin zu produzieren. Dabei lassen wir jedoch außer Acht, dass das Trinken das Problem überhaupt erst ausgelöst hat. Irgendwann erreichen wir einen Wendepunkt, an dem der Alkohol nicht mehr die Lösung, sondern das Problem ist.

Doch die gute Nachricht ist, dass unser Gehirn sein Gleichgewicht wiederfindet, sobald man aufhört zu trinken, und dann produziert es das Glückshormon wieder ganz von selbst. Tatsächlich kann es anfangs möglicherweise überkompensieren, ähnlich wie ein Gummiband, das wieder in die Ausgangsposition zurückschnellt und dabei überschnappt. Das führt bei Ex-Trinkern zum Stadium der rosa Wolke, gefolgt von abwechselnden Höhen und Tiefen, während unser Gehirn sich abmüht, sein Gleichgewicht wiederzufinden.

Die schlechte Nachricht ist, dass unser Gehirn inzwischen darauf programmiert ist, dass Alkohol Vergnügen bedeutet. Dadurch, dass unser Dopaminspiegel jahrelang vom Alkohol geregelt wurde, ist die Weinhexe in unseren Köpfen entstanden, und

JUNI

die einzige Möglichkeit, der Weinhexe das Maul zu stopfen ist, nicht zu trinken.

Die Anonymen Alkoholiker benutzen eine Analogie, um zu erklären, warum Alkoholabhängige nie wieder normal trinken können – die von den Gurken und den sauren Gurken. Sie sagen, dass man eine Gurke nicht daran hindern kann, zu einer sauren Gurke zu werden, doch wenn sie einmal eingelegt ist, kann sie nie wieder zu einer Salatgurke werden. Und, betrachten wir es mal nüchtern, meine Gurkentage liegen lange zurück. Ich bin durch und durch sauer eingelegt.

Ich weiß all das, und schon allein es niederzuschreiben hilft mir, aber manchmal habe ich das Gefühl, dass es zwar leichter wird, zugleich aber auch schwerer. Zwei Schritte vorwärts, ein Schritt zurück.

GRATIS-BOTOX

Nur noch zweieinhalb Wochen bis Schuljahrsende, und der Wahnsinn bricht aus. Bei drei Kindern auf Londoner Grundschulen bedeutet das nämlich zwei Sportfeste, zwei Preisverleihungszeremonien, drei Klassenfeiern, Kuchenbasare, das Sommerfest und die unvermeidlichen Verkleidungstage. Ein Jahr zuvor wäre das alles von ungefähr neunzehn Flaschen Wein begleitet worden.

Es wurde beschlossen (von einer Französischlehrerin, die zweifellos bisher nicht die Konsequenzen solcher Beschlüsse ertragen musste), dass Maddies Klasse sich morgen als irgendetwas verkleiden soll, was mit Frankreich zu tun hat. Da ich jetzt (wie ich mir selbst immer wieder vorhalte) eine äußerst effiziente und verantwortungsbewusste Mutter bin, habe ich den üblichen Impuls unterdrückt, online ein Kostüm zu bestellen – aus so billigem Stoff, dass es nach einmaligem Tragen auseinanderfällt und schon in Flammen aufgeht, wenn es in die Nähe einer Glühbirne gerät.

Jetzt, am Abend vor dem »französischen Tag«, bereue ich das. In Gedanken gehe ich das vorhandene Material im Haus durch, aus dem sich vielleicht etwas machen ließe. »Ich habe eine Idee!«, verkünde ich. »Maddie kann als Bäckerin gehen!« Ich klammere mich an ein Wort, das ich seit der Mittelstufe nicht mehr benutzt habe. »Als *boulangère*. Sie kann eine von meinen Schürzen umbinden und ich gebe ihr einen Korb mit Gebäck mit!«

Die Kinder werfen mir vernichtende Blicke zu.

»Du hast mich schon als *boulangère* verkleidet«, erwidert Evie,

»und Kit als *boulanger*. Ein blödes Kostüm! Und ich habe Ärger bekommen, weil auf einem Croissant *Mandeln* drauf waren.«

Das Wort »Mandeln« stößt sie hervor, als hätte sie »Arsen« gesagt, und in der Schule gilt das Teufelszeug als ähnlich giftig. Überhaupt ist alles mit Nüssen strengstens verboten.

Inzwischen reagiert die Schule noch paranoider auf alles, was mit Nüssen zu tun hat, nachdem einer von Kits besten Freunden beinahe den Klassenlehrer gekillt hätte. Er gab ihm ein liebevoll selbst gebackenes Plätzchen – mit Erdnussbutter. Darauf erlitt der überaus beliebte, doch gegen Erdnüsse allergische Mr Eviens vor den Augen der ganzen Klasse einen anaphylaktischen Schock und musste mit dem Krankenwagen abtransportiert werden. Ich gratuliere mir dazu, dass ich bisher keinen Lehrer ins Krankenhaus befördert habe, obwohl ich nicht die beste Mutter des Universums bin.

»Ich will als Eiffelturm gehen«, verkündet Maddie.

»Super Idee!«, erklären ihre Geschwister in einem seltenen Anflug von Solidarität. »Wir helfen dir mit dem Kostüm.«

Hurra.

Wir halten am Bastelladen und kaufen Pappe, Farbe, Kleber und Klebeband. Als wir alles zusammen haben, habe ich so viel ausgegeben wie für eine Reise nach Paris und zurück.

Wir basteln Maddie einen spitzen Hut und schneiden zwei große Dreiecke aus Pappe aus, die wir ihr mithilfe zweier ausrangierter Strumpfhosen von mir über die Schultern hängen. Dann malen Kit und Evie ein bemerkenswert realistisches Bild des Eiffelturms vorne und hinten drauf.

Als wir fertig sind, sind alle von Kopf bis Fuß voller Farbe, sodass ich schnell die ganze Bande in die Badewanne stecke und dann zu Bett bringe, damit ich zu Sallys Party gehen kann.

Sally gehört zu den erstaunlichen Menschen, die den Kontakt zu so ziemlich allen Leuten halten, denen sie je begegnet sind. Neulich hat sie mir erzählt, sie habe ihr Adressbuch mal auf den neuesten Stand gebracht und dabei fünfhundert alte Kontakte gelöscht. Ich glaube nicht, dass ich überhaupt je so viele Leute gekannt habe. Jedenfalls bieten Sallys Partys immer eine Art Rückblick auf mein bisheriges Leben. In jeder Ecke drängen sich Leute, die man seit Jahrzehnten nicht gesehen hat, etwa der Typ, den ich in meinen Mikroökonomie-Veranstaltungen angeschmachtet habe, die Frau, die mir das Herz gebrochen hat, indem sie mir im zweiten Studienjahr den Freund ausspannte, und die, mit der ich mir als Doktorandin ein Büro geteilt habe.

Als John und ich ankommen, ist die Party schon in vollem Gange. Ich trinke rasch hintereinander zwei alkoholfreie Mojitos, die genauso aussehen und schmecken wie alkoholhaltige und im Restaurant ärgerlicherweise genauso viel kosten. Ist das fair?

Mindestens vier, fünf Leute machen Bemerkungen darüber, wie gut ich aussehe. Ich werde sogar gefragt, ob ich im Urlaub war (schön wär's!), und die Frauen mustern mich forschend, auf der Suche nach Anzeichen für Botox oder andere Renovierungsmaßnahmen. Mehrere Leute machen mir Komplimente, dass ich um fünf Jahre jünger aussähe. Yeah! Ein alter Freund (der zugegebenermaßen schon ziemlich betrunken ist) behauptet sogar, es wären zehn Jahre, verdirbt aber dann den Effekt, indem er hinzufügt: »Vorher hast du ziemlich fertig ausgesehen.«

Ich entwische ins Badezimmer und betrachte mich neugierig im Spiegel – und es stimmt. Mein Gesicht ist weniger aufgedunsen; zum ersten Mal seit Jahren habe ich eine Kinnlinie. Ich habe weniger Falten und meine Haut sieht straff und rosig aus. Außerdem habe ich glänzende Augen mit ungetrübtem Weiß. Ich bin immer noch nicht Renée Zellweger, aber die ist schließlich auch nicht mehr das, was sie mal war. Da hat man's also – nüchtern ist das neue Botox. Dabei ist es billiger und man kann immer noch die Augenbrauen hochziehen. Was will man mehr?

JUNI

Gegen elf sind viele Gäste schon gegangen. Da mein Mann immer noch tüchtig feiert, fahre ich alleine nach Hause.

Als ich schon im Einschlafen begriffen bin, fällt mir ein, wo meine Handtasche ist.

Das klingt vielleicht nicht besonders spektakulär, aber mehrere Jahre lang war meine Handtasche ein Grund großer Besorgnis für mich. Es handelt sich nämlich um eine wunderschöne, abgesteppte Chanel-Tasche, die mir John zum vierzigsten Geburtstag geschenkt hat. Ich bin entschlossen, mein Leben lang gut auf sie aufzupassen und sie später einer meiner Töchter zu vererben (die mir ziemlich auf die Nerven gehen mit ihren ewigen Diskussionen darüber, wer was bekommt, wenn ich mal sterbe).

Die Chanel-Tasche wird nur zu Partys und besonderen Gelegenheiten hervorgeholt, sodass ihre Besitzerin früher in der Regel ziemlich betrunken war, wenn sie nach Hause kam. Ich zog mich aus (schminkte mich jedoch nicht ab, sodass am nächsten Morgen das ganze Kopfkissen verschmiert war) und fiel ins Bett. Wenn ich ein paar Stunden später erwachte, versuchte ich mich verzweifelt daran zu erinnern, was ich mit meiner Tasche gemacht hatte. Hatte ich sie von der Party mit nach Hause genommen? Hatte ich sie im Taxi liegen lassen? Irgendwann konnte ich nicht mehr anders, als aufzustehen und mit der Taschenlampe meines iPhones das Zimmer abzusuchen (falls ich das Handy fand) und vielleicht auch noch runter in die Küche zu gehen und dort weiterzusuchen, bis ich sie endlich entdeckt hatte. Bis dahin war ich so wach, dass ich erst im Morgengrauen wieder einschlafen konnte.

Doch an diesem Abend liege ich eingekuschelt im Bett, das Gesicht sorgfältig abgeschminkt und mit Feuchtigkeitscreme gepflegt, und die Tasche ist fein säuberlich an ihrem festen Platz im Kleiderschrank verstaut. Ein Sieg!

SPORTFEST

Heute Morgen stelle ich fest, dass es noch etwas Besseres gibt, als ohne Kater aufzuwachen, nämlich, neben jemandem aufzuwachen, der einen Kater hat. Natürlich wünsche ich meinem jahrelang leidgeprüften Gatten nichts Böses, aber heute Morgen erinnert er mich in sehr realistischer Weise daran, was ich gewonnen habe. Unser Schlafzimmer riecht wie eine Kneipe und sein Atem könnte auf zwanzig Meter Entfernung ein Pferd umhauen. Seine Augen sind aufgequollen und gerötet, er selbst ist übler Laune.

Als ich ihn so ansehe, denke ich ziemlich gemein und selbstgefällig an das AA-Sprichwort: *Wer heute trinkt, borgt sich nur das Glück von morgen.* In meiner frühen Trinkerzeit machte es mir nichts aus, für einen wahnsinnig tollen Abend mit leichten Kopfschmerzen zu bezahlen, aber später wandelte sich das Verhältnis und ich musste für ein eher mäßiges Vergnügen am Abend einen herben Schlag am nächsten Tag (oder sogar an mehreren Tagen danach) einstecken.

Auch für diesen Kuhhandel gibt es einen physiologischen Grund. Alkohol führt zur Ausschüttung des Wohlfühlhormons Dopamin im Gehirn, doch in den Tagen danach sinkt der Dopaminspiegel unter das normale Niveau, wodurch wir uns mies fühlen.

Das bringt mich auf den Gedanken, dass ich wahrscheinlich bereits die Alkoholration für mein ganzes Leben aufgebraucht habe. Womöglich gibt es eine begrenzte Gesamtmenge, mit der das Gehirn umgehen kann, und da ich in den letzten zwanzig Jahren ungefähr viermal so viel getrunken habe, wie ich hätte tun sollen, sind keine Reserven mehr übrig. Das Weinkonto ist leer.

Seltsamerweise fühle ich mich durch diesen Gedanken ein bisschen besser, denn das scheint wenigstens fair zu sein, ein bisschen so wie bei Kit, der seine Halloween-Beute innerhalb von vierundzwanzig Stunden futtert, während seine Schwestern wochenlang von ihren Süßigkeiten haben. Kit beklagt sich nicht (besonders) darüber, weil er weiß, dass es seine Entscheidung war.

Ich versuche, Mitleid für John aufzubringen, der sich heute grässlich fühlen muss. Dabei geht's mir großartig! Umso besser, denn heute ist Kits Sportfest ...

Ich denke zurück an Evies Sportfest vor vier Jahren. Am Abend zuvor waren wir ausgegangen und erst spät nach Hause gekommen. Ich packte das Picknick für das traditionelle Eltern-Kind-Mittagessen nach dem Fest und legte auch eine Flasche Weißwein dazu (der, wie ich wusste, das einzige Mittel gegen meine Kopfschmerzen sein würde).

Irgendwie schaffte ich es, das endlose Eierlaufen, Sackhüpfen und so weiter zu überstehen und dabei auf ein Kleinkind, ein Baby und einen Hund aufzupassen. Wieder einmal erfand ich eine Ausrede, um nicht am Mütterlauf teilnehmen zu müssen, bei dem sich ehemalige Firmenchefinnen, Fotomodelle und Tigermütter mit allen Tricks foulen, um zu Heldinnen in den Augen ihrer Kinder zu werden.

(Im ersten Schuljahr habe ich am Lauf teilgenommen. Ich trat an die Startlinie in dem Glauben, das sei sicher ein großer Spaß. Bis mir auffiel, dass ich als Einzige Riemchensandalen trug und alle anderen Laufschuhe mit Spikes angezogen hatten.)

Dann trafen wir uns zum Picknick und ich stellte ziemlich bald fest, dass niemand außer mir Alkohol dabeihatte.

Unbeirrt schwenkte ich meine Flasche Wein, und prompt

SPORTFEST

stand ich vor einem Dilemma: Ich wünschte mir verzweifelt, dass andere Leute mittrinken würden, damit ich nicht als versoffene Schluckeule dastand (die ich natürlich war), doch andererseits sollten sich auch nicht so viele melden, dass nur ein winziges Gläschen für mich übrig blieb. Mit einer Hand schob ich, mit der anderen zog ich, was ich furchtbar stressig fand.

Außerdem weckten die Ablehnungen der anderen schreckliche Schuldgefühle in mir. Sie sagten so etwas wie: »Nein, danke, ich habe gestern Abend viel zu viel getrunken« (genau wie ich), »Danke, aber ich muss noch fahren« (genau wie ich), »Ich habe heute Nachmittag zu viel zu tun« (genau wie ich) oder »Nein, lieber nicht, sonst bin ich heute Abend fix und fertig« (jep, genau wie ich).

Heute jedoch bringe ich den Eiffelturm unverkatert zur Schule. Ihre aufgeregte, stolze Miene, als sie hineinmarschiert, ihr fröhlich wippender Pferdeschwanz und das Kostüm, mit dem sie die anderen Kinder mit ihren Ringelshirts und Zwiebelketten in den Schatten stellt, sind das ganze Last-Minute-Bastel-Debakel wert. Dann geht es weiter zum Sportfest, und auch das meistere ich mit Bravour – abgesehen davon, dass der Hund auf einen Matchsack pinkelt und einem Kind ein Sandwich klaut und damit wegrennt, worauf ich laut mit der Zunge schnalze und vorwurfsvoll frage: »Wem gehört denn dieser Hund?«

JUNI

| TAG | 119 |

KINDLICHE TROTZANFÄLLE

Bisher habe ich auf dem Zeitgeist gesurft. Jeden Tag lasen mehr Leute meinen Blog und jede Woche erschienen in der Presse Artikel über die Gefahren des Alkohols. Das gab mir das Gefühl, an der vordersten Front einer riesigen Veränderungswelle zu stehen.
Träum weiter!
Mittlerweile googelt kaum noch einer *Bin ich Alkoholiker?* und stolpert dabei über mich. Die Leute googeln: *Wie mixt man den perfekten Drink mit Pimm's?* oder *Die besten Cocktails für das Grillfest.*

Die Journalisten feiern viel zu gerne feuchtfröhliche Partys auf der Terrasse des House of Commons, um sich die Mühe zu machen, über die Tücken des Trinkens zu schreiben. Alle sind unterwegs auf Hochzeiten, Festivals oder bei Wimbledon, und alle laben sich dabei an einem See von Alkohol.

Ich fühle mich wie die Gewitterwolke, die ein fantastisches Picknick bedroht, wie König Knut, der im elften Jahrhundert angeblich der Flut befahl, sich seinen Befehlen zu fügen und zurückzuweichen. Über die Wellen hinweg rufe ich: »Denkt an eure Leber! Was ist mit euren Dopaminrezeptoren? Und vergesst nicht den Weinbauch!«

Statistisch gesehen gibt ein Drittel der Bevölkerung Großbritanniens an, im Sommer mehr zu trinken (und das sind nur diejenigen, die nüchtern genug sind, sich das auszurechnen). Das ergibt eine zusätzliche Menge von 333 Millionen großen Gläsern

KINDLICHE TROTZANFÄLLE

Bier und 67 Millionen Litern Wein. Abgesehen von der Weihnachtszeit fließt im Sommer der meiste Alkohol.

Wie ich es geliebt habe, an Sommernachmittagen etwas Leckeres zu trinken! Allein wenn ich an die Pimm's Partys denke, die in der Maiwoche (die bizarrerweise in den Juni fiel) in den Innenhöfen von Cambridge gefeiert wurden! Oder an ein Glas (oder drei Gläser) kalten Rosé im Garten. Feuchtfröhliche Grillpartys, trunkene Picknicks und Cocktails am Pool …

Doch jetzt sehne ich mich zum ersten Mal in meinem Leben nach dem Januar, diesem kalten, dunklen, trüben Monat, wenn alle beschließen, sich einzuschränken oder gleich ganz auf Alkohol zu verzichten. Im Januar gehöre ich zu den Normalen. Im Januar ändern sich die Gezeiten und ich werde oben auf der Welle reiten und auf meinem Profiboard tolle Kunststücke vorführen, während die Anfänger im Flachwasser plantschen.

Inzwischen habe ich eine neue Methode gefunden, mit den Cravings umzugehen: Ich betrachte sie wie Trotzanfälle eines Kleinkinds. Wie jede erfahrene Mutter weiß, gibt es mehrere Arten, mit Kleinkindern umzugehen, die sich schreiend und strampelnd auf dem Boden wälzen.

Die erste ist, nachzugeben. Man gibt dem Kleinkind, was es haben will, und es beruhigt sich (vorübergehend). Doch dadurch lernt es nur, wie es seinen Willen durchsetzen kann, und benimmt sich umso öfter und heftiger daneben. So habe ich es jahrzehntelang mit dem Alkohol gehandhabt. Du hast Lust auf einen Drink? Genehmige dir einen!

Nach einer Weile stellt man fest, dass diese Methode alles nur schlimmer macht, und steigt auf eine andere Methode um: Ablenkung. Das Kleinkind hat einen Trotzanfall. Zücke ein Lieblingsspielzeug und erfinde eine Geschichte. Ende des Trotzanfalls (bis auf Weiteres).

Diese Technik hilft auch anfangs bei einem Entzug. Du hast

JUNI

Lust auf einen Drink? Mach einen Spaziergang, nimm ein Bad mit Kerzenschein, iss Kuchen, schreibe einen Blog, lies ein Buch, arbeite im Garten, putze das Haus – tu, was immer dir hilft.

Das habe ich in den letzten drei Monaten durchexerziert. Dann habe ich jedoch festgestellt, dass es genau wie im Umgang mit dem ungezogenen Kleinkind eine ganz neue – und effektivere – Lösung gibt: das Übel an der Wurzel zu packen.

Nach Monaten oder sogar Jahren von Versuch und Irrtum erkennt man allmählich, dass es bei kindlichen Trotzanfällen gar nicht um das geht, was man glaubt. Das Kind trotzt zum Beispiel, weil es noch eine Folge seiner Kindersendung sehen möchte. Seine Reaktion steht in keinem Verhältnis zu der Situation. Es schreit, bis es rot anläuft. Dann blau. Es krampft. Es hat vergessen, um was es eigentlich ging, kommt aber nicht aus der Sache raus.

Die Wahrheit ist: Es geht gar nicht um die Kindersendung.

Meist haben die Kinder Hunger. Sie sind müde, sie langweilen sich oder sind überreizt. Was sie brauchen, sind Reiscracker und ein Nickerchen und nicht noch mehr Fernsehen oder Ablenkung durch ein anderes Spiel. Sie haben dann nämlich immer noch Hunger und sind müde, und der nächste, noch schlimmere Trotzanfall ist vorprogrammiert.

Genauso ist es mit den Cravings. Man kann ihnen nachgeben (keine gute Idee). Man kann sich ablenken (es funktioniert, schiebt aber letztendlich das Problem nur hinaus). Stattdessen sollte man die Cravings als Warnsignale betrachten, wie eine Leuchte im Armaturenbrett.

Das Warnsignal bedeutet nicht: Ich brauche etwas zu trinken. Mein Körper braucht keinen Alkohol. Nach drei Monaten Enthaltsamkeit bin ich nicht mehr im Geringsten alkoholabhängig. Ich hatte mich nur daran gewöhnt, mit jedem Alarmsignal umzugehen, indem ich es in Alkohol ersäufe. Stattdessen muss ich

KINDLICHE TROTZANFÄLLE

herausfinden, was das Warnsignal mir sagen will. Worum geht es bei dem Trotzanfall?

In meinem Fall hat die Warnleuchte meist mit Ängstlichkeit zu tun. Es hat keinen Sinn, sie zu ignorieren und sich für ein langes Schaumbad zurückzuziehen, denn das zugrunde liegende Problem, die Angst, verschwindet dadurch nicht. Ich muss tief durchatmen, herausfinden, worin das Problem liegt und wie ich es lösen kann, und dann einen Plan schmieden. Wie eine Erwachsene! Anschließend, wenn das Problem gelöst ist, kann ich ein ausgiebiges Bad nehmen.

Die Cravings als Freunde zu betrachten, die mich vor einem Problem warnen, bedeutet, dass ich mit den Störfaktoren unmittelbar umgehen kann. Auf diese Weise wird mein Leben zu einem ruhigen Strom, auf dem ich gelassen dahinsegle (na klar).

Aber wenn das stimmt und die Cravings tatsächlich meine inneren kindlichen Trotzanfälle symbolisieren, bedeutet das … dass es ein Ninja-Level gibt: Ich kann diese Anfälle vermeiden!

Als mein drittes Kind kam, wurde ich quasi zur Ninja-Mutter. Maddie hatte kaum solche Anfälle, weil ich schon im Voraus erkannte, wann sie hungrig oder müde wurde. Ich hatte Methoden entwickelt, damit umzugehen. Ich hatte immer gesunde Zwischenmahlzeiten dabei, ich kannte Präventionsmaßnahmen und Notfallstrategien.

Ich ließ mich nicht mehr von irgendeinem Vorhaben abbringen, nur weil ich Trotzanfälle meines Kindes befürchtete, und ebenso kann ich zwar nicht alle Situationen umgehen, die ein Alkohol-Craving triggern, aber ich kann im Voraus planen und mir dadurch das Leben leichter machen. Ich habe zum Beispiel gelernt, mein eigenes alkoholfreies Bier mitzunehmen, wenn ich übers Wochenende Freunde besuche; ich lege ellenlange Listen an und erledige Aufgaben, bevor sie dringend und daher unnötig stressig werden. Wenn mir ein anstrengender Abend bevorsteht,

JUNI

sehe ich zu, dass ich mich tagsüber eine Dreiviertelstunde hinlege, um meine Batterien aufzuladen.

Ich nehme an, dass ich mit der Zeit immer mehr solcher Strategien entwickeln werde, bis ich irgendwann richtig erwachsen sein werde. Keine Trotzanfälle mehr, keine Cravings. (Jedenfalls nur selten. Denn zugegeben, auch Erwachsene haben von Zeit zu Zeit Trotzanfälle.)

Heute gibt es eine wunderbare Ablenkung. Meine Mutter, Evie und ich gehen uns die Alexander-McQueen-Ausstellung im Victoria and Albert Museum ansehen.

Ich habe der Behauptung, High Fashion sei Kunst, immer ein wenig skeptisch gegenübergestanden, aber ich habe mich geirrt. Ich bin überwältigt. Die Ausstellung ist brillant kuratiert. Jeder Raum hat ein eigenes Thema – Highland Rape, Gothic, Romantic, Tribal und so weiter -, jeweils mit der dazugehörigen Musik sowie Licht und Ton von Alexander McQueens Catwalk-Shows.

Es ist ein Anschlag auf die Sinne, so physisch, dass es mir das Gefühl vermittelt, gleichzeitig lachen, weinen und schreien zu wollen. Am liebsten würde ich jedes einzelne Teil, das ich besitze, wegwerfen und alles durch Dinge von wahrer Schönheit ersetzen. (Evie will nach der Ausstellung sofort zu Top Shop gehen, meine Mutter dagegen am liebsten eine schöne Tasse Tee im Museumscafé trinken.) Mir wird bewusst, dass es wesentlich interessantere und vielfältigere Wege gibt, einen anderen Bewusstseinszustand zu erreichen als Chianti. Musik, Kunst, Theater, Tanz, Yoga ... all die Dinge, die ich vernachlässigt habe, um zu Hause bleiben und trinken zu können.

You do not need to be out of your head to blow your mind.

Hätte Alexander McQueen (der zweiundzwanzig Tage nach mir geboren wurde) das nur gewusst, dann hätte er sich vielleicht nicht im Alter von vierzig Jahren umgebracht.

DER MONAT, IN DEM ICH MICH ALLMÄHLICH VERWANDELE

WEG MIT DEM SPECK

Ich war davon ausgegangen, dass nüchtern zu bleiben zwar schwer werden würde, mir als Belohnung jedoch eine schlanke Figur winkte! Oder zumindest eine etwas schlankere. Schließlich hat eine Flasche Wein um die sechshundert Kalorien. Eine Wochenration Wein (ausgehend von einer Flasche pro Tag) entspricht 4.200 Kalorien – der zweifachen Menge der empfohlenen Tagesration. Leider geht diese Rechnung nicht ohne Weiteres auf. Zwar bin ich relativ schnell das aufgedunsene Gesicht losgeworden und auch der Bauch schrumpfte ein wenig, aber der Zeiger der Waage hat sich dennoch nicht groß bewegt. Wie immer bin ich auch damit nicht allein. Ich weiß durch die vielen E-Mails, die ich bekomme und die Blogs, die ich lese, dass bei den meisten trockenen Trinkern die Pfunde nicht wie magisch purzeln.

Warum? Warum? Warum? Wo bleibt da die Gerechtigkeit?

Soweit ich bisher in Erfahrung gebracht habe, gibt es zwei Gründe dafür. Der erste ist, dass wir unseren Stoffwechsel in den vielen Jahren, in denen die Leber immer zuerst den Alkohol verarbeiten musste, den wir in uns hineingeschüttet hatten, so ziemlich ruiniert haben. Unser Körper ist kein feingetunter Mechanismus mehr, sondern viel zu stark geschmiert. Wenn wir aufhören, dauert es eine Weile, den Kurs zu korrigieren. Man kann sich das in etwa so vorstellen, als wollte man einen Supertanker wenden. (Kann ich meinen Hintern mit einem Supertanker vergleichen? Oh ja, ich glaube, ich kann.)

Der zweite Grund besteht darin, dass viele von uns zum Zucker greifen, um die Cravings zu bekämpfen. Zucker verpasst uns den gleichen Dopaminkick wie vorher der Alkohol, deswegen macht er so süchtig. Außerdem wirkt er tröstend. Verdammt, wir dürfen uns doch ein kleines bisschen verwöhnen, bei allem, was wir durchmachen! In den ersten Wochen habe ich oft Kuchenstücke verputzt, die größer als mein eigener Kopf waren.

Die sogenannte Abhängigkeitsverlagerung ist ein wohlbekanntes Phänomen. Ein Grundproblem für uns als Süchtige ist unsere mangelnde Fähigkeit, mit Emotionen, Gefühlen, Situationen, ja, dem Leben an sich ohne Unterstützung umzugehen. Solange wir dieses tief sitzende Problem nicht bearbeitet haben, werden wir uns für die einfache Lösung entscheiden und eine Krücke durch eine andere ersetzen. Essen ist deswegen naheliegend, da es die Hand-zu-Mund-Bewegung des Trinkens (und Rauchens) nachahmt.

Im Rückblick erkenne ich seltsamerweise, dass mein Alkoholkonsum mit Anfang dreißig in die Höhe geschnellt ist, nachdem ich es geschafft hatte, meinen Konsum von mindestens zwanzig Zigaretten pro Tag aufzugeben. Zugleich nahm ich sieben Kilo zu. Mit Anfang zwanzig waren meine Hände und mein Mund viel zu beschäftigt mit dem Rauchen, um zu übermäßig zu essen oder zu trinken.

Diese pawlowsche Konditionierung ist tief verwurzelt. Wann immer sich der vertraute, pulsierende Angstknoten in meinem Bauch zusammenballt, der, seitdem ich trocken bin, Gott sei Dank seltener auftritt, verspüre ich das Bedürfnis, mir etwas in den Mund zu stecken. (Ich werde an dieser Stelle der Versuchung widerstehen, einen deftigen Witz zu machen, denn schließlich bin ich erwachsen.)

Interessanterweise funktioniert diese Gleichung in beide Richtungen. Laut www.obesityaction.org beweist eine Studie mit Magenband-Patienten, dass sie nach der Operation, als sie nicht mehr zu viel essen konnten, häufig andere Süchte, etwa Alkoholabhängigkeit entwickelten. Sie hatten sich nicht frühzeitig mit den zugrunde liegenden Problemen auseinandergesetzt, die sie zu übermäßigem Essen getrieben hatten. Die Alkoholabhängigen werden also zuckersüchtig und die Zuckerjunkies alkoholabhängig. Es ist wie die Süchtigenversion des Films *Ein voll verrückter Freitag*, in dem Mutter und Teenagertochter die Körper tauschen (wobei unsere wohl kaum zum Kassenschlager werden würden).

Ich habe versucht, mich deswegen nicht fertigzumachen. Wir müssen gut mit uns umgehen und uns hin und wieder belohnen. Doch diese »kleinen Belohnungen« können sich unversehens addieren. Ein Stück Schokoladenkuchen, ein Kakao und zwei alkoholfreie Bier enthalten praktisch genauso viele Kalorien wie eine Flasche Wein. Mir ist durchaus klar, dass man auf diese Art und Weise auch ohne Alkohol eher zu- als abnimmt.

Mir ist ebenfalls bewusst, dass es viel vernünftiger wäre, mit meinen Ängsten umzugehen, indem ich eine Lauf- oder Yogasucht entwickeln würde, anstatt über meinen Laptop gebeugt dazusitzen, Schoko-Rosinen zu futtern und mich zu wundern, dass mein Weinbauch nicht schneller verschwindet.

Doch die erstaunliche Nachricht ist, dass nach Wochen – Monaten –, während deren ich auf dem Weg zur schlanken Göttin wenig Fortschritt erkennen konnte, die Waage plötzlich weniger anzeigt! Seit Tag eins habe ich insgesamt viereinhalb Kilo abgenommen. Das macht gut sechs Zentimeter in der Taille und am Weinbauch und fast neun Zentimeter am Hintern aus! Ich bin jetzt leichter als vor fünf Jahren!

Dieser Unterschied ist meiner Meinung nach einerseits eine Frage der Zeit, in der sich mein Stoffwechsel allmählich erholt (der Supertanker wendet) und andererseits eine Reaktion darauf,

JULI

dass ich begonnen habe, aufmerksamer auf meinen Körper zu hören. Jahrzehntelang habe ich die natürlichen Signale meines Körpers überhört. Er sagte: »Igitt! Dieses Getränk ist Gift! Was tust du mir an?« Ich sagte: »Halt die Klappe und nimm eine Ibuprofen!« Er sagte: »Ich bin nicht hungrig, ich bin gerade erst unter Drogen gesetzt und entwässert worden.« Ich sagte: »Sei still, hier hast du ein Bacon-Sandwich.«

Ich habe Gewissensbisse, weil ich meinen Körper so lange malträtiert habe, und ich habe das Gefühl, dass es Zeit wird, ihm ein wenig Respekt zu zollen. Deshalb höre ich ihm jetzt zu. Ich habe immer aus den verschiedensten Gründen gegessen – weil ich sauer, gelangweilt, verkatert oder betrunken war. Jetzt esse ich, wenn ich Hunger habe, und höre auf, wenn ich satt bin. Meine Güte, das klingt nach Ernährungstipps für Kleinkinder, aber leider ist das etwas ganz Neues für mich. Und es funktioniert, obwohl ich mir immer noch meine kleinen Belohnungen gönne – den heißen Kakao, Kuchen und alkoholfreies Bier.

Ich weiß, dass die äußere Erscheinung keine Rolle spielen sollte und die inneren Werte zählen, aber es gibt doch kaum etwas Besseres, als alle Sachen in Größe 42 zur Nachbarschaftshilfe zu bringen. *Hallo, ihr hübschen Klamotten in Größe 40, lange nicht gesehen! Habt ihr Lust, mal auszugehen?*

Als wolle sie meine neue schlanke Taille gleich wieder ruinieren, backt Evie Cupcakes für den Kuchenbasar am Ende des Schuljahres. Sie hat sich schon vor einer Weile damit abgefunden, dass ihre Mutter keine begeisterte Bäckerin ist, als sie mich dabei erwischte, wie ich versuchte, ein paar geschickt verhunzte Cupcakes von Marks & Spencer als selbst gemachte auszugeben. Daraufhin hat sie sich mithilfe von Backbüchern das nötige Know-how selbst angeeignet. Das Problem ist, dass sie dabei jede einzelne Schüssel und jede Gerätschaft in der Küche benutzt. Ich betrete eine Szenerie ultimativer Verwüstung. Sämtliche Küchenoberflächen sind mit Puderzucker bedeckt. Es sieht aus wie nach einer Explosion in einer Kokainfabrik.

Evie wirft mir einen kurzen Blick zu und droht dann dem halb leeren Paket Puderzucker streng mit dem Zeigefinger.

»Du bleibst jetzt schön da stehen«, sagt sie, »und denkst mal gründlich darüber nach, was du angestellt hast!«

JULI

TAG | 128

SPIEGEL UND FOTOS

Ich lese den Blog von Irish Mammy. Sie schreibt: »Während der letzten Monate, in denen ich getrunken habe, fühlte ich mich unsichtbar und alt und hatte das Gefühl, dass das bis zu meinem Tod so bleiben würde.« Das beschäftigt mich sehr, denn auch ich habe mich den letzten zehn Jahren zunehmend unsichtbar gefühlt.

Schon vor langer Zeit habe ich mich damit abgefunden, dass mir nicht mehr hinterhergepfiffen wurde, wenn ich an Baustellen vorbeiging, geschweige denn, dass Leute sich umdrehten und mich anstarrten, wenn ich auf einer Party erschien (außer ich hatte versehentlich meinen Rock hinten in die Unterhose gesteckt). Ich nehme an, das ist unvermeidlich. Doch obendrein hatte ich mich selbst unsichtbar gemacht …

Ich war mir schmerzlich bewusst, dass mein Leben zwar von außen ziemlich perfekt aussah, dieser Anschein aber einer genaueren Betrachtung nicht standhielt. Jeder, der ein wenig näher hinsah, hätte wahrscheinlich die feinen Risse und Brüche erkennen können. Morgens schlüpfte ich so unauffällig wie möglich zu den Schultoren hinein und wieder hinaus, um Gesprächen aus dem Weg zu gehen, weil ich einen Kater hatte. Genauso hielt ich es nachmittags, damit niemand bemerkte, wenn ich zu Mittag ein Glas Wein getrunken hatte.

Als ich zunehmend übergewichtig, aufgequollen und aufgedunsen wurde, trug ich kaum mehr etwas anderes als Stretch-

SPIEGEL UND FOTOS

jeans und die Farbe Schwarz. Mein ideales Kleidungsstück wäre Harry Potters unsichtbar machender Umhang gewesen. Wenn ich zu einer Party eingeladen war, dachte ich nur daran, möglichst nichts Auffälliges anzuziehen, damit man über meinen Weinbauch, meinen ausladenden Hintern, ja, ganz allgemein über mich hinwegsah.

Ich durfte gar nicht daran denken, mir etwas Neues zu kaufen, da ich nicht mal mehr das Selbstvertrauen besaß, zu wissen, was mir gut stand und was nicht. Außerdem konnte ich den Gedanken nicht ertragen, irgendetwas in einer Kleidergröße zu kaufen, von der ich verzweifelt hoffte, dass ich sie nur vorübergehend tragen müsste.

Teil meines Strebens nach Unsichtbarkeit war die sorgfältige Vermeidung von Spiegeln. Ich hasste es, wenn mir hinterrücks einer auflauerte. Dann wurde ich plötzlich mit meinem Aussehen konfrontiert und dachte: »Wann ist meine Mutter so dick geworden ... Igitt! Das bin ja ich. Schau schnell weg, du dumme Kuh, bevor du zur Salzsäule erstarrst.«

Wenn ich wusste, dass ein Spiegel in der Nähe war, konnte ich mich darauf vorbereiten. Ich saugte die Wangen ein, trug den Kopf hoch, damit man das Doppelkinn nicht so sah, und zog den Bauch ein. Evie nennt das meine »gruselige Spiegelpose« und behauptet, ich sähe mir dann gar nicht ähnlich.

Das Einzige, was ich noch mehr hasste als Spiegel, waren Fotos. Nur von mir natürlich. Fotos von meinen Kindern konnte ich mir stundenlang ansehen. Bis ich vierunddreißig war (und Evie geboren wurde), gab es jede Menge Fotos von mir. Clare auf einer Party, Clare Arm in Arm mit John (und seinen Vorgängern), sogar Clare an verschiedenen Stränden oben ohne!

Doch in den letzten zehn Jahren? Kaum ein Foto von mir. Ich war so gnadenlos wie Herodes und killte alle unerwünschten Bilder gleich nach ihrer Geburt. Der digitalen Technik sei

JULI

Dank! Ein Klick und ... weg. Die Familienalben unserer letzten Jahre zeigen daher John, den heldenhaften alleinerziehenden Vater dreier Kinder. Den würden sie jedenfalls zeigen, wenn Fotoalben anzulegen nicht zu den Aktivitäten gehört hätte, die dem Trinken zuliebe vernachlässigt wurden.

Doch jetzt fühle ich mich wie ein Schmetterling, der langsam, ganz langsam aus seiner Verpuppung kriecht. Nicht nur will ich nicht mehr unsichtbar sein – ich will sogar gesehen werden. Ich habe immer noch weder das Selbstvertrauen (noch das Geld!), um auf große Shopping-Tour zu gehen, aber ich tauche in die Tiefen meines Kleiderschrankes und ziehe mehr und mehr von den Kleidungsstücken heraus, die ich voller Optimismus fünf Jahre lang aufgehoben habe.

Die optimistischen Klamotten sind die mit den leuchtenden Farben und frechen Prints, die man ein wenig zu klein kauft, an einem Tag, an dem man sich aufgrund der neuen Diät großartig fühlt. Ein paar Tage oder Wochen später schlägt die Realität grausam zu, aber man kann sich sein Versagen noch nicht eingestehen, indem man das neu erworbene Teil zur Kleiderstube bringt. Und so liegt es jahrelang herum und bringt dich dazu, zu glauben, dass dein Versagen nicht unvermeidlich war.

Jetzt bin ich mit Maddie im Supermarkt. Wir sind fertig mit Einkaufen, haben bezahlt und ich karre den voll beladenen Wagen zum Aufzug. Maddie stellt sich auf die Zehenspitzen, drückt feierlich den Knopf und die Türen öffnen sich. Ich beneide sie darum, in einem Alter zu sein, in dem es so spannend ist, einen Aufzugknopf zu drücken, und frage mich, wann ich die Fähigkeit verloren habe, kleine Ereignisse aufregend zu finden.

Im Aufzug steht bereits eine Frau mit Einkaufswagen, daher trete ich beiseite, um sie passieren zu lassen. Sie ist ein ganzes Stück jünger als ich, schlanker und gepflegt. Die Art von Person, für die ich mich gerne halte. Die ich aber noch nicht bin.

SPIEGEL UND FOTOS

Die Frau tritt auch beiseite.

Dann dämmert mir, dass der Aufzug leer ist. Die Rückseite ist verspiegelt. Ich sehe mich selbst! Dieser Moment der Erkenntnis zeigt mir, das alles, das Händeringen, das Zähneknirschen, das Weinen über der Wäsche die Mühe wert war. Es gibt nur wenige Dinge im Leben, die schöner sind, als in einen Spiegel blicken zu können und zu mögen, was man sieht.

Daher habe ich jetzt für eine Weile Waffenstillstand mit den Spiegeln geschlossen. Mit Fotos stehe ich jedoch immer noch auf Kriegsfuß, denn nachdem ich die Einkäufe ausgeräumt habe und mich mit einem Belohnungsbier in einen Sessel habe fallen lassen, scrolle ich durch Facebook und entdecke, dass ich auf einem Foto markiert wurde.

Philippa, die Freundin, die mir die Dreimonatsmedaille geschickt hat, war vor Kurzem zu Besuch in England und hatte ein Treffen für ein paar von uns arrangiert, die als Teenager in Brüssel gewohnt hatten. Damals gingen wir alle aufs Internat in England, und jedes Mal zu Beginn der Ferien trafen wir uns in Dover, wo wir die Fähre für die fünfstündige Überfahrt nach Ostende nahmen. Von dort aus fuhren wir mit dem Zug weiter nach Brüssel. Bis uns unsere Eltern am Ende der Reise vom Bahnhof abholten, stanken wir alle nach Bier und zollfreien Zigaretten und waren, einmal befreit von unseren diversen Bastionen getrenntgeschlechtlicher Erziehung, überschwemmt von Pheromonen.

Obwohl das Treffen ein Picknick im Regen gewesen war (wie klassisch englisch ist das?) hatte ich wahnsinnig viel Spaß an diesem Tag. Ich freute mich, mit den anderen über all das zu plaudern, was in den letzten zehn Jahren passiert war, und ihre Kinder kennenzulernen. Doch auf dem Foto (von dem ich nichts wusste), sehe ich zutiefst unglücklich aus.

Ich erkenne – Horror über Horror –, dass mein Gesicht im Ruhezustand mürrisch aussieht. Igitt!

JULI

Den Rest des Tages versuche ich, meinen Mund darauf zu trainieren, sich an den Winkeln nach oben zu ziehen, auch wenn ich ansonsten ein ausdrucksloses Gesicht mache. Und wenn ich die Straße entlanggehe, bemühe ich mich, Leute anzulächeln. Manche halten mich bestimmt für etwas gaga, aber die meisten erwidern mein Lächeln. Ehrlich und aufrichtig. Und nach nur ein paar Stunden des bewussten Lächelns fühle ich mich wunderbar, obwohl meine unterforderten Wangenmuskeln sich über dieses spontane Work-out beschweren und die Kinder mir misstrauische Blicke zuwerfen.

Kit schreibt morgen eine Geschichtsarbeit, daher verbringen wir den Abend damit, die Schlacht von Bosworth mit einer Auswahl von Maddies Stofftieren nachzustellen. König Richard der Dritte wird von einem großen Panda gespielt, Heinrich Tudor ist ein flauschiges Häschen und der Verräter Lord Stanley ein reizendes rosa Einhorn.

Ich bin umgeben von Glück, niedlichen Tieren und magischen Wesen. Ich liebe und werde geliebt.

ACHTSAMKEIT

ACHTSAMKEIT

Alkoholabhängige sprechen häufig von ihrem monkey brain. Sie haben das Gefühl, als hätten sie einen hyperaktiven Verstand, der ständig schwirrt, analysiert, kritisiert und sich sorgt. Vielleicht hat aber auch jeder einen solchen Verstand, nur dass »normale Leute« besser damit umgehen können.

Ich nutzte Alkohol, um meinen Verstand zum Schweigen zu bringen. Ich hatte das Gefühl, als sei Alkohol die einzige Möglichkeit, mich davon abzuhalten, über Vergangenes zu trauern oder mich wegen Zukünftigem zu ängstigen. Nachdem mich mein innerer Dialog den ganzen hektischen Tag lang schier in den Wahnsinn getrieben hatte, sank ich in einen Sessel, schenkte mir ein großes Glas Wein ein und fand nach ein paar großen Schlucken halbwegs Frieden. (Bis mich um drei Uhr mein Affenhirn wieder weckte, die Litanei des Selbsthasses sang und mich wegen meiner mangelnden Willenskraft verhöhnte.)

Als ich aufhörte zu trinken, gehörte dieser Dimmer, dieser Lautstärkeregler zu den Dingen, die ich mit am meisten vermisste. Und genau an der Stelle hilft die Achtsamkeit, eine alte buddhistische Praxis. Heutzutage ist Achtsamkeit in aller Munde und sie gilt als Wunderkur für so ziemlich alles. Offenbar ist Achtsamkeit aber auf jeden Fall eine gesündere Art als so manches andere, um das monkey brain eine Zeit lang zum Schweigen zu bringen und Ruhe zu finden.

Ich recherchiere ein wenig im Internet und lade mir eine Anleitung zu einer achtzehnminütigen Achtsamkeitsmeditation herunter. Ich habe noch nie zuvor versucht zu meditieren, aber wie schwer kann das sein? Die Kinder und John schlafen noch, daher setze ich mich in meinen abgewetzten Lieblingsledersessel neben meinen alten, aber verlässlichen Ofen und starte den Download.

Man muss eine Menge atmen. Atmen, dem Atmen Aufmerksamkeit schenken, spüren, wie sich das Atmen anfühlt.

Einen Strich durch die Rechnung macht mir der Terrier, der sich riesig freut, als er mich mit leerem Schoß dasitzen sieht, und spontan mitmachen will. Meine Aufmerksamkeit schweift zu dem Gefühl ab, von einem aufgeregten Hund mit dubioser Mundhygiene im Gesicht geleckt zu werden. Ich bin sicher, dass eine Gwyneth Paltrow keine solchen Probleme hat.

Sie werden feststellen, dass Gedanken in Ihnen aufsteigen ... In echt jetzt? Meine lauten ungefähr so: *Seit wann mache ich das jetzt schon? Jede Minute können die Kinder zum Frühstück runterkommen. Ich habe Hunger. Was passiert, wenn ich mich nicht mehr auf das Atmen konzentriere? Höre ich dann auf zu atmen? Arrggh! Ich werde sterben! Aber Jon Snow ist doch bestimmt nicht wirklich tot? Wie lange mache ich das jetzt schon? Ich habe zu tun. Ich muss meinen Blog schreiben und mit dem Hund rausgehen, bevor die anderen aufwachen. Ist da jemand aufgestanden? Vielleicht erwacht Jon in der nächsten Staffel wieder zum Leben. Muss unbedingt die nächste Staffel bestellen. Ich habe Hunger. Wie lange mache ich das jetzt schon? Warum sind all meine Gedanken so seicht? Sollte ich nicht über globale Erderwärmung oder den Weltfrieden nachdenken? Welche Gedanken stören Angelina Jolie bei der Meditation?*

Nach zehn Minuten bin ich ernsthaft gestresst. Ich glaube, ich bin zu praktisch veranlagt für diesen Meditationsquatsch. Ehrlich gesagt komme ich mir dabei ein bisschen dämlich vor. Doch die Idee mit der Achtsamkeit will ich deswegen noch nicht aufgeben, deswegen recherchiere ich weiter. Es muss doch noch einen anderen Weg geben, achtsam zu sein, ohne dass man achtzehn Minuten lang atmen muss?

Ich entdecke, dass die Achtsamkeit dem psychologischen Konzept des Flows sehr ähnlich ist, diesem Gefühl, wenn man vollkommen in einer Tätigkeit aufgeht und die Zeit nur so zu verfliegen scheint – fast wie in Trance. Man denkt über nichts anderes nach, weil man ganz auf das Hier und Jetzt fokussiert ist. Das ist Flow. Und Achtsamkeit ist ganz ähnlich.

Um in einen Zustand der Achtsamkeit zu gelangen, muss man also nicht meditieren lernen (hurra!). Man kann sich einfach eine Tätigkeit aussuchen, die einem Spaß macht, und sich ganz auf sie konzentrieren. Dann heißt es: Achte genau auf das, was du tust, wie es aussieht, sich anfühlt, klingt und riecht, und lass deine Gedanken nicht abschweifen.

Die Aktivitäten, die ehemalige Abhängige gerne wählen, rangieren von Yoga und Gartenarbeit über Kochen, Stricken, Kunst und Spazierengehen mit dem Hund bis hin zum Angeln. Es gibt sogar mehrere Ausmalbücher mit Titeln wie *Das Achtsamkeits-Malbuch*, die sich verkaufen wie warme Semmeln. Man sucht sich aus, von welcher Aktivität man am Wahrscheinlichsten ganz in Anspruch genommen wird. Sollten dabei lästige Gedanken aufsteigen, soll man ihnen wohlwollende Aufmerksamkeit schenken und sie vorüberziehen lassen. (Dieser Prozess ist in Achtsamkeitszirkeln als Whac-a-Mole bekannt, nach dem alten Arcade-Spiel, bei dem Maulwürfe mithilfe von Gummihämmern zurück in ihre Löcher gehauen werden mussten.)

Ziel ist, dass man nach einer halben Stunde etwas Konkretes zustande gebracht hat (einen Kuchen gebacken, das Unkraut gejätet, einen Fisch gefangen – was auch immer) und sich überdies wohl fühlt – entspannt, ruhig und friedlich. Ohne Alkohol.

Als ich darüber nachdenke, wird mir klar, dass meine Lese- und Blogschreibsucht ganz im Sinne der Achtsamkeit ist, denn

JULI

dabei bin ich vollständig konzentriert und verliere jedes Zeitgefühl. Wenn ich mich in ein gutes Buch vertiefe oder wild auf meinem Laptop tippe, denke ich an nichts anderes. Ich habe die Affen (auf humane Art) sediert und meinem Gehirn eine Pause gegönnt.

Nachdem ich mir also dafür auf die Schulter geklopft habe, dass ich Achtsamkeit beherrsche und dafür nichts Neues mehr lernen muss, brechen John und ich zu der Sommerparty einer Freundin in einem neuen Trend-Lokal in Chelsea auf. Ich trinke meine (biologische) Holunderblütenlimonade, und obwohl ich mich immer noch ein bisschen wie eine Außenseiterin fühle und unsicher bin, lerne ich einige neue Leute kennen (worum ich mich früher gar nicht bemüht hätte) und reiße ein paar gute Witze.

Doch wenn man viel Holunderblütenlimonade als Kompensation trinkt und der Beckenboden drei Schwangerschaften verkraften musste, verbringt man zwangsläufig viel Zeit auf dem Klo. Ich sitze also in einer dunklen Kabine und nutze die Gelegenheit, meine Textnachrichten zu checken, falls die Babysitterin geschrieben hat, als ich höre, wie die Tür geöffnet wird und zwei Paar Highheels in Richtung Toiletten klappern.

»Hast du schon gehört? Clare trinkt keinen Alkohol mehr«, sagt Nummer eins. Ich halte den Atem an, bleibe wie festgeklebt auf dem Klo sitzen und zwinge mich, ruhig ein- und auszuatmen. Das hier wäre ein schrecklicher und würdeloser Ort zu sterben.

»Clare Pooley? Echt? Die wäre wirklich die Letzte gewesen, von der ich vermutet hätte, dass sie zur Abstinenzlerin wird!«, erwidert Nummer zwei.

»Ja, oder? Ein bisschen extrem, findest du nicht? Ein bisschen ...«

»Langweilig!«, ergänzt die andere. Beide kichern. Ich würde am liebsten durch die Tür brechen und sie mit meiner Mascara-Bürste erschlagen. Oder besser: mit der bakterienverseuchten Klobürste. Genau!

ACHTSAMKEIT

»Die streiche ich schon mal von meiner Partygästeliste!«, quietscht Nummer eins.

Ich sitze da, gefühlte Stunden lang, und warte, bis beide auf dem Klo waren, sich die Hände gewaschen haben und gegangen sind. So lange, bis die automatische Toilette von selber spült, während ich noch darauf sitze. Es ist entwürdigend.

Ich merke nicht mal, dass ich geweint habe, bis ich in den Spiegel schaue und meine Panda-Augen sehe. Ich repariere den Schaden, so gut ich kann, und gehe wieder hinaus zur Party. Meine schlimmsten Ängste haben sich bestätigt. Ich bin langweilig. Eine gesellschaftliche Außenseiterin. Gegenstand von Klatsch und Tratsch.

Ich versuche, Gesichter mit den Stimmen zu verbinden, die ich gehört habe, widerstehe aber der Versuchung, die Menge nach ihnen abzusuchen. Ich will einfach nur nach Hause. Ich suche John und werfe ihm einen flehentlichen Blick zu – Notevakuierung! Ich habe die Schnauze voll von Partys. Ich habe die Schnauze voll davon, nüchtern zu leben. Ich habe die Schnauze voll davon, ich zu sein. Ich würde am liebsten mit dem Kopf voran in ein Fass Wein tauchen und alles vergessen.

Als wir losfahren (mit dem eigenen Auto, immer noch spannend), sagt John zu mir: »Du bist wunderbar!«

»Warum?«, frage ich, in der Annahme, er freue sich einfach darüber, eine Gratischauffeurin zu haben. Aber nein. Er erklärt es mir:

»Bevor er gegangen ist, ist Al noch einmal zu mir gekommen und hat gesagt: ›John, deine Frau ist echt heiß heute Abend!‹«

Ha! Nehmt das, Nummer eins und Nummer zwei. Ich bin nicht langweilig! Ich bin nicht länger unsichtbar, sondern sogar ECHT HEISS!

Ich bin Katniss Everdeen (nur, dass ich keine Teenager umbringe).

JULI

| TAG | 136 |

LAUFEN

Heute ist der erste Tag der Sommerferien. Sieben Wochen. Es wird kein guter Start werden, da ich Maddie schonend beibringen muss, dass die meisten ihrer Kaulquappen in der Hitzewelle gestorben sind. Arme, kleine Kaulquappen, die nie zu Fröschen herangewachsen sind.
 Doch bevor ich sie warnen kann, schaut sie schon ins Aquarium. »Oh, guck mal, Mummy! Sie müssen ganz schnell Beine bekommen haben und schon weggehüpft sein! Ich hoffe, sie finden einen schönen Platz zum Leben. Smileyface!« (Bizarrerweise spricht sie in letzter Zeit in Emojis.) Ich sage nichts. Vielleicht sind sie wirklich sehr schnell erwachsen geworden. Wer weiß?
 Ich freue mich darauf, nicht mehr zweimal täglich zur Schule und wieder zurück hetzen zu müssen. Jede Menge Schönes erwartet uns – Strand, Eisessen, Surfen, sich auf Liegestühle fläzen, ins Kino gehen und Ausflüge unternehmen. Zugleich bin ich ein wenig nervös. Sieben Wochen, in denen ich Mittel und Wege finden muss, Evie, Kit und Maddie vom Computer wegzulocken. In denen ich Geschwisterstreitigkeiten schlichten muss (oder besser, die drei davon abhalten muss, sich gegenseitig zu verprügeln). In denen ich Hunderte Mahlzeiten kochen muss, bei denen jedes Mal zumindest eines der Kinder die Nase rümpft. Ich werde unablässig aufräumen, waschen, Sonnencreme auftragen, Nase putzen und zu gutem Benehmen ermahnen müssen …

LAUFEN

… und all das ohne irgendetwas, um am Ende des Tages die Spannung rauszunehmen. Und ohne jemals Zeit für mich zu haben, für Blogs, Schaumbäder, lange Spaziergänge mit dem Hund oder irgendwelche anderen Ersatzaktivitäten.

Doch auf jeden Fall muss es besser sein, all die oben genannten Dinge ohne Kater zu erledigen und die Kinder nicht mehr ab fünf Uhr nachmittags sich selbst zu überlassen, während ich mich dem Wein hingebe. Und sie dann anzuschreien, weil ich beschwipst und genervt bin. Ich beginne die Ferien mit eimerweise Energie. Zum ersten Mal seit Jahren wiege ich unter siebzig Kilo. Ich bin (relativ) entspannt und ausgeglichen. Ich kann die perfekte Mutter sein! (Na klar doch.)

Gestern Abend haben John und ich das Ende des Schuljahres gefeiert, indem wir ausgegangen sind. Wir haben rasch etwas gegessen (ich habe festgestellt, dass ich nicht zu lange in Restaurants bleiben kann, ohne ein Glas – oder fünf Gläser – Sauvignon blanc zu trinken) und dann sind wir ins Kino gegangen.

Wir haben uns den neuen Terminator-Film angesehen. Das war natürlich Johns Wunsch. Ich hätte mir eigentlich lieber die Amy-Winehouse-Biografie angeschaut.

Wie immer waren die ersten zwanzig Minuten des Films anstrengend. Unter anderem deswegen, weil einer von Johns Spartricks darin besteht, Tickets für billige Plätze zu kaufen und sich dann wie zufällig auf die Sessel mit Extrabeinfreiheit und bequemen Armlehnen zu setzen. Ich warte dann angespannt darauf, dass die rechtmäßigen Besucher eintreffen und wir gezwungen sind, gesenkten Hauptes zu unseren billigen Plätzen in der Reihe dahinter zurückkehren zu müssen.

Der Film unterschied sich nicht wesentlich vom letzten »Terminator«, nur dass er wegen der Zeitreisen etwas verwirrender war. (Die Leute reisten rückwärts, vorwärts und dann beides gleichzeitig. Sogar nüchtern fiel es mir schwer, der Handlung

JULI

zu folgen ...) Gut gefallen hat mir jedoch die weibliche Hauptrolle – Sarah Connor.

Sarah Connor (Mutter des zukünftigen Revolutionsführers) wird von Emilia Clarke gespielt, die auch meine Lieblingsheldin – Daenerys Targaryen, die Drachenmutter – in Game of Thrones darstellt. Während ich Sarah Connor zusah, stellte ich mir vor, wie die Verantwortung auf ihr lastete, die Zukunft der Menschheit zu sichern. Angenommen, sie hätte beschlossen, ein, zwei Flaschen Wein zu trinken, anstatt mit einem Maschinengewehr zu kämpfen? Sie wäre keine ernste Gegnerin für einen gestaltverändernden Terminator aus der Zukunft gewesen, oder? Es sei denn, sie hätte vorgehabt, ihn zu Tode zu langweilen.

Angenommen, die fabelhafte Katniss Everdeen hätte ein paar Wodka gekippt, um ihre Nerven zu beruhigen, bevor sie die Arena der Hungerspiele betrat? Sie wäre nicht halb so geschickt mit der Armbrust gewesen. Nach ein paar Stunden hätten die Kanonen gekracht und ihr Bild wäre am Himmel erschienen. Ende der Serie.

Oder Ellen Ripley in *Alien*! Hätte sie ihre Furcht mit ein paar Drinks betäubt, bevor sie sich mit dem Flammenwerfer auf den Weg machte, wären Aliens aus ihrem Bauch geploppt, bevor sie »Mach bitte noch eine Flasche auf« hätte sagen können.

Und die Moral von der Geschicht': Starke, kämpferische, ehrgeizige Frauen trinken nicht. Sie haben es nicht nötig, sich mit Drogen zu betäuben, um das Universum zu retten. Sie haben bessere, wichtigere Dinge zu tun. Sie wissen, dass Alkohol sie nur bremsen würde.

Ich beschließe, dass ich, obwohl ich auf die Fünfzig zugehe, eine starke Frau sein will und es verdiene, das zu sein. Geistig und körperlich. Ich habe den Alkohol aufgegeben, und jetzt will ich zurück zu meinem Kampfgewicht. Ich muss ernsthaft mit dem Laufen anfangen. Ich werde mit Yoga beginnen und stark und biegsam werden. Und dann werde ich die Welt verändern. (Vielleicht setze ich mich aber vorher mal kurz aufs Sofa und trinke eine Tasse Tee.)

Heute gehe ich also laufen. Wenn ich Laufen sage, meine ich in Wirklichkeit eine Kombination aus Laufen und Gehen. Und jeder, dem es mehr auf Wahrheit ankommt als mir auf Motivation, könnte es auch eher als Joggen denn als Laufen bezeichnen. Aber, verdammt noch mal, es ist wenigstens ein Anfang.

Der Terrier ist schockiert. Er ist daran gewöhnt, dass ich vor mich hinschlendere, E-Mails checke, Anrufe erledige und mit Passanten plaudere, während er umherstreunt, ausgiebig schnuppert und das Territorium markiert. Wenn er jetzt kurz mal anhält, muss er flitzen, um mich einzuholen.

Ich würde nicht behaupten, dass ich das Ganze bisher genieße. Ab und zu erhasche ich mal einen flüchtigen Blick auf das »Runner's High« – den Endorphin-Flash, den ich jahrelang am Boden einer Flasche gesucht habe –, aber insgesamt ist es richtig harte Arbeit. Ich glaube nicht, dass ich für Geschwindigkeit gebaut bin; ich bin eher eine Familienkutsche als ein Ferrari. Bei Weitem das Beste an der Sache ist, verschwitzt und atemlos zur Haustür hineinzustürmen und meiner erstaunten Familie laut zu verkünden: »Guten Morgen zusammen! Ich war gerade laufen«, bevor ich mich mit der Zeitung auf meinen Lieblingsstuhl fallen lasse.

JULI

ERINNERUNG AN EINEN RÜCKFALL

Ich bin mit den Kindern in Schottland. John muss regelmäßig in seine Heimat zurückkehren, um dort in einem Rock ohne Unterhosen (ja, es ist wahr, was man über die Schotten sagt) heidekrautbewachsene Berge hinaufzuklettern, auf Tiere zu schießen (zu den richtigen Jahreszeiten), alberne Tänze aufzuführen und frittierte Innereien zu essen. Er befürchtet, zu einem Weichei (= Engländer) zu werden, wenn zu viel Zeit zwischen den Besuchen vergeht.

Normalerweise unternehmen wir die Pilgerfahrt in zwei Etappen: Etappe eins bedeutet, dass ich neun Stunden nordwärts fahre, in einem Auto, das bis zum Dach mit unseren ganzen Klamotten, Evie, Kit, Maddie und dem Hund vollgepackt ist. Etappe zwei bedeutet, dass John ein paar Tage später nachkommt (es gibt immer noch etwas Dringendes im Büro zu erledigen), und zwar mit dem Zug, Zeitung lesend und Gin Tonic schlürfend.

Zum letzten Mal habe ich vor zwei Jahren den ernsthaften Versuch unternommen, mit dem Trinken aufzuhören. Ich schaffte es sechs Wochen lang, dann kam die lange Fahrt nach Norden. Ich weiß jetzt, nach zwei Tagen Google-Recherche, dass viele meiner Mitstreiter nach sechs bis acht Wochen umkippen, wenn die rosa Wolke verschwindet und sie auf die »Mauer« stoßen. Damals wusste ich das noch nicht.

Vor zwei Jahren also war alles in Ordnung, bis wir ungefähr acht Stunden Fahrt hinter uns gebracht hatten. Dann fingen

ERINNERUNG AN EINEN RÜCKFALL

Evie, Kit und Maddie an, sich zu streiten. Sie kreischten und rissen sich an den Haaren. Ich glaube, gebissen wurde auch. Ich verlor die Geduld und fing ebenfalls an zu schreien. Der Hund entdeckte ein paar Schafe (er ist ein Londoner Hund – er kennt nur Kaschmirpullis, richtiges Fell an Beinen dagegen … weniger) und fing an, wie verrückt zu bellen. Zu allem Überfluss sperrte dann auch noch die Polizei die einzige Straße über die Cheviots wegen eines Unfalls ab. Wir nahmen eine Umleitung und verfuhren uns hoffnungslos.

Als wir schließlich ankamen, war es spät, ich war erschöpft, hatte die Nase voll und alle, einschließlich mir, weinten wegen irgendetwas. Ich sagte mir, dass ich wirklich, wirklich, wirklich ein Glas Wein verdient hatte. Ich fand eine Flasche in einem Schrank, öffnete sie und trank sie innerhalb von anderthalb Stunden leer.

Am nächsten Tag fühlte ich mich furchtbar. Nach sechs Wochen ohne Alkohol schrie mein Körper um Gnade. Ich verspürte keinerlei Wunsch, jemals wieder zu trinken. Ha!, dachte ich. Ich habe es geschafft, das System umzustellen. Ich bin eine normale Trinkerin. Ich kann mich von Zeit zu Zeit gehen lassen, und habe dann absolut keine Lust, weiterzumachen. Gut so!

Und tatsächlich trank ich nicht wieder. Eine Woche lang. Dann trank ich zwei Gläser bei einem Familienessen und klopfte mir auf die Schulter, weil ich ein drittes ablehnte. Schau einer an: Das nennt man Mäßigung! Wieder trank ich etwa fünf Tage lang nichts. Ihr wisst schon, wie es weitergeht. Einen Monat später trank ich wieder jeden Tag, mehr als je zuvor.

Diesmal machte ich mir Sorgen deswegen. Ich kann mich nicht daran erinnern, jemals diese Reise mit dem ganzen Einpacken, Auspacken, Fahren, Staus, Streitschlichtung usw. ohne einen Eimer Alkohol am Ende überstanden zu haben.

Bis heute!

JULI

Ja, ich war fix und fertig, als wir ankamen. Und nein, die eine Flasche alkoholfreies Bier, die ich eingepackt hatte, nützte rein gar nichts. Aber: Einige Stunden später sind die Kinder im Bett, ich habe ein heißes Bad genommen, den Kamin angeheizt (ich weiß, es ist Juli, aber wir sind in Schottland!), mir einen heißen Kakao gemacht, den Laptop ausgepackt und es geht mir super! Die einzigen Geräusche sind das Ticken der Küchenuhr, das Klappern der Tastatur und das Knistern der Scheite im Kamin.

Und, besser noch, ich werde morgen früh aufwachen, in dieser herrlichen Landschaft, der Stille und der frischen Luft, mit klarem Kopf und voller Energie. Wieder ein erstes Mal abgehakt.

Ich veröffentliche meine Rückfallgeschichte auf meinem Blog und rege meine Leserinnen und Leser dazu an, auch ihre beizusteuern. Innerhalb weniger Minuten erscheinen Kommentare wie: *Mir ging es auch so!* Der Link zu meinem Blog wird über mehrere andere Websites geteilt, während Frauen (und einige Männer) sich überall daran erinnern, dass es bei einem Drink niemals bleibt. Nicht bei uns.

PACKEN UND ANKOMMEN

Zurück in London. Wieder wird gepackt, diesmal für unseren alljährlichen Urlaub in Cornwall. Drei Wochen Sonne (hoffentlich), Surfen und Sandburgen bauen.

Plötzlich dämmert es mir, dass ich teilweise deswegen so aufgeregt bin, weil ich relativ gesehen nur sehr wenige trunkene Assoziationen mit Cornwall habe.

Die Familie meines Vaters stammt von dort, deswegen war ich seit meiner Geburt jedes Jahr da. Natürlich habe ich auch dort ordentlich gebechert. Das habe ich überall getan! Doch die Trinkerinnerungen werden überlagert von vielen anderen, bei denen ich nüchtern war.

Heißer Kakao und Doughnuts am Strand nach dem Surfen. Krabben fangen in Felsteichen. Verstecken spielen in Höhlen. Lange, windumtoste Spaziergänge auf den Klippen. Sandwälle bauen, um die Flut aufzuhalten. Brombeeren pflücken und davon Kuchen und Beerenkompott mit Streuseln machen. Drachen steigen lassen. Würstchen braten am Strand. Versteckte Buchten finden. Seehunde beobachten. Fahrradfahren. Paddeln. Wasserski fahren. Eis essen. Tee mit Sahne trinken. Cornish Pasties essen. Swingball und Frisbee spielen. Dämme bauen. Schiffchen auf Bächen schwimmen lassen. Sandige Zehen. Verbrannte Nasen. Braune Papierpäckchen, mit Kordel zusammengebunden. (Hups. Falsche Liste.)

Letztes Jahr besuchte uns meine wunderbare amerikanische

Freundin mit ihrer Familie an unserem üblichen Strand. Sie ist eine Fashionista. Bei uns erschien sie in zarten Jimmy-Choo-Sandaletten und pastellfarbenem Seidenoutfit, perfekt geschminkt und frisiert, gekleidet wie für die Hamptons. Sie war entsetzt, uns in Gummistiefeln und Regenmänteln anzutreffen, in denen wir uns in einer Höhle vor dem strömenden Regen untergestellt hatten. Die Haare wirr, vom Salzwasser verfilzt, und mit windgepeitschten Gesichtern. Wir sahen wild aus.

Cornwall erinnert mich daran, dass man sich für die schönsten Dinge im Leben nicht schick anziehen muss. Denn die sind sowohl umsonst als auch unbezahlbar. Und brauchen keinen Alkohol.

Ich muss noch ein paar Einkäufe für den Urlaub erledigen und fahre mit Kit und Maddie ins Westfield Shopping Centre, den hiesigen Tempel, in dem alle West-Londoner Mütter, die etwas auf sich halten, regelmäßig dem Konsum huldigen.

Obwohl Westfield mit dem Auto nur zehn Minuten entfernt ist, war ich dort bisher nur essen oder im Kino, aber noch nie einkaufen. Ehrlich gesagt war ich mehr als zehn Jahre lang nicht besonders am Shoppen interessiert, außer für die Kinder. Es macht keinen Spaß, wenn man sich dick und ganz allgemein nicht wohl in seiner Haut fühlt. Ich kaufte Klamotten nur online, und vor allem Sachen, die nicht auffielen. Idealerweise in Schwarz.

Doch jetzt fühle ich mich ganz anders. Zum Beispiel wiege ich fast sieben Kilo weniger. Ich trage jetzt M! (Ich habe es immer gehasst, irgendetwas in L zu kaufen.)

Ich gebe Kit und Maddie also bei der Kinderbetreuung ab und ... drehe ein bisschen durch. Ich kaufe ein schickes Top (Begründung: Es ist weiß, es passt zu allem). Ich kaufe neue Trainingsschuhe, ein Lauftop und Caprihosen (Begründung: Je mehr man für ein neues Hobby ausgibt, desto wahrscheinlicher ist es, dass man es beibehält, und selbst wenn ich wieder dicker werde,

PACKEN UND ANKOMMEN

passen die Schuhe immer noch). Ich kaufe Dessous und Nachtwäsche von Calvin Klein (Begründung: Entschuldigung, alles teile ich nicht, ich bin keine Kardashian).

Am Ende dieser Ausschweifung bin ich high. Mir schwindelt. Mein Puls rast. Ich fühle mich berauscht. Ich setze mich mit einem Kaffee hin und google »Kaufsucht«. (Wie viele Leute das von Westfield aus wohl schon gegoogelt haben?) Ich stelle fest, dass Shoppen zur Ausschüttung von Endorphinen und Dopamin führt, genau wie Drogen und Alkohol. Viele Alkoholiker neigen dazu, nach dem Entzug exzessiv einzukaufen. Es gibt sogar Shopaholics Anonymous mit einem Zwölf-Schritte-Programm.

Ich hole die Kinder ab und verlasse Westfield mit riesigen Schuldgefühlen und irgendwie verkatert. Aber egal, ich habe ein wirklich cooles Paar Laufschuhe.

Unterwegs halten wir an, um Evie bei einer neuen Freundin abzuholen. Deren Mutter habe ich noch nicht kennengelernt, aber ich mag sie auf Anhieb. Ich könnte mir vorstellen, dass wir Freundinnen werden.

»Eine Tasse Tee?«, fragt sie. »Oder lieber ein Glas Wein?«

Es ist halb sieben. Eine absolut akzeptable Zeit für ein Glas Wein.

»Gerne einen Tee«, antworte ich. (Selbstverständlich.)

Ich sehe ihr die Enttäuschung an. Nicht, weil sie eine Säuferin ist und unbedingt eine Flasche öffnen wollte (diesen Blick hätte ich nämlich erkannt), sondern wegen dessen, was meine Entscheidung für Tee über mich aussagt.

Ich vermisse den Alkohol und die Zigaretten wegen ihrer Eigenschaft, sofort eine Verbindung zwischen zwei Menschen herzustellen. Der »Tee-oder-Wein-Test« ist für mich immer eine Methode gewesen, um festzustellen, mit was für einer Art von Person ich zu tun hatte. Ich wandte sie oft bei potenziellen neuen Freundinnen an. Die, die »Wein« antworteten, waren, so beschloss ich,

JULI

die lustigen. Erwachsen, wenn nötig, aber immer noch jung, wild und verwegen im Herzen. Die mit dem Wein waren mein Team. Meine Leute.

Mit Zigaretten war es dasselbe. Einige meiner lebenslangen Freundinnen habe ich kennengelernt, als wir uns auf einer Party im Garten eng zusammendrängten und versuchten, im Wind ein Zippo-Feuerzeug zum Funktionieren zu bringen, oder wenn wir in den Raucherbereich einer Firma, eines Restaurants, eines Zuges oder Flugzeugs verbannt worden waren. (Erinnert ihr euch noch daran?)

Als ich der potenziellen neuen Freundin »Tee« antwortete, dachte sie: »Verantwortungsbewusst, vernünftig, ohne Laster – langweilig.« *Aber so bin ich nicht!* Ich hätte am liebsten ausgerufen: *Mach dir keine Sorgen, ich bin keine Tee-Frau, ich bin eine Ein-großes-Glas-Wein-Frau, ich bin eine »Lasst uns wild und hemmungslos sein«-Person. Ich bin eine »Nach mir die Sintflut«-Frau. Aber mach besser nicht den Wein auf, es sei denn, du willst mich hier um zwei Uhr morgens rausschleifen, nachdem du meine gesamte Lebensgeschichte gehört und meine Comedyversion eines Kabarettstriptease gesehen hast.* Aber ich tat es nicht. Sie hätte geglaubt, ich wäre verrückt, und Evie hätte mir nie verziehen.

Was ich dabei vermisse, dass ich das ganz allein durchziehe und nicht zum Beispiel mithilfe der Anonymen Alkoholiker, ist ein neuer Freundeskreis. Gleichgesinnte. Wobei Ex-Trinker in vieler Hinsicht die besten Freunde überhaupt sind. Extreme Leute. Leute, die ein bisschen gelebt haben. Leute, die Geschichten zu erzählen haben.

So wie ich, ich und meine Onlinemannschaft.

DER MONAT, ALS DAS UNIVERSUM EIN ZEICHEN SENDET

BROMBEEREN PFLÜCKEN

Ich habe viel über den Zusammenhang zwischen problematischem Trinken und Depressionen gelesen. Beides ist so eng miteinander verknüpft, dass es sich oft unmöglich sagen lässt, was zuerst da war: Trinken wir, weil wir deprimiert sind, oder sind wir deprimiert, weil wir trinken? Doch in jedem Fall können Alkohol und Depressionen in eine Abwärtsspirale führen und uns runterziehen wie eine Spinne in einen Abfluss.

Wieder einmal ist dies auf die Interaktion zwischen Alkohol und Dopamin zurückzuführen. Wenn man sich niedergeschlagen fühlt, hilft ein Drink tatsächlich, indem er einen Dopaminkick bewirkt, doch wie ich inzwischen weiß, reduziert das Gehirn die natürliche Dopaminausschüttung, wenn man das zu oft macht. Das wiederum führt dazu, dass man sich ohne Alkohol deprimiert fühlt. Durch das Trinken bringt einen das produzierte Dopamin einfach nur zurück auf ein normales Level. Mit anderen Worten: Mit der Zeit hat man das Gefühl, nur Alkohol könne einen glücklich machen, und perfiderweise ist das tatsächlich so. Aber es war der Alkohol, dieser falsche Freund, der das Problem überhaupt erst verursacht hat.

Um ehrlich zu sein, glaube ich nicht, dass ich getrunken habe, um mir aus einer Depression herauszuhelfen. Ich fühlte mich einfach nur leer. Ein bisschen niedergeschlagen. Als wäre jegliche Farbe aus dem Bild gewichen und habe es sepiabraun zurückgelassen. Doch weil es so allmählich geschah, bemerkte ich es kaum.

AUGUST

Jetzt endlich, besonders hier im schönen Cornwall, ist mir, als sei am Regler gedreht worden und die Welt erstrahle wieder in leuchtendem Technicolor. Das Gehirn produziert in rauen Mengen Dopamin und ich brauche keinen Alkohol, um mich glücklich zu fühlen.

Ich steige mit Kit und Maddie auf einem steilen Klippenweg bergan. Sie springen die hohen, unregelmäßigen Stufen hinauf wie kleine Bergziegen, während ich hinter ihnen herkeuche und das geschwänzte Sportstudio-Training bereue.

Auf der einen Seite fallen die Felsen steil ab zum emailblauen Meer, auf der anderen wächst dichtes Gebüsch aus Heidekraut, Ginster und Brombeeren. Ich suche die Meeresoberfläche nach den schwarzen Köpfen von Seehunden ab und die Kinder suchen in den Büschen nach Brombeeren.

Es gibt wesentlich mehr Brombeeren als Seehunde. Die Kinder haben ein paar in die Tasche gesteckt (Brombeeren, keine Seehunde), aber noch mehr über Hände und Gesichter verschmiert. Ich gehe darüber hinweg und denke an den crumble, den wir später aus den Beeren machen werden. Ich kann das klebrige, warme Beerenkompott und die süßen, knusprigen Streusel schon riechen. Vanillesauce oder Clotted Cream? Eines der ewigen Dilemmas des Lebens.

Ich sehe eine Frau auf uns zukommen. Ich lächle sie an. Bestimmt hält sie mich für eine Bilderbuchmutter. Gesunder Spaß an der frischen Luft mit den Kindern. Und wie hübsch und gut angezogen sie sind! Gut gemacht, Clare. Versuche, nicht zu selbstzufrieden zu gucken!

Gerade, als die Dame an uns vorbeikommt, sieht sie, wie Maddie sich eine weitere Brombeere in den lila verschmierten Mund steckt.

»Da pinkeln übrigens die Hunde drauf, wollt ich euch nur mal sagen«, murrt sie.

BROMBEEREN PFLÜCKEN

Mit einem Piks bringt sie meinen Glücksballon zum Zerplatzen, die blöde Spinatwachtel! Worauf ich mich frage: Möchtest du die Person sein, die den Crumble riecht, oder die, die das Hundepipi sieht? Ich rieche das Dessert, und erst jetzt wird mir klar, wie viel Zeit ich damit verschwendet habe, nach Hundepipi Ausschau zu halten.

Wir treffen John, Evie und den Terrier am Strand. Da gerade Flut herrscht, beschließen wir, Poohsticks zu spielen. Das geht so: Man braucht drei Trinkhalme in verschiedenen Farben, einen für jedes Kind. Die Halme werden in den schnell fließenden Bach oben am Parkplatz gelegt, und dann rennt man ganz schnell den Abhang hinunter zum Strand.

Dort, wo der Bach unter einer Brücke hervorkommt, steht ein Beobachtungsposten, der die Halme, wenn nötig, befreit, zwei weitere Posten stehen weiter unten. Der Strohhalm, der als Erster unten ankommt, gewinnt (meist ist es der von Kit, weil er mogelt).

Wer braucht die Karibik, wenn man drei Plastikhalme und einen Bach in Cornwall haben kann? Die einfachsten Dinge sind die schönsten, und man braucht wirklich keine künstlichen Stimulanzien, um sie irgendwie besser zu machen.

AUGUST

TAG 162

DAS JUHU-GEFÜHL

Samstagmorgen. Ich liege in Cornwall im Bett. Inzwischen sind wir seit einer ganzen Woche hier. Die Sonne scheint und ich höre, wie Kit und Maddie aufstehen. (Es ist ein kleines Häuschen. Wenn irgendwo jemand rülpst, bekommen es alle mit.) Ich habe darüber nachgedacht, was diesen Urlaub bisher so anders gemacht hat als die Urlaube der letzten Jahre, obwohl der Ablauf im Grunde gleich ist (ich bin offenbar ein Gewohnheitsstier – im guten wie im schlechten Sinne). Der Hauptunterschied, so fällt mir auf, besteht darin, dass ich nicht mehr so ruhelos bin.

Während meiner Akoholaffinität wünschte ich mir oft, irgendwo anders zu sein als dort, wo ich gerade war. Ich fühlte mich nur dann zufrieden, wenn ich etwas zu trinken in der Hand hielt (was immer häufiger der Fall war). Kaum fing ich irgendetwas an, überlegte ich schon, was wir als Nächstes tun sollten. Anstatt mich auf das Hier und Jetzt zu konzentrieren (was achtsam gewesen wäre), richtete ich meinen Blick gleich wieder nach vorn. Ich nannte das »Planen« – erst im Rückblick erkenne ich, dass ich von einer ständigen Ruhelosigkeit erfüllt war.

Es gibt eine biologische Ursache für dieses Gefühl. Wenn wir von etwas abhängig sind (Nikotin, Drogen, Alkohol, was auch immer) führt der niedrigere Dopaminspiegel in unserem Gehirn dazu, dass auch eine kurze Zeit ohne unsere Droge der Wahl zu Niedergeschlagenheit, Gereiztheit und innerer Unruhe führt.

DAS JUHU-GEFÜHL

Wir spüren, dass etwas fehlt – wir sind nicht vollständig. Was tatsächlich der Fall ist, da wir ein Ungleichgewicht, ein Loch in unserer Neurochemie verursacht haben.

So sehr wir auch versuchen, uns zu entspannen, im Hier und Jetzt anwesend zu sein, es nützt nichts, denn unser Unterbewusstsein (die Weinhexe) flüstert: *Ist noch Wein im Kühlschrank? Musst du einkaufen gehen? Waren wir nicht schon lange genug in diesem Kinderparadies/auf diesem Spielplatz/auf dieser Kirmes? Es ist definitiv Zeit für einen Drink. Sitzt doch nicht einfach nur so rum – tu was!*

Wenn wir früher mit den Kindern am Strand in Cornwall waren, erfasste mich gegen fünf Uhr große Unruhe. Ich scheuchte die Familie vor mir her, packte unsere Siebensachen zusammen, fing irgendwann vor Ungeduld an zu schreien und stellte sicher, dass wir rechtzeitig zu Hause waren, damit ich »Zeit für mich« hatte.

Doch in diesem Jahr, während die Ebbe später und später kommt, haben wir unseren Rhythmus allmählich den Gezeiten angepasst – wir stehen immer später auf und gehen später zu Bett. Wir bleiben am Strand bis acht Uhr abends, um so lange wie möglich surfen zu können, essen sandige Hamburger auf den Felsen und beobachten den Sonnenuntergang. Und bisher wollte ich zu keinem Zeitpunkt irgendwo anders sein.

Das ist eines der schönsten Geschenke der Nüchternheit: Frieden.

Sobald sich das Meer weit genug zurückgezogen hat, gehen wir alle runter an den Strand zum Surfen. Wir kämpfen uns in unseren glitzernden Neoprenanzügen durch die Wellen, gleiten über die Brecher, schmecken das Salz auf den Lippen und spüren die Sonne auf unseren Gesichtern. Ich erwische gerade rechtzeitig eine große Welle. Als ich zum Strand sause, blicke ich nach links und sehe Evie, die grinst wie eine Verrückte. Ich schaue

AUGUST

nach rechts und sehe einen absolut begeisterten Kit. Unwillkürlich schreie ich laut: JUHUUU!

Nun bin ich ja eigentlich ein abgeklärter, mittelalter Vogel, der im Grunde zu lange zu intensiv gelebt hat, und deswegen kann ich mich nicht daran erinnern, wann ich zuletzt spontan einen Freudenschrei ausgestoßen habe. In den letzten paar Jahren haben mich nicht mal ein feuchtfröhlicher Abend und eine ausgelassene Zappelei auf der Tanzfläche dazu gebracht, Juhu zu rufen. Immer war da eine hartnäckige Stimme in meinem Hinterkopf, die (wie sehr ich sie auch zu ersäufen versuchte) flüsterte: *Morgen wirst du dafür büßen!*

Nicht nur hat mir das Trinken die Kraft genommen, Juhu zu rufen. Es hat auch das Juhu aus so ziemlich allem anderen genommen. Verkatert zu sein und die Stunden bis zum nächsten Drink zu zählen sind ziemliche Anti-Juhu-Aktivitäten.

Und wisst ihr was? Das Leben ist zu kurz, um nicht Juhu zu rufen!

SCHWARZE GEDANKEN

Heute Morgen hing plötzlich eine dunkle Wolke über meinem Kopf. Ich bin inzwischen so daran gewöhnt, geradezu penetrant fröhlich umherzuhüpfen, dass dieses plötzliche Tief mich erschüttert. Über Nacht scheint sich meine Einstellung von »Das Glas ist halb voll« zu »Es ist halb leer« geändert zu haben (ironischerweise, da ich niemals ein Glas weder halb voll noch halb leer gelassen habe). Von Juhu zu Buhu. Es könnte hormonell bedingt sein. Es könnten die gefürchteten postakuten Entzugssymptome sein. Es könnte aber auch einfach unspezifische schlechte Laune sein.

Ich gehe alle Gründe durch, die ich habe, glücklich zu sein (neben den auf der Hand liegenden wie Gesundheit, glückliche Kinder und keine erdrückenden Schulden): Wir sind im Urlaub in Cornwall, an einem meiner liebsten Orte auf der Welt. Evie, Kit und Maddie haben erklärt, das sei der schönste Urlaub, den wir je hatten. Ich habe Croissants im Ofen und entgegen aller Wahrscheinlichkeit einen Laden gefunden, der alkoholfreies Bier verkauft. Ich glaube, sie haben es versehentlich mal bestellt, denn als ich den Sixpack zur Kasse trug, sah man mich an, als wäre ich verrückt, und sagte: »Sie wissen aber schon, dass das alkoholfrei ist?«

Und dennoch hebt eine miesepetrige innere Stimme das Negative hervor: Es regnet und der Wetterbericht für die kommende Woche ist deprimierend. Alle anderen haben Urlaub,

AUGUST

aber ich muss mindestens zwei Mahlzeiten pro Tag zubereiten (für nörgelige, wankelmütige Esser, die dafür bekannt sind, eine Speise, die sie in der Woche davor noch gierig verschlungen haben, in der nächsten mit verdrehten Augen und Würggeräuschen zu begrüßen) und täglich einmal die Waschmaschine und zweimal die Spülmaschine anwerfen. Es ist über zehn Jahre her, dass ich einen Urlaub mit Zimmerservice hatte. Kit hat sich gestern in einer Gaststätte in der Nähe so schlecht benommen (der übliche Streit wegen Gemüse), dass wir gehen mussten, und ich glaube, es ist mir zu peinlich, als dass ich dort je wieder hingehen möchte. Und jetzt war ich so damit beschäftigt, meinen Blog mit einem Finger auf meinem iPhone zu tippen, dass ich die blöden Croissants habe verbrennen lassen!

Ich versuche, den Rest der Familie nicht mit der schwarzen Wolke über meinem Kopf zu infizieren, und teile meine Gereiztheit über die unspezifische schlechte Laune stattdessen auf meinem Blog. Ein paar Stunden später erhalte ich einen Kommentar von Ulla, einer tollen dänischen Followerin, die eine ihrer liebsten Kindheitserinnerungen teilt.

Ihre Mutter schlug vor, schwimmen zu gehen. »Aber es regnet doch!«, erwiderte die kleine Ulla (ich stelle sie mir mit Augen, so tief und blau wie die Fjorde, blonden Zöpfen und einer Gingham-Schürze vor. »Na und?«, erwiderte die Mutter (die in meiner klischeehaften Vorstellung wie Meg Ryan aussieht), »nass werden wir doch sowieso!«

Und wisst ihr was? Sie hat recht! Um es mit einem Facebook-Spruch auszudrücken: *Im Leben geht es nicht darum, darauf zu warten, dass das Gewitter vorbeizieht, sondern darum, im Regen tanzen zu lernen.* Je mehr wir auf Widrigkeiten reagieren, indem wir uns einigeln und zurückziehen (ob wir nun trinken oder nicht), desto ängstlicher sind wir beim nächsten Mal. Unsere Welt wird kleiner und kleiner. Laufen wir jedoch hinaus in

SCHWARZE GEDANKEN

den Sturm, machen wir ihn zu einer wertvollen Erfahrung und fangen tatsächlich an zu tanzen, werden wir das nächste Mal mutiger sein. Wir wissen dann, dass wir es schaffen können. Unsere Welt vergrößert sich und wird spannender.

Dank Ulla ziehen wir also alle unsere Neoprenanzüge an und gehen zum Strand. Wir schliddern und rutschen den Fußweg hinunter, der zu einer Schlammbahn geworden ist. Es ist schon spät am Tag, die Sonne steht tief (sofern wir das durch die Regenwolken erkennen können) und wirft lange Schatten auf den frisch entblößten Sand, reingewaschen von allen Fußspuren.

Wir haben den Strand fast für uns allein, unglaublich für August. Das Meer zieht sich zurück und hinterlässt große, ruhige Wasserbecken zwischen den Felsen. Wir tauchen hinein und liegen dort im Nieselregen. Ich lasse mich auf dem Rücken treiben und fühle mich wie eine Robbenmutter (oder vielleicht eher wie eine Seekuh?), umgeben von ihren herumtollenden Jungen. Der Moment wird beinahe ruiniert, als Kit seinen Vater fragt: »Wo ist Mummy?«, und John antwortet: »Sie wurde an den Strand gespült.« Haha!

Ich blicke hinauf zum Himmel, sehe, wie sich die Wolken verziehen, und spüre zugleich, wie sich auch die Wolken in meinem Kopf lichten. Ich habe mir selbst bewiesen, dass ich im Regen tanzen (und schwimmen) kann, und hoffentlich habe ich damit Erinnerungen geschaffen, die meine Kinder, so wie Ulla, niemals vergessen werden.

Letztes Jahr hätte ich an einem so verregneten Tag eine Flasche Wein geöffnet und den ganzen Nachmittag damit verbracht, mir heimlich aus dem Kühlschrank Nachschub zu besorgen. Dann hätte ich die Kinder angeschrien, wäre unzufrieden und missmutig ins Bett gegangen und hätte mich die ganze Nacht herumgewälzt.

Ich bin wieder in Form. Schwebe auf der rosa Glückswolke.

AUGUST

| TAG | 170 |

WIEDERGUTMACHUNG

Meine Eltern sind zu uns nach Cornwall gekommen. Das ruft lebendige Erinnerungen in mir wach. Es war letzten Sommer in Cornwall, als meine Mutter mir nett und freundlich sagte, sie glaube, ich würde zu viel trinken und ich müsse ein wenig abnehmen. Sie sagte, besonders große Sorgen mache sie sich über den Zusammenhang zwischen Alkohol und Brustkrebs. Sie hatte vor fünf Jahren Brustkrebs, und sie wollte nicht, dass ich das auch durchmachen müsse.

Natürlich wusste ich, dass sie in beiden Punkten recht hatte, also könnte man annehmen, dass ich ihr für ihre mütterliche Sorge dankte, vernünftig darüber nachdachte und beschloss, etwas zu unternehmen, was dorthin führte, wo ich heute bin. Oder?

Ich tat nichts dergleichen. Ich schrie sie voller Wut an. Ich benahm mich wie ein Baby, das all seine Spielzeuge aus dem Kinderwagen schmeißt. Ich brachte sie zum Weinen. Ich nannte sie übergriffig, grausam und heuchlerisch. Zornig stampfte ich in mein Zimmer, bewaffnet mit einem großen Glas Wein, und verbrachte den Rest der Woche damit, jede Menge Sahne zu essen und beißende Bemerkungen über Spielverderber zu machen.

Sie hat bisher keine großen Worte darüber verloren, dass ich seit sechs Monaten nichts mehr getrunken habe. Verständlicherweise hat sie Hemmungen, mir gegenüber irgendwelche persönlichen Themen anzuschneiden. Ich frage mich, wie lange es dauern

WIEDERGUTMACHUNG

wird und was sie sagen wird. Falls sie überhaupt etwas sagt. Mein Vater glaubt, ich befolge irgendeine Diät, und macht mir ständig Komplimente über meine neue, schlankere Figur, der Gute.

Nebenbei schreibe ich in meinem Blog über die böse Auseinandersetzung im letzten Jahr.

Wenn es eines gibt, was ich über die nüchterne Blogosphäre gelernt habe, dann dass es ein wirklich netter Ort ist. Wir sind alle sehr verständnisvoll und verurteilen niemanden (das steht uns ja schließlich auch nicht zu). Ich habe ein paar schreckliche Dinge auf meinem Blog eingestanden und höre trotzdem von allen Seiten, das sei vollkommen normal, sie hätten sehr viel Schlimmeres getan.

Daher ist es ein wenig schockierend, als mehrere Follower mich wegen meines Verhaltens gegenüber meiner Mutter kritisieren. Und alle haben absolut und hundertprozentig recht. Ich müsse mich entschuldigen, so rät man mir. Oh je!

Ich muss zugeben, dass die Idee, mich zu entschuldigen, mir bisher nicht mal in den Sinn gekommen war. Ist das nicht schlimm? In meiner Familie wird nicht viel über Gefühle geredet. Tatsächlich frage ich mich, ob es nicht zuletzt an der Sache mit der stiff upper lip liegt, dass die Briten so berühmt für ihren Alkoholkonsum sind. Irgendwie müssen wir ja mit den Emotionen fertig werden, die wir weder zeigen noch besprechen können.

Meine Reaktion war: Das war vor zwölf Monaten. Hat sich doch längst erledigt. Ist doch klar, dass es mir leid tut und dass sie recht hatte – man braucht mich doch nur anzusehen! Mehrere Kilo leichter und seit fast sechs Monaten trocken – offenbar habe ich mir ihre Ratschläge doch zu Herzen genommen …

Und doch ist es das Richtige, sich zu entschuldigen. Es ist gutes Karma. Das bringen wir unseren Kindern bei. Und von meinen Kindern weiß ich, dass eine späte Entschuldigung oft sogar noch mehr wiegt. Sie ist durchdachter als ein spontaner Kniefall.

AUGUST

Zu den Eckpfeilern der Anonymen Alkoholiker gehört es, sich zu entschuldigen. Um die Freiheit und Ausgeglichenheit zu erreichen, die man braucht, heißt es, müsse man seinen Frieden mit der Vergangenheit schließen. Der achte der zwölf Schritte lautet: *Wir machten eine Liste aller Personen, denen wir Schaden zugefügt hatten, und wurden willig, ihn bei allen wiedergutzumachen.* (Die Schritte sind nicht gerade pfiffig formuliert ...) Daher habe ich versucht, den richtigen Zeitpunkt zu finden, um es zu tun. Ich habe es vor mir hergeschoben. Es bleibt mir im Hals stecken. Ich kämpfe gegen Jahre der Konditionierung.

Irgendwann treibe ich meine arme Mutter in der Küche in die Enge.

»Ich wollte mich bei dir entschuldigen«, platze ich heraus. Erstaunt sieht sie mich an, wie ein Igel im Scheinwerferlicht.

»Als du mir letztes Jahr sagtest, ich würde zu viel trinken und wäre zu dick, war ich schrecklich gemein zu dir. Ich habe dich zum Weinen gebracht. Aber du hattest recht, und es tut mir leid.«

»Ach, das hatte ich ganz vergessen«, sagt sie, was wahrscheinlich nicht stimmt. Sie sieht immer noch erstaunt aus, aber auch ziemlich ... erfreut. »Es tut mir leid, wenn ich ein bisschen direkt war. Aber wie du dich verändert hast! Ich bin so stolz auf dich – diese Willenskraft! Ich konnte einfach nicht mit ansehen, dass du dich so ... gehen lässt.«

(Mir wird bewusst, dass meine Mutter nicht wirklich verstanden hat, worum es geht, und dass ihre Hauptsorge war, ich könne zu einer Schlampe mutieren, aber ich glaube nicht, dass das eine Rolle spielt.)

Wir umarmen uns. Wir hüsteln verlegen. Dann schneiden wir weiter Gemüse, Seite an Seite, hacken im Takt mit den Messern auf unsere Bretter und wechseln das Thema. Doch ich habe das Gefühl, als sei mir eine Last von den Schultern genommen worden, von der ich nicht mal wusste, dass ich sie trug. Und ich

WIEDERGUTMACHUNG

glaube, dass ich meiner Mutter eine wirklich große Freude gemacht habe.

Sich zu entschuldigen ist mehr, als nur zu sagen, dass es einem leid tut – es geht darum, etwas wieder in Ordnung zu bringen. Andererseits weiß ich, dass für meine Mutter die Tatsache, dass ich aufgehört habe zu trinken und infolgedessen schlanker geworden bin, die Hauptsache war, das einzig Wichtige.

Und so ist das Universum wieder im Gleichgewicht.

Der einzige dunkle Fleck am ansonsten wolkenlosen Horizont ist, dass meine Mutter sich immer wieder anschleicht, wenn ich am Laptop sitze, und da ich unvermeidlich immer wieder über Alkohol lese oder schreibe, knalle ich jedes Mal den Deckel zu und mache ein schuldbewusstes Gesicht. Jetzt ist sie davon überzeugt, dass ich eine Affäre habe.

Eine Affäre? Wann bitte sollte ich dazu überhaupt Zeit haben? Oder wie die Energie aufbringen? In den letzten acht Jahren, seitdem ich aufgehört habe zu arbeiten, konnte ich nicht mal aufs Klo gehen, ohne dass irgendjemand gefragt hat, wo ich bin, und nach ein paar Minuten gegen die Tür gehämmert hat. Wie in aller Welt sollte ich es schaffen, lange genug zu entwischen, um Sex zu haben?

AUGUST

TAG 180

LÄCHLE, UND DIE WELT LÄCHELT MIT DIR

Die Tage, wenn es auf den September zugeht, habe ich immer schon genossen. Es ist eine Zeit des Neubeginns. Neue, blank geputzte Schulschuhe. Gut bestückte Federmäppchen. Treffen mit alten und potenziellen neuen Freunden. Tabula rasa. Die Tage werden kürzer, die Schatten länger. Ein letzter, träger Seufzer des Sommers.

Auf Entzug fühlt man sich die meiste Zeit einsam, besonders im Sommer. Nur zu leicht erlebt man sich als das einzige schwarze Schaf in einer Herde von weißen. (Moment mal. Sollten wir nicht die weißen Schafe in einer Herde von schwarzen sein? Oder wie der einzige Lemming, der ruft: »Hey, Leute, wie wär's, wenn wir in die andere Richtung laufen?«)

Doch jetzt, in diesen letzten Augusttagen, habe ich wieder das Gefühl, mit dem Strom zu schwimmen anstatt dagegen. Auch alle anderen stellen jetzt den Pimm's zurück in den Schrank, läuten die Rückkehr zur Arbeit ein und nehmen sich vor, weniger zu trinken und mehr Sport zu treiben.

Daher lächle ich viel und erlebe, wie wahr der Spruch ist: »Lächle, und die Welt lächelt mit dir, weine, und du weinst allein.«

Wir Alkoholabhängigen weinen viel allein. Mit der Zeit geraten wir immer mehr ins Abseits. Wir vertrauen uns nicht, wenn wir ausgehen. Wir trinken lieber allein, weil niemand da ist, der uns verurteilt. Das ist bequem. Die Einladungen werden weniger, denn auch wenn wir uns nicht unpassend betrinken, neigen wir dazu, ein wenig langweilig und egozentrisch zu sein. (Was wir zu diesem Zeitpunkt natürlich nicht bemerken!) Wir wiederholen uns. Wir hören anderen nicht zu.

In den frühen Neunzigern habe ich ein damals aufsehenerregendes Buch gelesen: *Die Prophezeiungen von Celestine*. Ich kann mich nicht mehr an viele Einzelheiten erinnern, weiß aber noch, dass der Autor James Redfield von zwei Menschentypen gesprochen hat, nämlich solchen, die Energie ausstrahlen, und solchen, die sie auf unterschiedliche Art und Weise anderen rauben.

Die Energiespender senden positive Wellen aus und andere Menschen fühlen sich von ihnen angezogen wie Bienen von einem Honigtopf. Hat man sich eine Weile in ihrer Nähe aufgehalten, fühlt man sich wesentlich lebendiger und energiegeladener als vorher. Früher war ich mir sicher, eine solche Energiespenderin zu sein. Ein glückliches, positives, strahlendes Heizöfchen, das jeder gern kennenlernen wollte.

Energieräuber sind das genaue Gegenteil. Nachdem man mit ihnen zusammen war, fühlt man sich erschöpft. Egal, wie sehr man sie vielleicht mag und wie viel einem an ihnen liegt – man muss sich schützen und versuchen, nicht zu viel Zeit mit ihnen zu verbringen.

Das macht der Alkohol mit uns. Er verwandelt uns in Energieräuber. Armselige, egozentrische Elendsbündel. Erinnert ihr euch an die Peanuts? Wenn eine Figur schlecht drauf war, zeichnete Schulz sie mit einer kleinen, schwarzen Wolke über dem Kopf. So war ich. Ich war mir dessen nur nicht bewusst. Und man gelangt auch nicht über Nacht an diesen Punkt, sondern so allmählich, dass man es gar nicht realisiert.

Daher hätte es mich wohl auch nicht überraschen sollen, dass sich nicht schlagartig alles ändert, sobald man aufhört. Manchmal sind die Veränderungen so graduell, dass man sie erst er-

AUGUST

kennt, wenn man zurückblickt und sieht, wie weit man gekommen ist. Aber langsam, ganz langsam haben sich die Wolken aufgelöst. Nach und nach habe ich damit aufgehört, die ganze Energie meines Umfelds in meinen Abfluss zu saugen, und spucke sie jetzt wieder aus.

Gestern war ich bei Marks & Spencer und habe ein neues, flauschiges Badetuch gekauft (Kosten: zwei Flaschen Wein). Ich hatte seit zwölf Jahren kein neues Badetuch gekauft! Ich plauderte mit der fröhlichen Kassiererin über die Höhen und Tiefen der Schulferien. Als ich ging, sagte sie: »Ich habe mich gefreut, heute eine so nette Kundin zu haben.« Und wisst ihr was? Das war kein vorgestanzter Pflichtsatz, sondern sie meinte es ernst!

Dann ging ich mit dem Hund spazieren. Ich kam an einem Mann vom Ordnungsamt vorbei, der einer armen Socke ein Knöllchen ausstellte. Die Leute vom Ordnungsamt sind nicht gerade bekannt für ihre Genialität. Doch dieser blickte auf, grinste mich an und sagte: »Einen schönen Tag wünsche ich Ihnen!«

Am selben Tag erhielt ich eine E-Mail von einer Frau, die ich eingestellt hatte, um einen kleinen Job für mich zu erledigen. Sie schrieb: »Ich glaube an Engel, und Sie müssen einer von ihnen sein.«

Ich habe eine relativ neue Freundin (sie kennt mich länger nüchtern als trinkend), die eine schlimme Zeit hinter sich hat. Letzte Woche hat sie mir erzählt, dass ich in letzter Zeit wichtiger für sie war als irgendjemand sonst.

Die Kombination dieser großen und kleinen Ereignisse hat mir plötzlich die Augen dafür geöffnet, dass ich wieder eine Energiespenderin bin! Ich lächle, und die Welt lächelt mit mir.

Ich bin jetzt auch eine wesentlich häufiger lächelnde, gechillte Mutter. Zur selben Zeit im letzten Jahr, nach beinahe sieben Wochen Ferien, drehte ich fast durch. Ich sehnte mich nach Zeit für mich. Ich war den Kindern gegenüber gereizt und schrie sie oft an. Ich war gereizt, weil ich häufig einen Kater vom Abend zuvor hatte. Ich war gereizt, weil sich das Leben nicht so entwickelte, wie ich erwartet hatte, und ich war gereizt, weil ich mich selbst nicht ausstehen konnte. Die Kinder ahnten natürlich nichts davon. Sie glaubten, ich sei einfach sauer auf sie. Daraus schlussfolgerten sie, dass Mummy nicht besonders gerne Zeit mit ihnen verbrachte. Sie vermuteten, dass sie lieber anderswo wäre. Und ganz falsch lagen sie nicht.

Jetzt, wo ich nicht mehr trinke, bin ich mit meinen Kindern auf einer Wellenlänge, und Zeit mit ihnen zu verbringen ist eine Offenbarung. Ich sehe die Welt durch ihre Augen. Ich erkenne die Magie in einem Blech voller Muffins, die im Ofen aufgehen, die Spannung in einem Spiel Cluedo (zumindest in den ersten sechs Runden) und den Spaß an einem Wettrülpsen.

Drei Kinder unter elf aus dem Haus zu kriegen ist harte Arbeit. Früher bat ich, flehte und schrie irgendwann (aus vollem Hals), bis sie alle angezogen und fertig waren. Bis dahin war ich total gestresst, saß hinterher stocksauer im Auto und zählte im Stillen die Tage, bis die Schule wieder anfing.

Jetzt nicht mehr. Ich bin gechillt. Die Ruhe selbst. Ich sage also zu den Kindern: »Wer mit zum Bowling gehen will, muss in einer Viertelstunde angezogen und fertig an der Tür stehen. Wir können aber auch einfach zu Hause bleiben. Ist mir egal.« Und bleibe mit einer Ausgabe von *Grazia* auf dem Sofa sitzen. Zehn Minuten später stehen alle drei abmarschbereit in Reih und Glied. Warum in aller Welt bin ich nicht früher auf diese Strategie gekommen?

Wir steigen ins Auto und singen auf dem ganzen Weg »Viva la Vida« von Coldplay. Beim fünften Mal wird mir klar, dass Gwyneth Paltrow und ich (endlich) etwas gemeinsam haben: Wir wollen beide nichts mehr von Chris Martin hören.

Als wir uns vor unserer Bahn anstellen, diskutieren wir wie

AUGUST

üblich über unsere Bowlingnamen, die auf der elektronischen Anzeigetafel erscheinen werden. In einem Anflug von Selbstvertrauen und Optimismus entscheide ich mich für SUPERMUM.

Kit, der nicht berühmt für seine Orthografie ist, füllt das Formular aus und gibt es ab. Als ich meine Position einnehme, die Bowlingkugel in der Hand, bereit zu meinem ersten Wurf, blicke ich hinauf zur Tafel. Dort steht, für alle sichtbar, mein Alias: SUPPERMUM.

Zack bin ich wieder auf dem Boden und an meinem Platz. Ein streunender Konsonant, und ich bin von der Superheldin zur Fütterungsmaschine meiner Kinder degradiert worden. Super!

DER MONAT, IN DEM ICH VIRAL WERDE

EIN HALBES JAHR

Anfangs habe ich die Stunden gezählt. Dann die Tage. Wie besessen. Die Maxime »Ein Tag nach dem anderen« ging mir in Fleisch und Blut über. Wenn ich weiter dachte als einen Tag, geriet ich in Panik. Wie bitte? Kein Wein mehr, nie wieder? Verarbeitungsfehler. Overkill ...
Doch jetzt fliegen die Tage vorbei, bevor ich sie zählen kann. Tatsächlich habe ich vergessen, dass ich gestern SECHS MONATE TROCKEN war. Ich habe es vergessen! Wer hätte das gedacht?

Inzwischen ist mir klar, dass man das Prinzip »ein Tag nach dem anderen« so lange befolgt, bis man nicht länger darauf angewiesen ist. Es dient dazu, einen von dem Gedanken an »für immer« abzulenken (was, in den Worten von Prince, »a mighty long time« ist), bis man damit umgehen kann.

Es sieht so aus, als könnte ich das jetzt. Nach sechs Monaten kann ich mir tatsächlich vorstellen, nie wieder zu trinken. Es ängstigt mich nicht. Kein bisschen. Es ist befreiend. Aufregend. Wunderbar. Ich hoffe, ich bin nicht überheblich oder übertreibe es mit dem Selbstvertrauen. Ich bin mir absolut bewusst, wie schnell es gehen kann, umzukippen und wieder bei Tag eins zu landen. Ich lese andauernd von Leuten wie mir, denen das passiert. Ich weiß auch über die Höhen und Tiefen Bescheid. Schon nächste Woche könnte ich leicht wieder ein zitterndes Wrack sein.

SEPTEMBER

Doch der entscheidende Punkt ist, dass ich keine Angst mehr habe. Es geht mir auch nicht schlecht und ich fühle mich nicht ausgegrenzt.

Heute kann ich feiern, denn endlich geht die Schule wieder los. Nachdem ich die Kinder abgesetzt habe, wartet eine ellenlange Liste von unerledigtem Haushaltskram auf mich, aber ich bin sicher, dass ich zwischendurch Zeit finde, ein Riesenstück Kuchen zu essen, meine Lieblingssendung im Radio zu hören und vielleicht sogar in der *Grazia* zu blättern. Himmlisch!

Drei Kinder rechtzeitig zu wecken und für die Schule fertig zu machen, ist keine leichte Aufgabe, besonders nach sieben Wochen Faulenzen. Obwohl wir England nicht verlassen haben, ist es, als hätten wir einen gigantischen Jetlag. Wir sind in eine Zeitzone zurückgeworfen worden, in der der Tag um 6:30 Uhr und nicht mehr erst um neun beginnt.

Das totale Chaos bricht aus, als ich einen von Kits neuen Schulschuhen suchen muss, den der Hund zum Spaß versteckt hat, Evie die Knoten aus dem Haar kämen und Maddies Strumpfhose entheddern muss.

Doch irgendwann schaffe ich es mit einer Mischung aus Flehen und Drohen, alle ins Auto zu verfrachten, einschließlich dem Hund, der sich auf einen langen, strammen Spaziergang ohne seine drei Geschwister freut, die ansonsten ständig Hunger haben, Pipi machen oder unbedingt einen seltenen Pokémon für Pokémon go fangen müssen.

Wir kommen nicht nur rechtzeitig, sondern sogar zu früh! Das ist ein Novum. Es ist noch niemand da. Ich erwische einen Parkplatz direkt neben dem Schultor. Ich bin wirklich eine Einsplus-Mutter.

Dann fällt langsam der Groschen. Drei Augenpaare drehen sich in meine Richtung und Kit fragt: »Wo sind denn die anderen, Mummy? Fängt die Schule wirklich heute schon an?«

EIN HALBES JAHR

Auf meinem Smartphone rufe ich die Schulwebsite auf, und wir sind tatsächlich zu früh dran. 24 Stunden zu früh. Die Schule fängt erst morgen an. Mist! Ich entdecke den Rektor, der in Freizeitjeans und Pulli auf das Tor zugeht. Ich möchte nicht, dass er mich in dieser dämlichen Situation erwischt.

»Duckt euch, Kinder!«, rufe ich und tauche ab. Anstatt sich zu ducken, starren sie mich so herablassend an, wie es nur unter Zwölfjährige können.

»Was machen wir hier, Mummy?«, fragt Maddie. »Hast du dich im Tag geirrt?«

»Nein, nein, nein«, erwidere ich. »Ich dachte mir, dass wir uns nach den langen Ferien erst mal aufwärmen sollten. Als Versuch. Und ich muss sagen, ihr habt das alle toll gemacht! Morgen schaffen wir das auf dem linken Fuß! Und zur Feier des letzten Ferientages gehen wir alle zusammen ins Kino.«

Essig mit der Hausarbeit. Und mit Radiohören. Und mit Zeitschrift lesen und einem langen Spaziergang. Muss ich eben die doppelte Menge Kuchen essen.

Ich bringe die Kinder so früh wie möglich zu Bett, weil morgen tatsächlich die Schule anfängt, kuschle mich mit einem heißen Kakao unter meine Decke und schreibe in meinem Blog darüber, was für ein Gefühl es ist, sechs Monate trocken zu sein.

Ich schreibe, dass ich glaubte, Alkohol aufzugeben würde bedeuten, auf vieles verzichten zu müssen, doch bisher bin ich nur Negatives losgeworden, darunter das Gefühl nagender Angst, den Selbsthass und die Lethargie. Der Weinbauch ist weg, ich habe keinen Kater mehr und ich habe die Weinhexe abgemurkst.

Ich habe schon viel über diese bedeutenden Veränderungen geschrieben, aber zusätzlich gibt es noch viele weitere kleine. Daher habe ich angefangen, sie aufzulisten. Ich liebe Listen. Ich habe früher eine Liste meiner Lieblingssongs geführt, die ich mit auf eine einsame Insel nehmen würde, in der Hoffnung, in der

SEPTEMBER

entsprechenden Sendung auf Radio 4 darüber reden zu können (wenig überraschend: Als Preis hätte ich mir eine Kiste Rotwein gewünscht. Ich muss mir noch etwas anderes ausdenken.)

Ich tippe KLEINE DINGE, DIE ICH LOSGEWORDEN BIN. Dann füge ich hinzu: Angst vor Kassiererinnen, immer Atemspray dabei haben, um 3:00 Uhr morgens wach werden, Karussellfahren im Bett, Speckbauch und Ibuprofen.

Innerhalb von Minuten erhalte ich Reaktionen von meinen Followern: klirrende Recyclingtüten, trunkene SMS und unerklärliche blaue Flecke.

Genau!, antworte ich, und dazu noch: unzuverlässige Minitaxis, spätabendliche Fressattacken, unerklärliche Wut, nie das Ende eines Films mitzukriegen, Lallen und fleckige Lippen.

Mehr und mehr Follower klinken sich ein und fügen hinzu: Witze über Mummys Wein, verrutschte Kleidung, »Bin ich Alkoholikerin?« googeln, nächtliches Schwitzen, Make-up auf dem Kissen und ein Auge zukneifen, um richtig lesen zu können.

So viel Spaß hatte ich schon ewig nicht mehr!

ALKOHOLBEDINGTE WUTANFÄLLE

Regelmäßig stoße ich auf Zeitungsartikel über Prominente, die aufgrund unkontrollierter Wutanfälle in Schwierigkeiten geraten. Nie sind die vernünftigen Typen darunter, und fast immer ist Alkohol im Spiel. Zu den häufigsten Zwischenfällen gehören Würfe mit dem Smartphone auf Angestellte, das Anschreien von Flugbegleiterinnen, aus dem Flugzeug transportiert werden und ein Riesentamtam wegen angeblich mangelhafter Cateringarrangements veranstalten.

Ich brauche nicht zu erwähnen, dass ich solche Artikel ausgesprochen gern lese, denn alle von uns leidenschaftlichen Trinkerinnen und Trinkern haben auf mehr oder weniger dramatische Art unsere Erfahrungen mit alkoholinduzierter Wut gemacht. Ich erinnere mich nur allzu gut daran (ebenso wie sich die meisten anderen Gäste daran erinnern), wie ich einmal meinen Mann mit einem Glas Wein beworfen habe, weil wir uns über eine Taxibuchung bei der Hochzeit einer Freundin in Frankreich gestritten haben. Gott sei Dank habe ich nicht getroffen, sodass kein bleibender Schaden entstand, aber manchmal können diese Wutanfälle ernsthafte Konsequenzen haben.

Vor einigen Jahren, als ich noch meinen Powerjob hatte (den mit der Bar im Büro), trank ich einmal beim Mittagessen mit einer Kollegin zwei große Gläser Wein. Zurück am Schreibtisch fand ich eine E-Mail von einem sehr wichtigen globalen Kunden, der eine Reihe unnötiger Veränderungen an dem neuen Fernseh-

SEPTEMBER

Werbespot wünschte, den wir gerade abgedreht hatten. Voller (alkoholverstärkter) Wut schickte ich ihm eine gepfefferte Erwiderung. Ich nannte ihn einen vertrottelten Neandertaler, der offenbar unfähig sei, eine Arbeit von wahrer künstlerischer Genialität zu erkennen. Die E-Mail wurde legendär und machte mich zur Heldin der Kreativabteilung, aber ich verlor den Kunden und es hätte mich genauso gut meinen Job kosten können.

Meinen Recherchen zufolge verengt Alkohol unser Konzentrationsfenster und verleiht uns einen Tunnelblick. Das bedeutet, dass wir unfähig werden, mildernde Umstände, die Gefühle anderer oder potenzielle Konsequenzen zu bedenken, wenn wir in betrunkenem Zustand provoziert werden. Dies wiederum führt dazu, dass wir in Situationen heftig reagieren, die wir normalerweise mit einem Schulterzucken abgetan hätten.

Da Alkohol außerdem die Hemmschwelle senkt, ist es wahrscheinlicher, dass wir unter seinem Einfluss in gefährliche Situationen geraten und uns auf Konfrontationen einlassen. Er flößt uns ein falsches Selbstvertrauen ein, das gefährlich werden kann. Verschärft wird das Problem noch von der Tatsache, dass wir nicht mehr richtig in der Lage sind, Informationen zu verarbeiten und daher dazu neigen, uns fälschlicherweise beleidigt zu fühlen (»Er hat mich so komisch angeschaut, Euer Ehren!«).

Seitdem ich aufgehört habe zu trinken, bin ich nicht einmal ausgeflippt (na ja, vielleicht ein- oder zweimal, aber definitiv nicht oft). Ich bin gelassen wie eine Zen-Buddhistin.

Deswegen hat mich meine Reaktion heute Abend ziemlich schockiert. Ich liege im Bett und döse schon ein. John ist im Badezimmer. Als er die Tür schließt, höre ich, wie das nasse Handtuch, das ich vorhin erst vom Boden aufgehoben und aufgehängt hatte, mit einem Plumps wieder runterfällt. Natürlich reagiert John (der es auch gehört haben muss) nicht darauf und steigt ungerührt ins Bett.

ALKOHOLBEDINGTE WUTANFÄLLE

Ich setze mich ruckartig auf und schreie: »DAS WAR'S! ICH HABE DIE SCHNAUZE VOLL VON DEN HANDTÜCHERN!«

John ist völlig schockiert. Kaninchen im Scheinwerferlicht.

Ich bin nicht aufzuhalten

»ICH HEBE DEINE HANDTÜCHER AUF! ICH HEBE EVIES HANDTÜCHER, KITS HANDTÜCHER UND MADDIES HANDTÜCHER AUF. WENN DER HUND HANDTÜCHER BENUTZEN WÜRDE, MÜSSTE ICH DIE AUCH NOCH AUFHEBEN! NIEMAND SONST IN DIESER FAMILIE HEBT JEMALS EIN HANDTUCH AUF! WENN ICH NICHT WÄRE, WÜRDE SICH DAS GANZE HAUS NACH UND NACH MIT HANDTÜCHERN FÜLLEN, BIS WIR ALLE UNTER WEISSEM FROTTEE ERSTICKEN WÜRDEN!«

Als ich kurz innehalte, um Luft zu holen, legt John mir die Hand auf den Arm (sehr mutig, da ich überlege, sie abzubeißen) und sagt – ganz ruhig –: »Clare, es geht gar nicht um die Handtücher, oder?«

Ich schweige und denke nach. Mir ist klar, dass ich zwar logischerweise und sehr zu Recht sauer wegen der Handtuchsituation bin, und ehrlich gesagt bin ich immer sauer wegen der Handtücher. Aber ein Handtuch auf dem Fußboden lässt mich normalerweise nicht derartig hochgehen.

Evie ist auf Klassenfahrt. Sie ist die ganze Woche weg. Ich war vorher noch nie länger als drei Tage ohne sie. Ich vermisse sie. Deswegen bin ich ausgerastet.

Hätte ich ein paar Gläser getrunken, wäre mir das nie klar geworden. Ich hätte Johns Intervention ignoriert, die meine Wut nur angestachelt hätte. Ich wäre von den Handtüchern auf mein anderes Lieblingshassthema gekommen – dass alle immer ihr schmutziges Geschirr und Besteck oben auf der Spülmaschine

SEPTEMBER

stehen lassen, anstatt es in die Maschine einzuräumen. Ich hätte John beschuldigt, ein schlechter Ehemann zu sein, und wir wären beide wütend und sauer aufeinander eingeschlafen.

Auch ohne Alkohol verschwinden die irrationalen Wutanfälle also nicht ganz, aber es ist leichter, sie zu zügeln, die Verhältnismäßigkeiten zu erkennen und sich klarzumachen, dass es nicht um die Handtücher geht. Oder die Spülmaschine. Oder das Catering. Und das kann doch unserer Gesundheit und unseren Beziehungen nur zuträglich sein, oder?

Aber ich wüsste trotzdem zu gern, wie ich die anderen in meiner Familie dazu bringen könnte, wenigstens gelegentlich ein verflixtes, verdammtes Handtuch aufzuheben!

GERÜCHE

Zu den merkwürdigsten Phänomenen nach dem Aufhören zählt, dass sich die positiven Effekte endlos fortzusetzen scheinen. Manches verbessert sich gleich zu Anfang – kein aufgedunsenes Gesicht, kein Kater mehr –, anderes dauert etwas länger. Mir ist zum Beispiel aufgefallen, dass ich jetzt viel besser rieche. Nein, ich formuliere es mal anders: Ich kann viel besser riechen. (Allerdings rieche auch ich wahrscheinlich besser. Ich vermute, dass ich oft nach schalem Wein gerochen habe, der mir aus den Poren drang. Oder nach Schweiß, wenn ich mich nachts stundenlang herumgewälzt hatte. Oder nach schlechtem Atem. Igitt. Das reicht jetzt.)

Ich habe nachgeforscht und herausgefunden, dass der übermäßige Genuss von Alkohol im Laufe der Zeit den Teil des Gehirns schädigt, der für den Geruchssinn zuständig ist. Wer hätte das gedacht?

Mir war gar nicht aufgefallen, dass meine Nase nicht mehr so gut war. Es muss sehr langsam geschehen sein. Jedenfalls ist der Geruchssinn eng mit unserem Geschmackssinn verknüpft, und dass dieser nachgelassen hatte, war mir durchaus bewusst. Ich hatte begonnen, in so ziemlich jedes Essen Chiliflocken zu geben, um ihm »das gewisse Etwas« zu verleihen. Ich hatte sogar meinen normalen Heinz-Ketchup gegen die Chili-Variante eingetauscht (ja, die gibt es! Kit hat sie mal aus Versehen gekauft und ihm haben die Ohren geraucht.).

SEPTEMBER

Wenn ihr das nächste Mal zum Essen eingeladen seid, überprüft mal, wer sein Essen übermäßig salzt und würzt – ich wette, es sind die Leute, die viel Alkohol trinken. Inzwischen geschieht schon eine Geschmacksexplosion in meinem Mund, wenn ich nur einen einfachen Salat mit Tomaten, Basilikum und Mozzarella esse. Das ist wunderbar. Geradezu grandios. Aber ein besserer Geruchssinn hat auch seine Nachteile ...

... denn irgendwo in unserem Keller, der bereits erwähnten »Grube der Verzweiflung«, liegt eine tote Maus. Aber ich finde sie nicht. (Ich finde da unten rein gar nichts zwischen den alten Holztennisschlägern, kaputten Lampen, Kabeln von längst veralteten Elektrogeräten und Kassettenrekordern, die John nicht wegwerfen will, »nur für den Fall«. »Für welchen Fall?«, könnte man fragen. Na ja, könnte man.) Jedenfalls wehen jetzt regelmäßig Übelkeit erregende Schwaden von Leichengeruch die Treppe herauf.

Ich sehe noch einmal in meinen Recherchen über Feng-Shui nach, die ich damals in meiner Entrümpelungsphase angelegt habe (welche sich allerdings nie bis hinunter in den Keller erstreckten). Ich könnte mir vorstellen, dass eine tote Maus wirklich tragisch schlimmes Feng-Shui sein muss. Viel schlimmer als ein Bild über dem Bett, ein unaufgeräumter Eingang (kicher), oder andere Feng-Shui-Todsünden.

Wo sie wohl gestorben ist? Vielleicht in meiner Finanzecke (was vieles erklären würde), oder – schlimmer noch – in der Beziehungsecke. Oh nein. Armer John.

Ich google »tote Maus Feng-Shui«. Nichts. Es ist also so schlimm, dass es nicht mal erwähnt wird. Dafür finde ich einige Bemerkungen über welkende Pflanzen und Blumen. Offenbar ist es nicht gut, irgendwelches Grünzeug im Haus zu haben, das nicht hundertprozentig gesund ist, da ansonsten das Gefühl entsteht, das eigene Heim sei ein todbringender Ort.

GERÜCHE

Heiliger Strohsack! Wenn tote Pflanzen so schlimm sind, was sagt das Feng-Shui dann wohl über mein verrottendes Nagetier? Wenn ich noch trinken würde, wäre ich wahrscheinlich gnädig unwissend über mein Feng-Shui-Vergehen und den Gestank der Verwesung, der in meine Küche zieht. Aber inzwischen bin ich aufgewacht und rieche sowohl den Kaffee als auch die Maus.

Um meine Rückkehr nach Hause zum Gestank des Todes so lange wie möglich hinauszuzögern, halten die Kinder und ich am Eiswagen, der draußen vor den Schultoren steht und sich den Altweibersommer zunutze macht. Ich bestelle vier große Softeistüten mit Flake-Schokoriegel und zusätzlich Erdbeersauce, worauf der Eismann gespielt erschrocken die Augenbrauen hochzieht.

Ich muss zugeben, dass ich den Eismann ziemlich gut kenne. Ich habe im Laufe der Jahre so viele Portionen Eis im Hörnchen und am Stiel bei ihm gekauft, dass er anhält und mir eine Portion gratis anbietet, wenn er sieht, dass ich irgendwo allein unterwegs bin.

»Bitte nehmen Sie es mir nicht übel«, sagt er, »aber kann es sein, dass Sie sehr stark abgenommen haben?«

»Stimmt, das habe ich«, antworte ich.

»Wie haben Sie das gemacht?«, fragt er und alle in der Schlange spitzen die Ohren.

»Ich trinke keinen Alkohol mehr«, antworte ich.

»Nur das?«, fragt er etwas ungläubig. »Keine Diät oder so?«

»Nein. Ich habe nur den Alkohol weggelassen. Da sieht man mal, wie viel Vino ich getrunken habe. Ha! Ha!«

Alle anderen Mütter in der Schlange fallen in mein Lachen ein. Wenn die wüssten …

Als ich im Auto sitze und mein Eis esse, scrolle ich durch das Postfach meines Blogs und stoße auf diese E-Mail von einer meiner Lieblingsleserinnen, Jane, die sich über den Stress des neuen

SEPTEMBER

Schuljahres beklagt. Sie schreibt: *Ich habe die Nase voll von den endlosen Schulanfragen, die immer erst einen Tag vorher reinkommen.* »*Bitte ziehen Sie Ihrem Kind zum Roald-Dahl-Tag gelbe Kleidung an*«. *Ich hab gar keine vier gelben T-Shirts, verdammt noch mal!* »*Bitte ziehen Sie Ihrem Kind morgen ein Piratenkostüm an.*« *Danke fürs Bescheid sagen! Und dann diese verdammten Eltern-WhatsApp-Gruppen.* »*Wer möchte mir helfen, den Gib-dem-Bären-einen-Namen-Stand zu besetzen?*« *Wahrscheinlich werde ich im Alter zynisch, aber ein paar von diesen Elternpflegschaftsmuttis sollten einfach mal was rauchen und Sex haben.*

Ich muss so sehr lachen, dass ich mein Vanilleeis an die Scheibe spucke, gerade in dem Moment, als draußen die Elternpflegschaftsvorsitzende vorbeigeht.

FREUNDINNEN

Als ich vor 204 Tagen aufhörte zu trinken, war eine meiner größten Sorgen, dass ich meinen ganzen Freundeskreis verlieren könnte. Wer will sich schon mit einer vollkommen abstinenten Person abgeben? Und tatsächlich ist Gesellschaft der Bereich meines Lebens, den ich nüchtern noch nicht so recht gemeistert habe.

Partys sind immer noch etwas schwierig für mich. Gott sei Dank fühle ich mich nicht länger wie ein Magnet von der Bar angezogen, sondern bin mit einer Cola light zufrieden, und richtig freuen kann ich mich über einen alkoholfreien Mojito. Aber die Situation ist mir immer noch ein bisschen fremd. Es ist, als stünde ich draußen und blickte hinein, als teilten alle anderen ein Geheimnis, von dem ich ausgeschlossen bin.

Positiv ist, dass ich jetzt immer mit dem Auto nach Hause fahre. Ich brauche mir keine Gedanken mehr darüber zu machen, ob meine Aussprache undeutlich wird oder ich versehentlich jemanden beleidige. Ich muss auch nicht ständig vor dem Klo Schlange stehen und stoße mich nicht mehr an Möbelstücken. Ich fühle mich nicht mehr wie der Tod auf Socken, wenn ich am nächsten Morgen aufwache, und ich muss mir nicht mehr das Gehirn zermartern, um mich an all das zu erinnern, wofür ich mich hasse, und mich fragen, wo die merkwürdigen blauen Flecken herkommen. Es wird besser mit den Partys, aber sie sind noch ein work in progress.

SEPTEMBER

Inzwischen ist mir klar, dass ich den Fehler gemacht habe, anzunehmen, dass man hauptsächlich auf Partys Freunde trifft, oder jedenfalls abends. Wenn ich mir aber den Kalender von dieser Woche ansehe, treffe ich jeden Tag mindestens eine Person. Dabei bin ich nur zu einer Party eingeladen. Ansonsten bin ich mittags mit Freundinnen zum Essen, nachmittags zu Kaffee und Kuchen oder zu langen, verplauderten Spaziergängen mit den Hunden verabredet. Und wisst ihr was? Diese Art von Zusammensein verändert meine Freundschaften grundlegend.

Als ich mich noch auf Partys verlassen habe, um mich mit meinen Freundinnen und Freunden auszutauschen, konnte man sich höchstens eine Viertelstunde lang unterhalten, und dabei ging es immer nur um Triviales. Nachdem ich ein paar Gläser getrunken hatte, drehte sich sowieso alles nur noch um mich, mich, mich. Und wenn mir jemand etwas über sein Leben erzählte, vergaß ich es gleich darauf wieder.

Partygespräche in meinem Umfeld drehen sich ohnehin meist um immer dieselben Themen: Kinder und Schule. Besonders um den Prüfungsstress vor dem Wechsel in die weiterführende Schule. Nachhilfe oder keine Nachhilfe? Welche/wie viele nachschulische Aktivitäten müssen organisiert werden? Wie ist der Babysitter/das Au-pair? Ansonsten geht es um die skandalös überhöhten Immobilienpreise oder um Renovierungen und Umbauten: die Probleme mit den Handwerkern, die dreistöckige Kellererweiterung der Nachbarn. Seitenanbauten (nur den Besitzern viktorianischer Reihenhäuser bekannt). Urlaubsziele sind ein weiteres Lieblingsthema, und dabei kann man auch gleich mit dem Ferienhaus und den Kindern angeben, die so toll Skifahren, Französisch sprechen und tauchen können.

Ein weiteres Thema ist Klatsch. Ich war ein großer Fan davon. Nichts lieben wir mit unseren schmutzigen kleinen Geheimnissen mehr, als von den Makeln im Leben anderer Leute zu erfahren. Besonders liebte ich Geschichten von jemandem, der angeblich ein Abhängigkeitsproblem hatte. Yay!, dachte ich dann. So schlimm bin ich also gar nicht. Und selbst wenn, dann bin ich wenigstens nicht die Einzige. Doch dieses endlose, inhaltsleere Geplapper, die Angeberei und der Klatsch tun der Seele nicht gut. Es ist wie eine Liveversion von Facebook: alles Show und nichts dahinter. Wahre Freundschaften gedeihen auf diesem Nährboden nicht.

Als junges Mädchen und auch noch mit Anfang zwanzig konnte ich dagegen mit meinen Freundinnen stundenlang über den Sinn des Lebens diskutieren. Wir kannten einander in- und auswendig. Wir teilten Hoffnungen, Träume und Ängste. In den letzten ungefähr zehn Jahren haben wir uns dann nur noch auf Partys getroffen und zehn Minuten darüber spekuliert, welches Au-pair-Mädchen heimlich den Familienvater bumst und ob es sinnvoller sei, den Keller oder den Speicher auszubauen.

Inzwischen bin ich vielleicht auf Partys nicht mehr so schillernd, verbringe aber fast jeden Tag eine Stunde mit einer Freundin. Und dabei reden wir über wirklich wichtige Dinge. Ich höre zu. Ich erinnere mich an das Gesagte. Ich schicke meinen Freundinnen eine SMS am Tag ihres wichtigen Vorstellungsgesprächs. Ich bringe ihnen Blumen vorbei, wenn es ihnen nicht gut geht. Ich werde allmählich wieder zu einer guten Freundin.

Ich hatte vollkommen vergessen, dass es mit Freundschaften genau so ist wie auch sonst im Leben, nämlich, dass man das zurückbekommt, was man hineinsteckt. Wenn man eine Freundschaft nur als Quelle von leerem Klatsch betrachtet, darf man nicht meckern, wenn sich erweist, dass man den anderen genauso wenig bedeutet.

Die Frage, die ich mir hätte stellen sollen, war also nicht: »Werde ich all meine Freunde verlieren?«, sondern: »Wie kommt es, dass ich überhaupt noch Freunde habe?«

SEPTEMBER

| TAG | 209 |

DER HINDERNISLAUF

Nach fast sieben Monaten ohne Alkohol fühle ich mich schon fast als Expertin. Ich habe an die dreißig Bücher über das Thema gelesen, viele Stunden lang gegoogelt und Blogs gelesen und, das Wichtigste überhaupt, 209 Tage ohne Alkohol durchlebt. Jeden Tag erhalte ich Kommentare zu meinem Blog und mehrere E-Mails von Followern, die mich um Rat fragen oder einfach jemanden zum Reden brauchen, der sie versteht.

Am schwersten fällt es mir, die Geschichten der Frauen (und einiger tapferer Männer, die sich in meine kleine Ecke der Blogosphäre wagen) zu lesen, die wieder und wieder versucht haben, aufzuhören, und es jedes Mal nur ein paar Tage lang geschafft haben. Vier Tage, dann kippen sie um. Beim nächsten Mal schaffen sie zehn Tage, dann kommt der Rückfall. Drei Tage. Wieder vier Tage. Ad infinitum. Ich verstehe das! Wirklich. Mir ging es genauso. Doch man muss einfach weitermachen, bis man es eines Tages schafft. Nachdem ich erlebt habe, was über sechs Monate Trockenheit schon an Positivem gebracht haben, würde ich sie am liebsten fest in die Arme nehmen und rufen: »Neieieiein! Du machst die schlimmste Phase immer und immer wieder durch, ohne es zum guten Teil zu schaffen!« Und das Dumme ist: Je mehr Zeit man damit zubringt, in diesen ersten dunklen Tagen der Verzweiflung herumzuwaten, desto tiefer ätzt sich im Unterbewusstsein die Überzeugung ein, dass das Leben ohne Alkohol so aussieht – hart und entsagungsvoll.

DER HINDERNISLAUF

Heute Morgen finde ich wieder eine E-Mail von einer Frau in meinem Postfach, die in genau dieser Lage steckt. *Wie schaffe ich es über Tag drei hinaus? Ich bin einfach fix und fertig. Ich bin eine absolute Versagerin. Es ist zu schwer.*
Deswegen schreibe ich einen Post, für sie und alle anderen, die das Gleiche durchmachen wie sie. Ich nenne ihn »Hindernislauf«, und er geht so:

Stell dir vor, du stehst auf einem Feld, und du bist schon sehr, sehr lange dort. Ursprünglich war es wunderschön – voller Blumen, Freunde, Sonnenschein und flauschigen Häschen (vielleicht sind die Häschen ein bisschen übertrieben? Aber egal, die müssen mit rein).

Doch im Laufe der Zeit ging es mit deinem Feld immer mehr bergab. Inzwischen gibt es zwar hin und wieder noch ein paar sonnige Tage, aber überwiegend jede Menge Regen und manchmal schlimme Gewitter. Du hoffst die ganze Zeit, die Blumen würden wieder wachsen, aber wenn sie es tun, gehen sie noch vor der Blüte ein. Häschen gibt es nur noch vereinzelt.

Dann triffst du auf einmal Leute, die dir von einem anderen Feld erzählen, gar nicht weit weg. Sie haben es selbst gesehen. Manche von ihnen leben dort. Es ist genau so, wie dein Feld früher war, wenn nicht noch schöner. Und es gefällt ihnen dort umso besser, weil sie gesehen haben, wie dein desolates Zuhause aussieht. Auch sie haben dort mal gelebt.

»Hey, komm doch zu uns!«, fordern sie dich auf, denn es sind keine gemeinen, egoistischen Leute. Sie wissen, dass es bei ihnen genügend Platz für alle gibt und sie wünschen sich aufrichtig weitere Freunde.

Du würdest sehr, sehr gerne mit ihnen gehen. Aber es gibt einen Haken. Du musst vorher einen ausgedehnten, verteufelt schwierigen Hindernisparcours absolvieren. Den ganzen Parcours kannst du nicht überblicken; du siehst nur das Hindernis direkt vor dir. Auch das Gelobte Land auf der anderen Seite kannst du nicht sehen. Du

SEPTEMBER

hast keine Ahnung, wie groß der Parcours ist, wie lange es dauert, ihn zu überwinden, oder ob du es schaffen kannst. Aber du weißt, dass du nicht dort bleiben kannst, wo du bist. Es wird nur immer schlimmer werden. Also nimmst du einen Anlauf und stürzt dich auf das erste Hindernis.

Anfangs ist es nicht allzu schwer. Du steckst voller Energie und Willenskraft. Doch nachdem du eine drei Meter hohe Mauer überwunden hast, durch einen mit Blutegeln verseuchten Schlammgraben gewatet bist und dich mit bloßen Händen unter einem Zaun durchgegraben hast, bist du erschöpft. Du hast die Nase voll. Du hast keinen Beweis dafür, dass dieser andere Ort überhaupt existiert. Du hast keine Ahnung, ob du es jemals bis dorthin schaffst, und du sehnst dich danach, an einen vertrauten Ort zurückzukehren, wo du nicht so müde bist, so frierst und solche Angst hast ...

... und du kehrst zurück zu deinem Feld. Anfangs ist es toll, wieder zu Hause zu sein. Die anderen Leute, die dort gestrandet sind, heißen dich mit offenen Armen willkommen und reden dir ein, dass das andere Feld gar nicht wirklich existiert. Es ist bequem. Du weißt, womit du es zu tun hast. Du bildest dir ein, die Sonne käme raus und du könntest in der Ferne ein Häschen sehen.

Doch du hast dir etwas vorgemacht. Es gibt gar keine Häschen mehr. Die Gewitter werden schlimmer und schlimmer. Irgendwann kletterst du wieder die drei Meter hohe Mauer empor. Du trotzt den Blutegeln. Du gräbst den Tunnel. Diesmal schaffst du es bis zum fünften Hindernis, bevor du zum Anfang zurückkehrst.

Du kehrst zurück, weil du keinen Beweis hast. Nicht weißt, wie lange es dauern wird. Nicht weißt, ob du es schaffen kannst. Du erschöpfst deine Kräfte, indem du die ersten paar Hindernisse immer wieder überwindest. Es ist einfach zu schwer.

Wenn du dich damit identifizieren kannst, dann hör dir das mal an. Denn ich weiß Bescheid. Und ich sage es ganz laut: Die andere Seite existiert! Und sie ist in jeder Hinsicht so positiv, wie du es dir er-

DER HINDERNISLAUF

hoffst. Es dauert ungefähr hundert Tage, bis man sie sehen kann, und ungefähr sechs Monate, dorthin zu gelangen. Du kannst es schaffen! Tatsächlich ist der Anfang des Hindernisparcours am schwersten. Du musst also immer wieder über die Mauer klettern, die Blutegel ertragen und einen Tunnel buddeln. Sobald du das geschafft hast, fallen dir die anderen Hindernisse leichter, und sie liegen weit auseinander. Und zugleich wirst du stärker und fitter und bist besser gerüstet, um mit ihnen umzugehen.

Vor einem musst du dich jedoch hüten: vor trügerischen Gipfeln. Manchmal glaubst du, du wärst oben angekommen. Du bist ewig keinem Hindernis mehr begegnet und denkst: DAS IST ES! Nur um kurz darauf vor einer unglaublich hohen Mauer zu landen. (Siehe Kapitel über PAWS, postakute Entzugssymptome.) Doch bis dahin weißt du, wie du diese Mistdinger überwindest. Keine große Sache. Fast bist du schon stolz, wenn du wieder eines geschafft hast. Und schließlich wäre ein Feld ohne jede Herausforderung doch irgendwie ein bisschen… öde und langweilig.

Also, meine lieben Mitabenteurer, packt eure Taschen, sagt eurem Feld Auf Wiedersehen, nehmt die Hindernisse in Angriff und macht immer weiter! Blickt nicht zurück, bis ihr das Ende erreicht habt!

Ich klicke auf »veröffentlichen«, bevor ich es mir anders überlegen kann. Vielleicht helfen diese Zeilen irgendjemandem. Vielleicht finden mich auch alle ein bisschen bescheuert mit meinem Gequatsche von Häschen, Blutegeln und meterhohen Mauern.

Doch dann geschieht etwas Außerordentliches. In der ganzen trockenen Blogsphäre reden die Leute über mein Feld voller Häschen. Der Link zu meinem Post wird immer wieder geteilt, mit Kommentaren wie: *Lies das! Es ist wirklich hilfreich!* Und die Leute lesen es und sagen: *Ich will zu dem Feld voller Häschen, also werde ich zu dem Feld voller Häschen kommen.*

Ich bin viral geworden. Na ja, vielleicht nicht ganz viral, aber wenigstens zu einer harmlosen bakteriellen Infektion.

DER MONAT, IN DEM ALLES DEN BACH RUNTERGEHT

HALLO SEX-APPEAL!
WO HAST DU SO LANGE GESTECKT?

Heute Abend gehen wir auf eine richtig große Party. Ein Freund feiert einen runden Geburtstag und allem Anschein nach will er ordentlich auf den Putz hauen. Das Partymotto lautet *Game of Thrones* und die Einladung, die vor zwei Monaten eintraf (wahrscheinlich mit einem Raben), war auf Pergament geschrieben und mit Wachs versiegelt.

In den dunklen Alkoholtagen wäre ich wahrscheinlich nicht hingegangen. Er wohnt nämlich draußen auf dem Land, über eine Stunde Autobahnfahrt entfernt. Hinzufahren hätte bedeutet, dass einer von uns nichts trinkt (unmöglich) oder einen Fahrer anzuheuern, der uns hin- und zurückfährt (schrecklich teuer, und hinzu kommen die Kosten für das Geschenk, die Kostüme, den Babysitter etc.), oder uns irgendwo einzuquartieren (wahrscheinlich noch teurer und außerdem wahnsinnig kompliziert). Damals erinnerten mich Partys an meine Heldin Dorothy Parker (eine Alkoholikerin), die in einer ihrer New Yorker Stammkneipen einmal von einem Bartender gefragt wurde: »Was kriegst du?«

»Nicht viel Spaß«, antwortete sie.

Aber jetzt bin ich nüchtern und denke: Wow, das wird sicher toll! Ich fahre. Wenn wir um halb eins gehen, können wir um halb zwei zu Hause sein. Null Problemo.

OKTOBER

Auf der Suche nach einem Kostüm wühle ich den Kleiderschrank vergangener Leben und zerplatzter Träume durch und stoße auf ein Fischbeinkorsett mit Spitzenärmeln und riesigen Federn ums Dekolleté (ich hab euch ja gesagt, ich habe eine wilde Vergangenheit). Dazu ziehe ich einen neuen engen, schwarzen Rock und hohe Stiefel an, und das Ganze kröne ich mit einem langen Haarteil (das sich ebenfalls, aus irgendeinem längst vergessenen Grund, in meinem Schrank befindet). Hallo, Catelyn Stark!

Da ich inzwischen zehn Kilo leichter bin als noch vor sieben Monaten, passt mir alles perfekt. Und ich sehe schlank aus! Kein Weinbauch mehr. Ich würde meinen Bauch zwar nicht gerade als flach wie einen Pfannkuchen beschreiben, aber er ist auf keinen Fall nichts weiter mehr als ein kleiner Hügel, ein leichtes Hindernis für den etwas unfitten Gelegenheitsspaziergänger. Nur für den Fall, dass ich mir etwas einbilde, hole ich das Maßband wieder raus und tatsächlich sind meine Taille von 91,5 auf 84 Zentimeter, mein Bauch von 104 auf 94 Zentimeter und meine Hüften von 109 auf 99 Zentimeter geschrumpft. Das ist ziemlich spektakulär!

Ich bin so aufgeregt, dass ich ein Selfie mache und es, ohne weiter zu überlegen, auf Facebook poste. Große Sache! Ich glaube nicht, dass ich jemals ein Foto von mir auf Facebook gepostet habe.

John wirkt brummig, wie immer vor einer Party. Er würde lieber zu Hause bleiben und Rugby schauen. Ich verkleide ihn mit einem ziemlich muffigen, alten (Kunst-)Pelzmantel, den ich in der Grube der Verzweiflung ausgegraben habe, einer verrückten schwarzen Perücke und einem Plastikschwert von Kit. Er sieht aus wie eine Kreuzung zwischen Jon Snow (beabsichtigt) und Monika Lewinsky (unbeabsichtigt). Mir wird klar, dass ich damit seine Stiefmutter darstelle, was etwas unpassend erscheint, aber bei *Game of Thrones* geht alles.

HALLO SEX-APPEAL!

John fährt hin und unterwegs schaue ich mal kurz bei Facebook rein. Bis wir ankommen, habe ich schon ungefähr fünfzehn Kommentare zu meinem Foto, die alle ungefähr gleich lauten: *Du siehst heiß aus, Mrs P!* Heiß? Wirklich? Ich? Aber das bedeutet, dass ich, anders als früher, wenn ich bereits eine halbe Flasche intus hatte, mich gleich nicht reinschleichen und sofort zur Bar huschen, sondern IN DAS FESTZELT HINEINSTOLZIEREN WERDE! NÜCHTERN.

Als wir ankommen, stelle ich fest, dass es sogar zwei Festzelte gibt, dekoriert zum Thema Mittelalter, mit Trinkbechern, Thronen, riesigen Bannern, Fellen, Samt und Drachen. Es gibt Schnee, Eisskulpturen, White Walker und Wildlinge. Es gibt einen Zwerg (natürlich), Hofnarren, Feuerspucker und eine Frau mit einer großen Schlange (kein Euphemismus).

Mein wiederentdeckter Sex-Appeal und ich sind begeistert.

Nun haben die Freunde in meinem direkten Umfeld, mit denen ich regelmäßig zu tun habe, bisher noch nicht viel zu meiner Verwandlung gesagt. Die Veränderungen müssen allmählich vor sich gegangen sein. Langsam, ganz langsam. Doch die meisten Gäste heute Abend haben mich seit über einem Jahr nicht gesehen. Noch nie im Leben habe ich so viele Komplimente erhalten! (Außer an meinem Hochzeitstag, als ich wirklich spektakulär aussah, dank einer Armee von Profis, einem unglaublich teuren Kleid und einer Crash-Diät.)

Ich werde als »dünn« bezeichnet (was ich absolut nicht bin, aber alles ist relativ und schließlich trage ich ein fabelhaftes Korsett), und zwar mindestens zehnmal. Die Tochter einer Freundin im Teenageralter meint, sie habe mich gar nicht wiedererkannt. »Ach, ich habe ein bisschen abgenommen«, sage ich. »Ja, das auch, aber dein ganzes Gesicht hat sich verändert!«, erwidert sie.

Ich unterhalte mich mit allen. Ich erinnere mich an die Namen der Leute und sogar an die Namen ihrer Kinder (klingt einfach, aber wenn ich betrunken war, fand ich es schwierig). Ich tanze ein bisschen. (Nüchtern tanzen? Ein Riesenspaß! Wer hätte das gedacht? Das einzige Problem ist, dass nach ein paar Stunden ohne die betäubende Wirkung des Alkohols meine Füße so wehtun, dass eine Amputation die einzig vernünftige Lösung zu sein scheint.)

Während ich ausgelassen tanze, umgeben von ein paar tollen Freunden, höre ich, wie sich am Rande der Tanzfläche zwei Frauen unterhalten. Sie müssen schreien, um die laute Musik aus den Lautsprechern neben ihnen zu übertönen, sodass ich sie deutlich hören kann. Ich werde um drei Monate zurückversetzt. Ich kenne diese Stimmen. Das sind Nummer eins und Nummer zwei! Ich blicke zu ihnen hinüber und ringe mir ein Lächeln ab.

»Hi, Clare!«, sagt Nummer eins. »Vielleicht komme ich gleich mal ein bisschen zu dir auf die Tanzfläche.«

»Solltest du«, erwidere ich, »schließlich kann man ja nicht zulassen, dass man im Alter langweilig wird, oder?«

Um halb eins fahre ich nach Hause, höre mit einem Ohr BBC World Service und mit dem anderen das betrunkene Schnarchen von John auf dem Beifahrersitz, in dem Wissen, dass ich morgen müde, aber glücklich erwachen werde. In meinem eigenen Bett. Mit der Erinnerung an einen wunderbaren Abend, an dem ich niemanden beleidigt, nichts Unhöfliches oder Peinliches getan und meinen Sex-Appeal wiederentdeckt habe.

Und, um den Tag perfekt zu machen, wird John einen Kater haben …

| TAG | 220 |

ALKOHOL UND KINDERERZIEHUNG

Ich bin keine besonders gute Mutter. Ich war erstaunt, als man mich vor zwölf Jahren mit einem hilflosen Neugeborenen unbehelligt aus dem Krankenhaus spazieren ließ.
»Wo ist die Gebrauchsanweisung?«, hätte ich am liebsten gerufen. »Ich habe keine Ahnung, was ich machen muss! Ich bin eine Amateurin!«
Es heißt, man brauche ein ganzes Dorf, um ein Kind zu erziehen, und früher wäre man von Eltern, Großeltern, Tanten, Onkeln und Geschwistern umgeben gewesen, die einem alle bei der Kinderaufzucht mit Rat und Tat zur Seite gestanden hätten. Heutzutage leben wir alle weit verstreut und können nicht mehr auf ein solches Netzwerk von älteren, weiseren Beraterinnen zurückgreifen. Also schlagen wir uns so durch, zusätzlich irritiert durch die widersprüchlichen Empfehlungen der »Expertinnen« wie Gina Ford und der Supernanny. Wir vertrauen auf unsere Freundinnen (die auch improvisieren müssen) und überhebliche, selbstgerechte Fremde im Internet.
Kaum haben wir das Gefühl, den Umgang mit Babys einigermaßen gemeistert zu haben, haben wir Schulkinder und damit eine ganze Reihe neuer Herausforderungen. Kommen wir damit allmählich ganz gut zurecht, BAMM – wachsen sie um dreißig Zentimeter, kriegen Pickel und werden zu müffelnden, hormongebeutelten Teenagern! Kein Wunder, dass wir am Ende des Tages ein Glas (eine Flasche) Wein brauchen.

OKTOBER

Erst jetzt wird mir klar, was für ein nutzloses Erziehungshilfsmittel Alkohol ist …

Als ich die Kinder abends zu Bett bringe, fällt mir auf, wie friedlich es bei uns zugeht. Niemand schreit rum. Was für ein gewaltiger Unterschied zu dem Zustand vor ein paar Monaten! Als die Kinder klein waren, brachte ich sie um sieben zu Bett. Das Abendritual war ziemlich anstrengend – Tee, Bad, Milch, Windeln, Geschichten, Kuscheln et cetera, und das mal drei. Danach konnte ich mich jedoch in einem Sessel zurücklehnen und mehrere Stunden »Erwachsenenzeit« genießen.

Je größer die Kinder wurden, desto mehr verschob sich ihre Zubettgehzeit nach hinten und die Weinstunde entsprechend nach vorn. Meine Abende verliefen in etwa wie folgt:

17:30 Uhr – Kinder sind alle von diversen Schulen und Nachmittagsaktivitäten nach Hause gekommen. Schenke mir ein Glas Wein ein, während ich für sie Abendessen zubereite.

18:30 Uhr – schenke mir ein zweites Glas Wein ein, während ich vergeblich versuche, sie dazu zu bringen, sich auf ihre Hausaufgaben zu konzentrieren.

19:30 Uhr – schenke mir ein drittes Glas Wein ein, während ich sie bade und bettfertig mache.

Am Ende ging es auf acht Uhr zu und ich versuchte, noch Gutenachtgeschichten vorzulesen und das Abendessen für meinen Mann zuzubereiten, wobei ich immer fertiger, nervöser und – zugegebenermaßen – allmählich leicht betrunken wurde. Die Kombination von Müdigkeit, Stress und Schwips führte dann unweigerlich zu GESCHREI!

Wenn John dann gegen halb neun von der Arbeit nach Hause kam, schrie ich nacheinander alle drei Kinder an, verzweifelt bemüht, sie so schnell wie möglich ins Bett zu bringen, damit ich mich zu meinem Mann setzen und mit ihm eine (weitere) zivilisierte Flasche Wein zum Abendessen teilen konnte.

ALKOHOL UND KINDERERZIEHUNG

Doch wenn ich eines über Kindererziehung gelernt habe, dann, dass man ihnen nur durch ein gutes Beispiel etwas beibringen kann. Man kann einem Kind nicht das Fluchen verbieten und in seiner Gegenwart selbst schimpfen wie ein Droschkenkutscher. Man kann ihnen etwas von guten Manieren und Freundlichkeit erzählen, aber sie werden es nicht verstehen, wenn man es ihnen nicht vorlebt. Wenn man ihnen zeigt, dass Alkohol nötig ist, um sich zu amüsieren und zu entspannen, werden sie das glauben. Und wenn man die ganze Zeit rumschreit, werden sie das auch tun ...

Bei uns zu Hause ging es also keineswegs friedlich zu. Ich schrie und daraufhin schrien die Kinder. Sie schrien sich gegenseitig an. Sie schrien mich an. Sie schrien ihren Vater an. Morgens wurde genauso viel geschrien wie abends, weil ich müde und missgelaunt war und mir die Vorbereitungen für den Aufbruch zur Schule einfach über den Kopf wuchsen.

Inzwischen ist es mir egal, dass die Kinder nicht vor neun im Bett liegen. Ich genieße es, noch ein bisschen mehr Zeit mit ihnen zu haben. Ich lese ihnen vor, erzähle ihnen Geschichten und bringe ihnen das Kochen bei, wenn ich das Abendessen für John mache. Wir erzählen uns von dem, was wir tagsüber erlebt haben. Ich versuche nicht ständig, sie loszuwerden.

Und die Morgenroutine? Liebe ich mittlerweile! Ich wecke die Kinder mit einem fröhlichen: »Aufwachen, Schätzchen! Es ist ein neuer, wunderbarer Tag!« Ich bin geradezu verboten fröhlich. Ich schreie kaum noch. Und wenn die Kinder es tun, sage ich ganz ruhig: »Bitte nicht schreien. Bei uns zu Hause wird nicht geschrien.« Und es entspricht der Wahrheit.

Wenn die Kinder auf dem Weg zur Schule Ärger machen, schreie ich sie nicht an, sondern bleibe einfach vor dem Schultor stehen, lasse das Fenster runter, singe laut zu dem Song, der gerade im Radio läuft und wedele dazu im 80er-Jahre-Disco-Stil

OKTOBER

rhythmisch mit den Händen. Entsetztes Aufheulen von hinten, und alle drei tun so, als hätten sie mich noch nie gesehen. (Sie rächen sich dann an mir, indem sie in Geschäften laut rufen: »Meine Mummy ist 46!«)

Ich kann als Mutter noch manches verbessern, aber zumindest habe ich endlich dafür gesorgt, dass es bei uns zu Hause ruhig, entspannt und friedlich zugeht. Laut ist es manchmal immer noch, aber nur, weil wir so viel lachen und zu schlechter Discomusik tanzen.

Wenn irgendjemand auf die Idee käme, mich zu bitten, ein Elternhandbuch zu schreiben, würde auf der ersten Seite stehen: *Stell den Wein weg. Er ist nicht dein Freund. Alkohol und Kinder lassen sich genauso wenig mischen wie Öl und Wasser. Die Weinhexe ist nicht Mary Poppins ...*

REUE

Ich höre oft, wie Leute behaupten, sie wären für die Jahre, ja, Jahrzehnte dankbar, die sie durch ihren Alkoholismus verloren hätten, weil sie sie zu denjenigen gemacht hätten, die sie jetzt sind: stärker, mitfühlender, weiser. Dann denke ich: »In echt jetzt? Dankbar?« Also, wenn es der Göttin eingefallen wäre, mich zu einer der nervtötenden Personen zu machen, die ein Glas Wein trinken können und dann ganz ehrlich kein zweites wollen (oder gar die ganze Flasche), dann, ja, dann wäre ich dankbar.

Darüber dachte ich nach, als wir uns am Wochenende im Kino *Everest* angesehen haben, einen bewegenden Film über den Tod von acht Kletterern in der Nähe des Mount-Everest-Gipfels im Mai 1996. Einer der Kletterer war ein amerikanischer Arzt namens Beck Weathers. Er hatte mit dem Bergsteigen angefangen, um mit belastenden depressiven Phasen fertig zu werden.

Als die Kletterer beim Abstieg von einem starken Schneesturm überrascht wurden, ließen sie Beck in dem Glauben zurück, dass er es keinesfalls lebend den Berg hinunter schaffen würde. Beck erinnert sich daran, wie er »starb«, doch bei Sonnenaufgang habe er eine Vision von seiner Familie gehabt. Zu diesem Zeitpunkt war Beck so gut wie blind, spürte seine Hände und sein Gesicht nicht mehr, ein Arm war über seinem Kopf festgefroren und er hatte seit drei Tagen nichts gegessen und seit zwei Tagen nichts getrunken.

Trotz allem schleppte sich Beck kriechend und stolpernd zum

OKTOBER

nächsten Lager, wo er zum zweiten Mal von seinen Kameraden sterbend in einem Zelt zurückgelassen wurde. Wieder wehrte er sich gegen den Tod und wurde schließlich von einem Hubschrauber gerettet.

Nachdem ich den Film gesehen hatte, las ich einen Artikel, den Beck selbst in der *Mail on Sunday* über seine Erfahrung und sein Leben nach dem Everest geschrieben hatte. Darin spricht er darüber, wie er beide Hände verlor. Später saß er zu Hause in einem Sessel, als plötzlich ein Teil seiner rechten Augenbraue abfiel. Irgendwann ging er den Flur entlang und sein linker großer Zeh brach ab und schlitterte weg, eine Weile darauf gefolgt von seiner Nase.

Da könnte man doch glauben, dass Beck ein wenig verbittert wäre, oder? Darüber, dass er so viele wichtige Körperteile verloren hatte. Darüber, dass seine Freunde ihn sterbend zurückließen, nicht nur einmal, sondern gleich zweimal. Aber nein! Beck schreibt: *Würde ich es wieder tun? Die Antwort lautet Ja, auch wenn ich mir vorher der Folgen bewusst wäre. Ich gab meine Hände für meine Familie und meine Zukunft. Es ist ein Handel, den ich bereitwillig akzeptiere. Zum ersten Mal im Leben empfinde ich Frieden. Ich habe die ganze Welt nach etwas abgesucht, das mich erfüllen würde, und die ganze Zeit war es direkt vor meiner Nase. Ich bin ein gesegneter Mensch. Und besser noch, ich weiß es.*

Beck ist dankbar! Das hat mich unglaublich demütig gemacht. Zur Dankbarkeit bin ich noch nicht in der Lage, aber ich stelle fest, dass ich nichts bereue. Deswegen tanze ich jetzt in der Küche herum und singe zu der unvergleichlichen Edith Piaf: Non, je ne regrette rien …

Das erinnert mich an eine der Lieblingsgeschichten meines Vaters. Es war 1962. Er war 24 Jahre alt, attraktiv (nach seinen Worten) und überaus talentiert (nach den Worten aller anderen) und war gerade vom britischen Staatsdienst nach Brüssel geschickt worden. Eines Abends bot ein Kollege, der selbst im Büro festsaß und nicht gehen konnte, Dad eine Karte für das Théâtre de la Gaîté an (das später in einen meiner Lieblingsnachtklubs verwandelt wurde. Heute ist es wahrscheinlich ein luxuriöser Apartmentkomplex).

Dad wusste nichts über die Vorstellung, aber er wusste, dass das Theater jedem Gast zur Vorstellung eine Karaffe Wein und ein Cassoulet servierte (vor den Sitzen zog sich ein Holzbrett entlang, das als Tisch diente). Da er Junggeselle war und nicht mal ein Ei kochen konnte, wollte er sich eine Gratismahlzeit keinesfalls entgehen lassen.

Dad langte also ordentlich zu und hoffte auf eine Art Moulin-Rouge-Spektakel mit vielen langen Beinen, prallen Busen und Federn. Stattdessen betrat eine verlebte alte Dame die Bühne, allein, und ging ans Mikrofon. Er bedauerte schon seine Entscheidung und plante, so früh wie möglich zu gehen. Dann öffnete sie den Mund und begann zu singen. Nur meinem Vater konnte es passieren, die legendäre Edith Piaf durch Zufall zu sehen!

Ich lese Ediths Eintrag auf Wikipedia. Sie war Alkoholikerin und starb nur knapp ein Jahr, nachdem Dad sie hatte singen hören. Dabei war sie mitnichten die alte Dame, an die er sich erinnert. Bei ihrem Auftritt damals war sie 46. Genauso alt wie ich.

Ediths Leben verlief tragisch. Ihre Mutter verließ sie nach der Geburt, und sie wurde in einem Bordell von ihrer Großmutter und einer Horde Prostituierter großgezogen. In ihrer Kindheit war Edith vier Jahre lang blind. Mit 17 gebar sie eine Tochter, Marcelle, die sie genauso im Stich ließ wie ihre Mutter es mit ihr getan hatte.

Marcelle starb mit zwei Jahren an Hirnhautentzündung. Einem Gerücht zufolge ging Edith mit einem Mann ins Bett, um die Beerdigung finanzieren zu können. Die Liebe ihres Lebens starb 1949 bei einem Flugzeugabsturz, auf dem Weg zu ihr.

OKTOBER

Angesichts dieser Tragödien und herzzerreißenden Schicksalsschläge ist es kaum verwunderlich, dass Edith von Alkohol und Morphium abhängig wurde. Trotz dreier Entzugsversuche schaffte sie es nicht, ihre Dämonen zu besiegen. Mit 47 starb sie an Leberkrebs.

Im Gedenken an Edith schwöre ich, nichts zu bereuen. Schuldgefühle können uns verfolgen. Sie lähmen uns und hindern uns daran, uns weiterzuentwickeln. Deswegen ist es für die Anonymen Alkoholiker von so fundamentaler Bedeutung, sich zu entschuldigen. Ich kann nicht ein Jahrzehnt oder mehr meines Lebens bedauern. Vieles davon hat unglaublich viel Spaß gemacht. Ich habe drei wundervolle Kinder geboren und es irgendwie geschafft, sie einigermaßen durch ihre frühe Kindheit zu begleiten. Meine Vergangenheit hat mich dorthin gebracht, wo ich jetzt bin, und hier gefällt es mir ziemlich gut.

Nein, nicht das, was ich getan habe, bereue ich, sondern das, was ich nicht getan habe. Der Gedanke daran, was ich mit meinem Leben hätte anfangen können, wenn ich nicht einen so großen Teil davon betäubt verbracht hatte, verfolgt mich.

Meine Jahre an der Universität waren unglaublich toll. Aber eines fuchst mich bis heute. Es war am Ende meines ersten Studienjahres und die Prüfungen standen vor der Tür. Ich lungerte auf dem Hof herum, wahrscheinlich mit einer Zigarette in der einen Hand (damals habe ich ständig geraucht) und einem Plastikbecher in der anderen (... und getrunken). Ein paar meiner Kommilitonen sprachen mich an: »Hey, Clare, in Berlin geht es richtig ab. Die reißen die Mauer ein – Stück für Stück. Wir haben billige Tickets ergattert und wollen dabei sein. Kommst du mit?«

Ich geriet in Versuchung, aber ich war pleite. Und ich musste lernen. Ich sagte Nein. Ich verpasste die Chance, in einem entscheidenden Moment der Geschichte dabei zu sein. Nachdem ich die Fernsehbilder von den Leuten gesehen hatte, die das ver-

REUE

hasste Monument zerstörten, schwor ich, dass ich nie wieder versäumen würde, eine solche Gelegenheit zu nutzen. Und dennoch habe ich es wieder und wieder und wieder getan. Die Tage zerrannen durch meine Finger wie Sandkörner. Aber damit ist jetzt Schluss. Wenn das nächste Mal eine Mauer abgerissen wird, werde ich dabei sein.

In meiner Vorstellung waren Ediths letzte Worte, während ihre Leber sie in einem letzten Akt der Rache tötete: »Non, je ne regrette rien.« Doch in Wirklichkeit sagte sie: »Für jede verdammte Tat im Leben muss man bezahlen.«

OKTOBER

TAG | 227

ICH BRAUCHE HILFE

Die ersten Worte meiner Mutter, als ich ans Telefon gehe, sind: »Ich befürchte, ich habe schlechte Neuigkeiten.«
Mir wird ganz übel. Seit dem Anruf vor fünf Jahren, als mir meine Mutter eröffnete, dass sie Brustkrebs hatte, fürchte ich Anrufe, die so beginnen.
»Erzähl«, sage ich und denke zugleich: *Sei still, ich will das nicht hören!*
»Es geht um deine Tante. Sie hat Brustkrebs. Eine aggressive Form.« Sofort werde ich von einem Strudel der Gefühle mitgerissen: Erleichterung, weil es meiner Mutter gut geht, und Entsetzen über die Krankheit meiner Tante. Wir besprechen alle praktischen Aspekte – die Diagnose, was als Nächstes geschieht, wie alle damit zurechtkommen –, obwohl wir im Grunde am liebsten die ganze Zeit rufen würden: Warum, warum, warum? Wo bleibt da die Gerechtigkeit? Meine wundervolle, liebe und selbstlose Tante hat sich garantiert nichts zuschulden kommen lassen, um das zu verdienen!
Anders als ich. Was sofort den nächsten den Gedanken in meinem Hinterkopf provoziert: Eine nahe Verwandte mit Brustkrebs ist ungünstig. Zwei (meine Mutter und ihre Schwester) sehen nach einem Muster aus. Ich nehme mir das übel. Hier geht es nicht um mich. Hier geht es um meine geliebte Tante, und ich bin egoistisch. Aber nachdem ich aufgelegt habe, will dieser Gedanke einfach nicht verschwinden.

ICH BRAUCHE HILFE

Um ihn zum Schweigen zu bringen und mich darauf konzentrieren zu können, wie ich meiner Tante am besten helfen kann, gehe ich rauf ins Badezimmer und ziehe mein Oberteil und meinen BH aus. Natürlich habe ich darüber gelesen und davon gehört, dass man seine Brüste regelmäßig untersuchen soll, und das tue ich auch. Ich bin mir sicher, dass das letzte Mal nicht länger als etwa zwei Monate zurückliegt. Ich weiß es sogar ganz genau, denn vor Kurzem hatte ich ein seltsames Ziehen in der linken Brust, deswegen habe ich sie mal tüchtig getätschelt, aber nichts Ungewöhnliches festgestellt.

Doch als ich diesmal die linke Brust sorgfältig ringsherum abtaste, könnte ich schwören, dass ich etwas spüre.

LASS DAS! DU BILDEST DIR ETWAS EIN. DU WIRST HYSTERISCH.

Oben ohne gehe ich rüber zum Badezimmerspiegel und mustere mich. Das tue ich nicht oft. Wenn man drei Kinder gestillt hat, ist das auch nicht ratsam. Entweder spielt mir meine Fantasie einen Streich oder da ist tatsächlich eine deutliche Delle in meiner linken Brust, genau da, wo ich glaubte, einen Knoten zu fühlen. Ich bin seltsam asymmetrisch geworden.

Ich gerate in Panik. Mir bricht der kalte Schweiß aus und ich halte die Luft an. Wieder untersuche ich die linke Brust. Nichts – alles in Ordnung. Nein, Augenblick, hier ist es. Ich werde sterben.

Mich überkommt das seltsame Gefühl, als betrachtete ich mich von einem anderem Ort oder einer anderen Zeit aus, und ich denke: *Das ist ein Augenblick, den du niemals vergessen wirst. Diese Szene, wenn du oben ohne vor dem Badezimmerspiegel stehst und deine seltsam verformte Brust ansiehst. Das ist der Punkt, an dem alles anders wird.* Etwas unpassend frage ich mich, ob ich wenigstens vorher das Bad hätte aufräumen sollen, bevor sich das Bild für immer in meine Erinnerung einbrennt, denn überall fliegen die Zahnbürsten und Zahnpastatuben der Kinder herum.

OKTOBER

Ich habe das Gefühl, als hätte ich das Teleskop umgedreht, durch das ich mein Leben betrachte, und blickte nicht mehr hinaus zu weiten Horizonten, sondern als sei alles zu einem entscheidenden Nadelstich zusammengeschrumpft. Ich kann nicht atmen. Die Bedeutungsschwere der Situation schnürt mir die Kehle zu.

Ich muss irgendetwas tun, um nicht durchzudrehen. John kann ich nicht anrufen – das würde alles zu real machen und ich möchte ihn nicht unnötig beunruhigen. Meine Mutter kann ich auch nicht anrufen – sie hat jetzt genug um die Ohren.

Mehr als alles andere möchte ich einen Drink. Ich weiß, dass er wie durch ein Wunder die Furcht besänftigen würde. Ein, zwei Drinks, und ich würde mich beruhigen, logisch nachdenken, erkennen, dass ich aus einer Mücke einen Elefanten und einen Krebstumor aus einer kleinen, gutartigen Zyste mache.

Ich gehe hinunter in die Küche. Es steht kein Wein im Kühlschrank, aber eine halbvolle Flasche Wodka im Schrank. Ich schenke mir ein Glas ein und starre es an. So unschuldig, sieht genau aus wie ein Glas Wasser, und dennoch steckt in diesem Glas Betäubung, Ruhe, eine magische Alchemie, die das alles wegnehmen wird.

Dann erinnere ich mich an Sarah Connor, Ripley, Katniss Everdeen und die Mutter der Drachen. Dies sind die Momente, vor denen man nicht weglaufen kann. Man muss sich gegen sie wappnen und ihnen entgegentreten. Zieh deinen Flammenwerfer und verschmurgle sie zu Fetzen! Mit klarem Kopf und nüchtern. Jetzt musst du erwachsen sein.

Deswegen wende ich mich nicht an den Alk, sondern an die Experten.

Ich rufe die Hausärztin an, um einen Termin zu machen. Meine klammen Finger rutschen auf den Tasten aus. Natürlich gibt es so schnell keinen Termin. Schluchzend flehe ich die Arzthelferin an. Ich habe einen Knoten in der Brust entdeckt und wahnsinnige Angst! Ich erwarte, dass sie erwidert, ich solle mir keine Sorgen machen, die Frau Doktor würde mich unter diesen Umständen sofort drannehmen und das sei doch alles halb so wild. Doch sie ignoriert meine schnüffelnde Bedürftigkeit vollkommen (wer weiß, vielleicht hat sie heute Morgen mit mir schon die fünfte schniefende Frau mit einem Knoten in der Brust am Telefon?) und gibt mir einen Termin für Montag – *in vier Tagen*.

Mit zitternden Händen klappe ich meinen Laptop auf. Ich logge mich in meinem Blog ein und tippe als Überschrift meines Posts: ICH BRAUCHE HILFE, und beim Tippen gehen mir die ganze Zeit Edith Piafs letzte Worte nicht aus dem Kopf: »Jede verdammte Tat im Leben musst du bezahlen« auf surreale Art gefolgt vom Soundtrack aus *Fame* – »and right here's where you start paying«.

OKTOBER

| TAG | 228 |

WARTEN

Genau wie in den ersten Tagen des Alkoholentzugs kämpfe ich mich durch jede Stunde, als watete ich durch Treibsand. Wann immer ich nicht mit den Kindern zusammen bin, google ich: *Brustkrebs oder Zyste? Wie viel Prozent Knoten in der Brust sind bösartig? Delle in der Brust. Muss ich sterben?*
Ständig betatsche ich meine arme, alte linke Brust und überprüfe, ob ich mir das nicht alles nur einbilde. Wird der Knoten größer? Ist er weich und nachgiebig (was gut wäre), oder hart und knubbelig (nicht gut)? Meine armen alten Brüste haben seit meinen Teenager-Disco-Jahren nicht mehr so viel Aufmerksamkeit erhalten, und damals waren sie ein ganz anderes Kaliber, straff und üppig und ohne seltsame Dellen.
Da ich noch niemandem erzählt habe, was ich durchmache, ist der Blog mein Rettungsanker. Ich habe jede Menge Kommentare von Frauen aus der ganzen Welt erhalten, die mir symbolisch die Hand halten und mir alles Gute wünschen. *Ich hatte dasselbe*, schreiben viele von ihnen, *und es war nichts Schlimmes! Acht von zehn Knoten in der Brust sind gutartig. Das liegt an deinem Alter. An den Hormonen. Alles wird gut. Du hast so vielen Leuten geholfen – dir wird nichts passieren. Wir denken an dich. Wir beten für dich.*
Ich bin zu aufgewühlt, um etwas zu essen, deswegen halte ich mich an Kaffee und alkoholfreies Bier (ich habe heute sechs Stück getrunken). Obwohl der Gedanke, sich völlig in einer Fla-

sche Wein zu verlieren, immer noch eine Riesenversuchung ist, weiß ich, dass es keine gute Idee wäre, mir zu erlauben, die Situation zu ignorieren. Dies ist etwas, mit dem ich umgehen muss. Ich muss stark sein. Ich muss nüchtern sein. Ich wiederhole diese Worte wie ein Mantra. Wenn mich die letzten sieben Monate eines gelehrt haben, dann, dass es kein Problem im Leben gibt, das der Alkohol nicht verschlimmern würde. Ich bin froh, dass die Kinder da sind und die vertrauten Abläufe eingehalten werden müssen, sodass ich mehrere Stunden hintereinander von meinen Internetrecherchen und Selbstuntersuchungen abgehalten werde.

Eine andere Ablenkungsstrategie besteht darin, meine Beerdigung zu planen (nur ein Stehempfang, viele schluchzende Leute). Es ist wie eine morbide Version meines alten Spiels, mir die Songs auszusuchen, die ich auf eine verlassene Insel mitnehmen würde. Wirkt seltsam therapeutisch.

John kommt von der Arbeit nach Hause. Relativ früh – das ist ja mal etwas ganz Neues. »Warum hast du mir nicht Bescheid gesagt?«, fragt er. Er hat meinen Blog gelesen.

Ich fange an zu weinen. Er nimmt mich in die Arme und versichert mir, dass alles gut werden wird. Ich verschmiere sein schickes Arbeitsjackett mit Tränen und Schnodder. Er nennt mir ein paar Statistiken – solche Knoten kämen sehr, sehr häufig vor, und die meisten von ihnen seien gutartig. (Er hat wohl auch gegoogelt.)

Ich weiß, ich weiß, ich weiß. Und tatsächlich wird die Angst ein wenig gelindert. Alles wird gut. Meine Mutter und meine Tante hatten die siebzig schon überschritten, als sie an Brustkrebs erkrankten. Ich bin erst 46. Ich bin fit und gesund. Ich bin nie krank. Ich war seit Jahren nicht beim Arzt. Diese Geschichte soll mich nur daran erinnern, dass wir nie irgendetwas als gegeben hinnehmen und jede Minute ausnutzen sollten. Es ist ein gut ge-

OKTOBER

timter Weckruf, und schon nächste Woche wird sich alles wieder normalisieren.

Um mich abzulenken, mache ich unser Abendessen zu etwas ganz Besonderem. Evie, Kit und Maddie sind begeistert mit von der Partie und helfen, den Tisch zu decken. Wir nehmen unser Hochzeitsporzellan und das selten benutzte Silberbesteck und dazu einen richtigen Kandelaber.

Wir fünf setzen uns hin und ich habe das Gefühl, als wäre der sechste, freie Platz von einem bösen Geist besetzt – dem Knoten, der dort sitzt und mich auslacht, weil ich glaubte, er würde einfach so wieder verschwinden. Also mache ich es so ähnlich wie in dem Song *Hallelujah* von Leonard Cohen: Ich fessle ihn an einen Küchenstuhl, nehme ihm seine Macht und vergesse ihn.

Die Kinder haben für den Augenblick ihre Feindseligkeiten eingestellt und sind nett zueinander. Kit isst sogar ein wenig Gemüse. Ich trinke mein unvermeidliches alkoholfreies Bier (ich sollte Brauereiaktien kaufen). John trinkt Rotwein.

Dann greift Kit quer über den Tisch, wahrscheinlich nach Ketchup, um den Geschmack des erwähnten Gemüses zu überdecken, und wirft aus Versehen…

… Johns Glas Rotwein um, sodass mir der Inhalt mitten ins Gesicht spritzt.

Erschrockenes Schweigen (ein höchst ungewöhnliches Ereignis in unserem Haus). Ich sitze da und ein ganzes Glas edler toskanischer Barolo tropft mir von der Nase und über die Hände. Ich bekämpfe den Impuls, mir die Finger abzulecken.

»Das finde ich ziemlich gemein von euch, wisst ihr?«, sage ich, als alle anfangen zu lachen.

Positiver Gedanke des Tages: Falls mir beide Brüste abgeschnitten werden müssen, kann ich vielleicht darum bitten, dass sie mir bei der Rekonstruktion ein paar hübsche, pralle geben!

BEI DER ÄRZTIN

Ich bin seltsam gelassen. Ich weiß, dass die Ärztin mir verschiedene beruhigende Statistiken nennen und zu mir sagen wird, sie sei zu 90 Prozent sicher, dass es nichts Bösartiges ist, sie mich aber gerne zu weiteren Untersuchungen schicken würde, *nur um ganz sicherzugehen.* Ich muss nur die nächsten paar Stunden überstehen, und schon werde ich mich bei der ganzen Sache viel besser fühlen.

Da lag ich ganz schön daneben.

Als ich nach der Universität mit den Assistenzärzten zusammenwohnte, gehörte die Krankenhausserie *Casualty* zu unseren Lieblingssendungen. Anhand der Eröffnungsszenen versuchten wir zu erahnen, wer in der laufenden Woche sterben würde, und schlossen Wetten darüber ab. Hätte ich die Reaktion meiner Ärztin bei einer solchen Eröffnungsszene gesehen, hätte ich meiner Serienfigur nur noch wenige Monate zu leben gegeben. *Entschuldigen Sie, meine Liebe, in der nächsten Folge sind Sie leider nicht mehr dabei. Behalten Sie Ihren Nebenjob.*

Weder zitiert die Ärztin beruhigende Zahlen, noch beschwichtigt sie meine Befürchtungen. Stattdessen sieht sie ziemlich besorgt aus und sagt: »Das sieht nicht gut aus.« Der Tastbefund meines Knotens (der tatsächlich nicht nur in meiner Fantasie existiert) gefällt ihr nicht, die familiäre Vorgeschichte gefällt ihr nicht, die Delle im Busen gefällt ihr nicht.

Ich bin sauer, weil sie mich nicht mal fragt, wie viel Alkohol

OKTOBER

ich trinke. Das Einzige an dieser Untersuchung, worauf ich mich gefreut hatte, war die Antwort, die ich darauf hätte geben können: *Nichts. Keinen Tropfen.*

»Die meisten Knoten in der Brust sind gutartig, oder?«, frage ich als Stichwort für sie.

Doch sie macht nur »Hmmm«, vermeidet es, mich direkt anzusehen, und tippt weiter auf ihrer Tastatur herum. »Ich lasse Ihnen einen Notfalltermin geben.«

»Und wann ist der?«, frage ich und mir wird ganz übel.

»In drei Wochen«, antwortet sie. IN DREI WOCHEN? SOLL DAS EIN WITZ SEIN? HAT SIE NICHT GESAGT, ES WÄRE EIN NOTFALL?

Meine mir zustehenden zehn Minuten sind um, und im Hinausgehen umklammere ich den Begleitbrief, der Beschreibungen wie »zerklüftet« und »verwachsen« enthält (keine guten Adjektive laut meinen Internetrecherchen). Ich fühle mich, als hätte mich ein Bus angefahren.

Als ich nach Hause komme, schütte ich mein Herz in meinem Blog aus. Ein paar Stunden später klingelt das Telefon. Es ist meine Freundin Sam. Ich habe sie seit dem Mittagessen, bei dem ich meine ersten 100 Tage gefeiert habe, nicht mehr gesehen. Mir kommt es vor, als wären seitdem Ewigkeiten vergangen. Mit aller Kraft zwinge ich mich dazu, heiter zu klingen.

»Hallo, meine Schöne! Wie geht es dir?«, zwitschere ich wie eine aufgekratzte Talkshow-Gastgeberin, die verzweifelt versucht, ihre schlechte Quote anzuheben.

Sie redet nicht lange um den heißen Brei herum. »Clare, du weißt doch, dass ich dich mit meiner Freundin Jenny in Kontakt gebracht habe, die Hilfe bei ihrem Entzug brauchte? Also, sie hat mich angerufen, nachdem sie heute Morgen deinen Blog gelesen hat. Ich weiß, was los ist, und ich möchte dir gerne helfen.«

Ich fange an zu schluchzen.

»Ich telefoniere jetzt ein bisschen herum und dann rufe ich dich zurück.«

Und wisst ihr was? Ein paar Stunden später hat sie mir einen Termin bei einem der besten Brustkrebsspezialisten Londons verschafft, den, wie sich herausstellt, Johns betriebliche Krankenversicherung zahlen wird. Und zwar schon morgen.

»Alles wird gut«, verspricht sie. Und vielleicht hat sie recht. Aber wenn, dann wird es eine Weile dauern. Ich bin meiner tollen Freundin so unendlich dankbar, die mich nicht nur angerufen hat, um mir ihr Mitgefühl auszudrücken, sondern die ganz konkret etwas unglaublich Hilfreiches für mich getan hat, und ich bin so dankbar für meinen Blog, der dafür gesorgt hat, dass mein stummer Hilfeschrei Gehör fand.

OKTOBER

| TAG | 232 |

DIE KREBSKLINIK

Falls ihr jemals das Pech haben solltet, an Brustkrebs zu erkranken, dann versucht es möglichst nicht in den Ferien zu tun, wenn die Kinder zu Hause sind und sich fragen, wo zum Teufel Mama steckt. Außerdem würde ich euch raten, die Brustkrebswoche zu vermeiden.

Nun ist die Brustkrebswoche natürlich eine sehr gute Sache, außer wenn man, wie in meinem Fall, verzweifelt versucht, *nicht* an Brustkrebs zu denken. Mein Bewusstsein für Brustkrebs braucht nicht geweckt zu werden! Ich bin mir seiner Existenz schmerzlich bewusst! Ich will eure blöden rosa Schleifen und eure fröhlichen rosa Ballons nicht auf Schritt und Tritt sehen, und ich will auch nicht in jeder Zeitschrift, die ich zur Hand nehme, Artikel über »meine Brustkrebshölle« lesen, wenn ich gerade versuche, mich von diesem verflixten Thema abzulenken. Grrrr!

Meine wunderbare Mutter passt zu Hause auf die Kinder auf, während John und ich zur Krebsklinik fahren, was bedeutet, dass ich ihr von dem Knoten erzählen musste, sodass sie jetzt ihre Schwester und ihre Tochter unterstützt.

Im Wartezimmer lenke ich mich damit ab, dass ich mir meine Mitpatientinnen ansehe. Eine trägt einen fröhlichen Turban. Sie hat weder Augenbrauen noch Wimpern. Eine andere hat sehr kurzes, lockiges Haar. Außerdem sitzen zwei unglaublich schick gekleidete Ladys dabei, die in Zeitschriften blättern und aussehen, als wären sie gerade in der Mittagspause zu einem routi-

DIE KREBSKLINIK

nemäßigen, unstressigen Tittencheck erschienen, sowie zwei Frauen, die, genau wie ich, unverhohlen verängstigt wirken.

An den Wänden der Klinik hängen Bilder mit beruhigenden Szenen. Das regt mich noch mehr auf! Glauben die wirklich, dass eine Krebsdiagnose irgendwie dadurch besser wird, dass man einen Wasserfall anschaut?

»Clare Pooley«, ruft mich die Empfangsdame auf. Jetzt wird's ernst.

Wir werden ins Büro von Mr Big gebeten. Er hat schon Hunderttausende verdächtiger Brüste untersucht. Es heißt, er sei ein Genie. Er verkündet, er wolle zunächst eine kurze Untersuchung durchführen und anschließend einen Ultraschall, eine Mammografie, und, wenn nötig, eine Biopsie durchführen lassen. Bevor wir heute die Klinik verlassen, werden wir im Großen und Ganzen wissen, womit wir es zu tun haben.

Ich trete hinter einen Vorhang, um mich auszuziehen, während John, Mr Big und die Arzthelferin warten, und dann tastet der Arzt mich ab. Ich sage mir, dass ich in den besten Händen bin. Buchstäblich. Ich erwarte zu diesem Zeitpunkt noch keine Prognose, schließlich warten noch die Mammografie und der Ultraschall, daher haut es mich regelrecht um, als der Arzt nach wenigen Sekunden, so als hätte er alle Zahlen beim Bingo, verkündet: »Es ist Brustkrebs.«

Scheiße!

Ich nehme an, er hat keine Zeit für Feingefühl. Seine Assistentin ist offenbar an solche Situationen gewöhnt, da sie mitleidig mit einer Schachtel Taschentücher herbeischnellt. Aber ich weine nicht. Dafür bin ich zu erschüttert. Ich fühle mich wie betäubt.

John und ich kehren ins Wartezimmer zurück. Ich sage nichts, sondern starre nur die bescheuerten Bilder mit den Stränden und Sonnenuntergängen an. John liest Zeitung. Kein Scherz! Er blättert um und so. Ich hätte ihn am liebsten angeschrien: »Macht es

OKTOBER

dir denn gar nichts aus, dass deine Ehefrau und die Mutter deiner Kinder vielleicht sterben muss?!? Warum heulst und schreist du nicht und verfluchst Gott?« Doch dafür bin ich viel zu britisch und weiß außerdem, dass er mich von ganzem Herzen liebt und dass das nur seine Art ist, mit der Situation umzugehen. Aber in dem Moment bin ich trotzdem stinksauer auf ihn!

Der Arzt hat mit nur wenigen Worten alles aus mir herausgesaugt und nur ein Vakuum hinterlassen. Alle Gedanken, die mir normalerweise im Kopf herumgehen, sind weg. *(Braucht Maddie neue Schulschuhe? Was soll ich heute Abend kochen? Brexit! Habe ich die Gasrechnung bezahlt?)* Nur ich und mein bösartiger Tumor sind zurückgeblieben. Werden die Gedanken wiederkommen, oder wird mein Tumor einfach immer weiterwachsen und irgendwann alles mit seiner bösartigen Masse ausfüllen?

Ich gehe zur Mammografie, wo meine Brüste eine nach der anderen in eine Maschine gequetscht werden, die einem riesigen Sandwichtoaster ähnelt. Ich werde nie wieder Käsetoast machen können. Dann erhalte ich einen Ultraschall, was mich an die Schwangerschaftsuntersuchungen erinnert, nur ohne die dazugehörige Freude. Zuletzt sticht man mir mit einer Riesennadel in die Brust, um einige Zellen für die Biopsie zu entnehmen.

Als ich am anderen Ende des Fließbands runterfalle, werde ich noch einmal zu Mr Big gerufen, der mir mitteilt, dass seine Erstdiagnose selbstverständlich absolut korrekt war. (Ist er nicht schlau?) Ich habe Brustkrebs. Soweit man bisher feststellen kann, in einem frühen Stadium.

Die Arzthelferin übernimmt mit viel Empathie und beruhigenden Statistiken. *Zehn Jahre nach der Diagnose leben noch 80 Prozent der Brustkrebspatientinnen. Bisher gibt es keine Anzeichen dafür, dass der Krebs in die Lymphknoten gestreut hat. Ihnen muss höchstwahrscheinlich nicht die Brust abgenommen werden. Nur der Knoten muss entfernt werden. Bei der Chemotherapie ver-*

DIE KREBSKLINIK

wenden wir eine Kältehaube für die Haare, damit sie nicht ausfallen. Haben Sie irgendwelche Fragen? Ja! Hunderte!

»Nein«, antworte ich.

»In ein paar Tagen müssen Sie noch einmal vorbeikommen, damit wir die Ergebnisse der Biopsie mit Ihnen besprechen und einen detaillierten Behandlungsplan ausarbeiten können. Und jetzt fahren Sie erst mal nach Hause und trinken einen großen Schnaps.«

Sehr witzig!

Ich weiß nicht mehr, wie wir nach Hause gekommen sind. Keine Ahnung. Ich weiß nur noch, dass ich meiner armen Mutter zu erklären versuchte, dass alles nicht in Ordnung ist, während ich gleichzeitig den Kindern versicherte, alles sei absolut in Ordnung und Papa und ich hätten sehr viel Spaß gehabt bei unserem gemeinsamen Ausflug mitten in der Woche.

Sobald wie möglich ziehe ich mich mit dem Laptop zurück und logge mich in meinem Blog ein. Ich habe an die fünfzig Nachrichten von wunderbaren Frauen aus aller Welt erhalten, die sich nach mir erkundigen und auf die Nachricht warten, dass es sich wie erwartet um eine Zyste, eine Fettgeschwulst oder irgendetwas anderes Gutartiges gehandelt habe. Ich teile ihnen mit, dass das nicht der Fall ist, aber ich füge auch hinzu, dass ich keinerlei Verlangen danach habe, zu trinken. Das Einzige, was in meiner Vorstellung noch schlimmer ist als eine Krebsdiagnose, ist eine Krebsdiagnose, wenn man verkatert ist, und viel schlimmer als eine schlaflose Nacht vor meinem nächsten Termin wäre eine schlaflose Nacht mit Alkoholschrecken.

Es gibt nichts Effektiveres als eine Krebsdiagnose, um seiner eigenen Sterblichkeit ins Auge zu blicken und um sich klarzumachen, dass man keine einzige Minute seines Lebens mehr mit Alkohol ausradieren und keinen einzigen Morgen mehr mit Katerbeschwerden verschwenden möchte. Ich bin sicher, dass ich nur aus einem Grund (relativ) gefasst reagiere, nämlich, weil ich nüchtern bin.

Um mich und meine Follower aufzuheitern, erstelle ich eine Liste mit sieben Gründen für eine positive Einstellung:

- Ich werde von einem der besten Brustkrebsspezialisten in ganz Großbritannien behandelt.
- Laut Meinung des Arztes befindet sich der Tumor noch in Stadium I (oder im frühen Stadium II, da er mit ungefähr zwei Zentimetern genau an der Grenze liegt), was bedeutet, dass er aller Wahrscheinlichkeit nach heilbar ist.
- Zur besten Brustkrebsprophylaxe (oder in meinem Fall der Prophylaxe gegen ein Rezidiv) gehört, keinen Alkohol zu trinken. Den Punkt habe ich abgehakt.
- Wenn mich das nächste Mal jemand löchert, warum ich nichts trinke, kann ich antworten: *Weil sich Alkohol nicht gut mit Chemotherapie verträgt*, was demjenigen ein für alle Mal das Maul stopfen wird.
- Bei einer Krebsbehandlung wird empfohlen, sie von einem Tag auf den anderen anzugehen. In kleinen Schritten. Im Hier und Jetzt zu bleiben und nicht nach vorn zu schauen. Sich mit seinen Gefühlen auseinanderzusetzen. Und in alldem bin ich in den letzten (beinahe) acht Monaten zur Expertin geworden.
- Wie könnte ich meine Tante während ihrer Krebsbehandlung besser unterstützen, als mich ihr anzuschließen?
- Ich kann auf die Unterstützung einer großartigen Familie und die konstante Ablenkung durch drei wunderbare Kinder zählen, die mich immer irgendwie zum Lächeln bringen.

Ich sage meinen Leserinnen und Lesern also, dass sie mich bitte

DIE KREBSKLINIK

nicht bemitleiden sollen, sondern mir stattdessen einen Gefallen tun und daran denken sollen: *Wenn Clare nüchtern bleiben kann, während ein Teil ihrer Brust rausgeschnitten und danach der Rest radioaktiv bestrahlt und mit Gift getränkt wird, dann kann ich das verdammt nochmal auch.* (Und vergesst nicht, eure Brüste regelmäßig abzutasten. Die schnelle Untersuchung, nachdem ich von der Diagnose meiner Tante gehört hatte, hat mir wahrscheinlich das Leben gerettet.)

Nachdem ich mich gezwungen habe, in meinem Blog optimistisch zu klingen, und ich daraufhin eine Welle der Liebe und Unterstützung erhalte, die mich wie eine riesige virtuelle Umarmung umhüllt, sieht die Welt gleich ganz anders aus.

Draußen höre ich eiskalten Wind stürmen. Die Temperatur scheint in den letzten paar Tagen um mehrere Grade gefallen zu sein. Der Winter kommt.

OKTOBER

| TAG | 234 |

OFFENHEIT

Ich habe bisher nur wenigen Leuten erzählt, dass ich vor sieben Monaten aufgehört habe zu trinken. Wenn man aufhört zu rauchen, posaunt man es von den Dächern, erhält Glückwünsche von allen Seiten und gilt als Heldin. Hört man jedoch auf zu trinken, wird man scheel angesehen und wie eine Aussätzige behandelt.

Jedoch habe ich festgestellt, dass Brustkrebs im Verhältnis wesentlich mehr Sympathien weckt (wenn er schon sonst zu nichts nütze ist). Obwohl Krebs nichts ist, wofür man sich bewusst entscheidet, wird man bei einer Erkrankung automatisch als tapfer und mutig eingeordnet. Welche Ironie, da ich in Wirklichkeit eine Heidenangst habe und den Schwanz einkneifen und den Rückzug antreten würde, wenn es nur möglich wäre.

Ich habe nur einer Handvoll naher Freunde und Verwandten persönlich von der Diagnose erzählt, denn ich könnte es nicht ertragen, eine solche Unterhaltung immer wieder führen zu müssen; das mag niemand. Zugleich will ich aber auch nicht, dass die Buschtrommeln die Nachricht verbreiten, auf dem Schulhof über mich geflüstert wird und mich die Leute meiden, weil sie nicht wissen, ob ich weiß, dass sie es wissen.

Deswegen entscheide ich mich für eine Rundmail. Den Ton halte ich nüchtern und locker. Ich berichte offen, was los ist, und bitte alle Empfänger, sich weiterhin den Kindern gegenüber (die zu diesem Zeitpunkt noch überhaupt nicht wissen, was vor sich

OFFENHEIT

geht) positiv und normal zu verhalten. Ich schicke die Mail an meinen Freundes- und Bekanntenkreis, die Klassenlehrer der Kinder und die Mütter ihrer Schulfreundinnen und -freunde. Dann fällt mir ein, dass ich die Situation doch auch ausnutzen könnte, wenn ich schon damit umgehen muss. Gestern habe ich einen Strafzettel wegen Falschparkens bekommen, und gegen Parkknöllchen wehre ich mich schon aus Prinzip. Ich bin selten im Recht, aber sei's drum. Also setze ich mich hin und schreibe einen Brief an das zuständige Straßenverkehrsamt:

Betrifft: Bußgeld wegen Falschparkens

Sehr geehrte Damen und Herren,

hiermit entschuldige ich mich dafür, dass ich versehentlich mein Auto auf einem Parkplatz abgestellt habe, auf dem vorübergehend Halteverbot galt. Ich habe das Datum auf dem Schild falsch interpretiert. Es war ausschließlich mein Fehler und es tut mir leid, dass ich Ihren Mitarbeitern Unannehmlichkeiten verursacht habe, indem sie mein Auto zum angrenzenden Parkplatz schleppen mussten.
Der Grund für meinen Irrtum war jedoch, dass ich unmittelbar zuvor eine Krebsdiagnose erhalten hatte und nicht klar denken konnte. Mir ist klar, dass Sie aus diesem Grund nicht von einem Bußgeld absehen können, aber wenn Sie es dennoch könnten, würde dies meinen Glauben an die Menschheit wiederherstellen.
Sollten Sie meine Begründung überprüfen wollen, können Sie Mr Big in der Londoner Brustkrebsklinik anrufen.
Geben Sie sich einen Ruck und heitern Sie mich auf! Ich könnte ein paar gute Nachrichten brauchen.

Mit freundlichen Grüßen
Clare Pooley

OKTOBER

Einmal in Fahrt, öffne ich eine E-Mail von der Eltern-Lehrer-Initiative, in der ich gefragt werde, ob ich bei der Weihnachtsfeier in der Schule einen Stand übernehmen würde. Ich tue das jedes Jahr. Ich habe schon Hot Dogs verkauft, die Tombola geleitet, Bücher angeboten, den Weihnachtsmann begleitet usw. Es ist eine Menge Arbeit, und jedes Jahr denke ich: Vielleicht könnte das dieses Jahr jemand anders übernehmen. Deswegen sende ich folgende Antwort:

Vielen Dank für eure E-Mail. Ich würde sehr gerne mithelfen, aber leider bin ich im Moment ein wenig überlastet, da ich an Brustkrebs erkrankt bin. Ich hoffe auf Euer Verständnis und wünsche Euch viel Glück mit der Feier.

Hinter jeder Wolke verbirgt sich ein Silberstreif am Horizont.

TAG 235

MRT

Zwei Tage nach der Brustkrebsdiagnose beginne ich allmählich, ihre Bedeutung zu realisieren. Um mich abzulenken, gehe ich mit Evie zum Shoppen auf die King's Road. Ich halte mich wacker, bis wir an einem meiner Lieblingsläden vorbeikommen. Es ist ein Stiefelladen, den es an die dreißig Jahren lang gegeben hat. Er hatte immer umwerfende Cowboystiefel im Fenster und nennt sich – wie witzig – R. Soles. (Sprecht das mal laut aus.) Aber jetzt ist R. Soles weg. Geschlossen. Urplötzlich überkommt mich tiefe Traurigkeit. Evie (die bisher noch nichts von dem Krebs weiß) versteht nicht, warum ich mitten auf der Straße wegen eines geschlossenen Stiefelladens in Tränen ausbreche. Es ist ihr wahnsinnig peinlich. (Mit elf befürchtet man nichts mehr, als dass eine Freundin vorbeikommen könnte, wenn die eigene Mutter gerade auf einer belebten Straße in Chelsea einen Nervenzusammenbruch hat, und den vernichtenden Beweis auf Instagram postet.) Aber natürlich geht es nicht um die Stiefel.

Ich muss noch einmal in die Klinik, weil ein MRT gemacht werden soll. Doch so einfach ist das nicht, denn ich muss erst jemanden finden, der auf Evie, Kit und Maddie aufpasst, die immer noch Ferien haben. John hat sich einen halben Tag freigenommen, um zu Hause die Stellung zu halten, aber das bedeutet, dass ich allein ins Krankenhaus fahren muss.

Ich ahne, dass ich in den nächsten Monaten noch mehr jonglieren, um Gefallen bitten und die armen Kinder von einer

OKTOBER

Hand in die andere reichen muss als sonst, obwohl sie doch nichts anderes wollen, als dass ihre Mummy wie immer zu Hause ist und sich normal verhält.

Für das MRT muss ich mich im Grunde nur auf den Bauch legen, die Brüste in zwei großen Kübeln (gemacht für besser ausgestattete Damen als ich), und dann werde ich in einen Röhre geschoben, die aus *Star Trek* stammen könnte. Eine Dreiviertelstunde lang muss ich reglos liegen bleiben. Daher schließe ich die Augen und versuche zu schlafen, aber das Gerät ist so laut, dass man genauso gut versuchen könnte, mitten auf der Autobahn oder einer Baustelle ein Nickerchen zu halten.

Als ich mit der U-Bahn nach Hause fahre, überspült mich eine riesige Welle allgemeiner Niedergeschlagenheit. Werde ich das Ende von *Game of Thrones* noch erleben? Ich fühle mich wie ein Furzkissen ohne Furz. Stille Tränen laufen mir übers Gesicht. Diese Art von Benehmen in dem Land, das die stiff upper lip erfunden hat, ist grundsätzlich inakzeptabel und es besteht die Gefahr, dass man dafür verhaftet oder geviertelt wird. Glücklicherweise gilt in der U-Bahn der Verhaltenscodex: *Ignoriere alles und jeden. Tue so, als hättest du es nicht gesehen* (was immer »es« ist).

(Einmal habe ich in der U-Bahn einen Mann in Nadelstreifenanzug, teuren, auf Hochglanz polierten Halbschuhen und mit einem ledernen Aktenkoffer mitten zur Rushhour gesehen. Offenbar war er am Abend zuvor über die Stränge geschlagen, denn plötzlich wurde er ganz grün im Gesicht. Seine Sitznachbarn wirkten beunruhigt. Irgendwann legte er seinen Aktenkoffer auf den Schoß, öffnete ihn, kotzte rein, schloss ihn wieder und tat dann, als sei alles normal. Niemand sagte ein Wort.)

Und hier sitze ich also, heule in der U-Bahn und werde ebenso ignoriert wie der kotzende Banker, und die Weinhexe hat ihren großen Tag: *Niemand würde dich verurteilen, wenn du ein Glas*

MRT

trinken würdest! Es ist medizinisch notwendig, verdammt noch mal! Als du aufgehört hast, hast du doch nicht damit gerechnet ...

Ich brauche unbedingt, unbedingt etwas zu trinken. Ich muss meine Nerven beruhigen. Ich muss mich für eine Weile ausklinken. Ich muss mich verwöhnen, und da ich vollkommen den Appetit verloren habe, erfüllt Schokoladenkuchen einfach nicht mehr seinen Zweck. Doch zugleich weiß ich, dass ich Alkohol gebrauchen kann wie Zahnschmerzen. Denn nur ein Glas würde nicht mal ansatzweise helfen. Es müsste schon eine ganze Flasche sein. Und dann würde es wieder jeden Tag eine ganze Flasche werden, bis das alles vorbei ist, was – selbst im besten Falle – noch monatelang dauern kann.

Und es gibt nichts, was Brustkrebs mehr fördert als Alkohol ...

Daher wende ich einen Trick aus den frühen Tagen des Entzugs an. Ich nehme ein warmes Bad und gehe früh zu Bett, mit einem heißen Kakao und einem leichten Roman. Doch nachdem ich monatelang wie ein Stein geschlafen habe, kehrt jetzt eine alte Bekannte wieder: die Schlaflosigkeit um drei Uhr morgens.

Stundenlang lag ich wach und dachte über meinen Termin mit Mr Big wegen der MRT- und Biopsie-Ergebnisse am nächsten Tag nach. Ich will einfach nicht, dass ich noch Schlimmeres zu hören bekomme. Das MRT wurde gemacht, um weitere Tumore in den Brüsten erkennen zu können, und die Biopsie könnte eine schrecklich aggressive Form des Krebses enthüllen, bei der er sich wie verrückt vermehrt und streut. Ich besuche einige Brustkrebsunterstützungsforen, die mich bald darauf davon überzeugt haben, dass ich sterben und meine Kinder mutterlos zurücklassen werde.

Ich stelle fest, dass Internetrecherche jetzt keine gute Idee ist, und checke stattdessen mein SoberMummy-E-Mail-Postfach. Ich habe jede Menge unglaublicher E-Mails erhalten, in denen mir

OKTOBER

Liebe und Unterstützung zugesichert und viel Glück gewünscht wird. Dann finde ich eine E-Mail von Elizabeth. Elizabeth hat mir vor ein paar Wochen Folgendes geschrieben: *Ich trinke jeden Abend eine Flasche Rotwein mit 12,5 Prozent Alkohol und wünschte so sehr, zu den normalen Leuten zu gehören, die nur ein Glas zum Essen trinken. Aber für mich gilt immer: Alles oder nichts. Als ich noch geraucht habe, waren es dreißig Zigaretten pro Tag. Inzwischen habe ich seit elf Jahren keine Zigarette mehr angerührt, aber dafür eine Vorliebe für Rotwein entwickelt. Eines Tages werde ich aufhören, und ich lese jeden Tag deinen Blog. Also, bitte hör du nicht auf zu bloggen, denn irgendwann werde ich es schaffen.*

Jetzt ist eine neue E-Mail von ihr eingetroffen. Ich öffne sie und fange an zu lesen:

Ich habe gerade deinen Blog von heute gelesen und es tut mir wahnsinnig leid für dich. Ich weiß genau, was du durchmachst. Ich habe mit 42 einen Knoten entdeckt, vor 16 Jahren, und es stellte sich heraus, dass es Krebs war. Heute kann ich dir sagen, dass das Warten viel schlimmer ist als alles, was dir danach bevorsteht. Die Ungewissheit, die schrecklichen Szenarien, die sich jede Sekunde des Tages in deinem Kopf abspielen, übersteigen bei Weitem die Schrecken der Behandlung. Ich weiß nicht, was ich sonst noch sagen soll, denn was immer ich sagen könnte, würde dir nicht helfen, während du dich in diesem furchtbaren Nebel des Zweifels befindest. Ich kann dir nur die Wahrheit sagen. Du wirst wieder gesund werden. Ich weiß das, denn ich bin (A) selbst betroffen gewesen und (B) Krankenschwester: –)

Ich bin nur eine von vielen, die an dich denkt, denn du hast so viel für andere Menschen getan. Wenn irgendjemand Glück verdient hat, dann du. Halte an deinen Träumen fest, denn es gibt eine Zukunft für dich und deine wunderbare Familie und das ist nur ein Tiefpunkt in dieser wunderbaren Zukunft.

Diese unglaublichen Worte von einer Frau, die ich nie kennengelernt habe, bedeuten mir mehr, als ich zu sagen vermag.

| TAG | 237 |

»MUMMY HAT KREBS«

So sieht es also aus: Ich habe ein 22 mm großes, modular invasives Karzinom, Stadium II. Gott sei Dank habe ich nur einen Tumor – die rechte Brust ist nicht betroffen und es wurden keine weiteren Knoten in der linken gefunden. Ein Tumor in Stadium II wächst zwar nicht so langsam wie in Stadium I, ist aber bei Weitem nicht so schlimm wie das schreckliche Stadium III. Ich bin also HER2 negativ und ER und PR positiv, was bedeutet, dass ich mit dem Wundermittel Tamoxifen behandelt werden kann. Der Knoten wird in einer Woche entfernt werden und kurz darauf (sobald die Ergebnisse der Biopsien des Knotens und der Wächterknoten da sind) habe ich Termine, um über Chemotherapie und Bestrahlung zu sprechen.

Soweit man bisher feststellen kann, hat der Krebs nicht gestreut. Hätten sich Fernmetastasen in anderen Körperbereichen als der Brust und den Lymphknoten angesiedelt, wäre es sekundärer Brustkrebs oder Brustkrebs im Stadium IV, und damit wäre ich geliefert. Diese Form ist unheilbar. Am Montag erhalte ich ein CT, »nur um ganz sicherzugehen«.

Heute habe ich also mal keine Untersuchung, aber trotzdem steht mir eine schwere Aufgabe bevor. Die mitfühlende Arzthelferin in der Brustkrebsklinik hat uns dringend geraten, den Kindern zu sagen, dass ich Brustkrebs habe. Ansonsten, meint sie, würden sie zwangsläufig irgendwann ein Gespräch aufschnappen und Ängste entwickeln. Wenn wir ihnen gegenüber nicht

OKTOBER

von Anfang an offen und ehrlich gegenüberträten, würden sie die ganze Zeit befürchten, wir könnten ihnen etwas verschweigen.

Heute muss ich mit Evie zum Kieferorthopäden, weil sie vielleicht eine Klammer braucht, und ich habe versprochen, es ihr zu sagen und es John überlassen, mit Kit und Maddie zu reden (die mit ihren sechs und acht Jahren nicht so viele Informationen brauchen).

Irgendwie überstehe ich den Termin bei der Kieferorthopädin. Wir erhalten alle möglichen detaillierten Informationen über Optionen, Zeitabläufe, Kosten und nächste Schritte – inklusive spezieller Röntgenaufnahmen. Ich nicke dazu wie die strukturierte, effiziente Mutter, die ich bin, und bekomme doch rein gar nichts mit. Ich habe buchstäblich keine Ahnung, was die Frau gerade gesagt hat. Innerlich mache ich mir eine Notiz, in ein paar Monaten einen Termin bei einem anderen Kieferorthopäden zu vereinbaren.

Als wir auf dem Weg nach Hause den Park durchqueren, plaudert Evie munter über die Schule. Ich warte eine Pause ab, damit ich mir ein Herz fassen kann.

»Ich muss dir etwas Lustiges erzählen!«, sagt sie. »Unsere Kochlehrerin ist lesbisch.« Ich bin begeistert, dass eine Nachricht, die in meiner Kindheit ein absoluter Skandal gewesen wäre, heute als komisch betrachtet wird.

»Freut mich für sie«, erwidere ich. Dann hole ich tief Luft und beginne: »Evie, du weißt doch, dass ich in letzter Zeit oft beim Arzt war und Termine hatte? Also, es ist herausgekommen, dass ich einen kleinen Knoten in der Brust habe, und es ist Krebs. Du hast ja schon von Krebs gehört und ich weiß, dass das sehr schlimm klingt, aber du solltest wissen, dass es mit Krebs so ähnlich ist wie mit einem Virus. Ein Virus kann alles Mögliche auslösen, von einer Erkältung bis zu Ebola, und Krebs kann ebenso gut leicht heilbar wie sehr schlimm sein. Gott sei Dank ist meiner keiner von der schlimmen Sorte. Gegen Brustkrebs kann man heutzutage etwas tun, und ich habe die besten Ärzte und die beste medizinische Versorgung. Alles wird gut.«

»Du wirst also nicht sterben?«, fragt Evie ungewöhnlich kleinlaut.

»Hahahaha. Nein, natürlich nicht! Ich kann doch unmöglich sterben und euch der Obhut eures Vaters überlassen. Du machst wohl Witze! Weißt du noch, wie wir mal an der Passkontrolle angehalten wurden und dein Vater gefragt wurde, wann Kit Geburtstag hat, nur um zu überprüfen, ob wir nicht mit falschen Pässen reisten, und Dad konnte sich nicht an das Datum erinnern? Nein, ich bleibe natürlich bei euch!«

Und dabei denke ich: *Bitte, bitte, lieber Gott, lass das keine Lüge sein.*

»Wir haben schon so was geahnt«, sagt Evie, die ein kluges Mädchen ist. »Kit, Maddie und ich haben darüber geredet. Wir dachten schon, du würdest wieder ein Baby bekommen, und haben uns überlegt, wie wir es nennen würden. Ich war für Willow.«

Ach, herrjeh! Ich freue mich zwar nicht gerade über die Sache mit dem Krebs, aber wenigstens hat er nicht zur Folge, dass ich wieder Windeln wechseln und stillen muss. Geschweige denn, dass ich mein Kind Willow nennen muss.

»Und, wie ist es hier gelaufen?«, frage ich John, als wir nach Hause kommen.

»Überraschend gut«, antwortet er. »Kit will wissen, ob es ganz doll bluten wird, und Maddie hat gefragt, ob wir den Knoten in einem Marmeladenglas auf den Kaminsims stellen könnten.«

Die Kinder schlafen, und ich tue etwas, was niemals zu tun ich geschworen habe und niemals wieder zu tun ich hiermit schwöre.

OKTOBER

Ich schleiche in Evies Zimmer und hole ihr Tagebuch. Ich will nur wissen, wie sie die Nachricht wirklich aufgenommen hat. Ich schlage den letzten Eintrag auf. *Mummy hat Brustkrebs*, hat sie geschrieben, *aber sie hat tolle Ärzte und wird nicht sterben, also ist alles in Ordnung.*

Puh! Geschafft.

DEALS MIT DEM UNIVERSUM

Heute hatte ich meine PET (Positronen-Emissions-Tomografie). Bei der Untersuchung wird ein radioaktives Medikament injiziert. Tumore und Metastasen werden als leuchtende Flecke sichtbar.

Mein Arzt ist umwerfend. Ich versuche, nicht mit ihm zu flirten, denn es muss eine traumatische Erfahrung sein, wenn eine zwanzig Jahre ältere Frau in einem Krankenhausnachthemd und Latschen und mit (mindestens einem) Krebstumor im Leib mit einem zu flirten versucht. Nach der Untersuchung übergibt er mir eine CD-ROM.

»Geben Sie diese morgen Ihrem behandelnden Arzt«, sagt er, »und alles Gute für Sie!«

Ich weiß, dass er es weiß. Er hat in meinen Körper hineingeschaut. Verzweifelt versuche ich, seinen Gesichtsausdruck zu interpretieren. Was sehe ich? Erleichterung? Mitleid? Entsetzen? Bin ich verflucht? Neuerdings fürchte ich das Adjektiv »verflucht«. Es ist mein neues Hasswort, schlimmer noch als »Zwickel«.

»Vergessen Sie nicht, dass Sie in den nächsten paar Stunden radioaktiv sind, also gehen Sie nicht in die Nähe von Kindern. Oder Haustieren.«

Als ich nach Hause komme, fühle ich mich wie eine Unheilsbotin und muss drei erschrockenen Kindern – und einem irritierten Hund – erklären, dass wir heute Abend nicht schmusen können.

OKTOBER

Ich gehe zu Bett, und genau wie ich als Kind versprach, meinen Rosenkohl aufzuessen, wenn der Weihnachtsmann mir eine Sindy-Puppe oder eine Girl's World bringen würde, schließe ich einen Pakt mit dem Universum.

Liebes Universum,
  wenn ich morgen erfahre, dass mein Krebs lokal begrenzt ist und nicht gestreut hat, verspreche ich:
  Niemals andere wegen ihres Lebens oder ihres Besitzes zu beneiden. Ich werde immer daran denken, dass Liebe, Familie und Gesundheit die einzig wahren und wichtigen Dinge im Leben sind und dass man, wenn man sie hat, gesegnet ist.
  Ich werde jeden Tag und jeden Moment, so gut ich kann, nutzen.
  Ich werde jede Gutenachtgeschichte, jede Umarmung, jedes gemeinsame Familienessen, jeden Witz zu schätzen wissen – all diese kleinen Momente, die das Leben zu etwas Besonderem machen.
  Ich will eine Mutter, Ehefrau und Freundin sein, auf die sich andere in einer Krise verlassen können und an die sie sich zuerst wenden. Ich will für meine Lieben der Fels in der Brandung sein, wenn sie einen brauchen, so wie es andere für mich gewesen sind. Und ich werde meinen Kindern helfen, zu starken und klugen Erwachsenen zu werden, sodass sie auf sich selbst aufpassen können, wenn ich nicht mehr da bin.
  Ich werde meinen Körper pflegen und ihn respektieren. Unsere Körper sind unglaubliche Mechanismen, aber sie brauchen uns, um sie zu erhalten. Ich werde niemals wieder meinen Körper mit Toxinen und Giften vollpumpen (Schokolade ist okay, und ich werde nicht auf einmal Rezepte für Grünkohl-Smoothies posten).
  Die meiste Zeit meines Lebens war ich auf mich konzentriert. Durch meinen Blog und willkürliche Akte der Freundlichkeit werde ich sichergehen, dass ich jeden Tag etwas für andere tue.

Aber wenn der Krebs gestreut hat und man mir rät, meine Angelegenheiten in Ordnung zu bringen, dann gilt der Pakt nicht mehr, Universum. Ich werde fluchend aus der Gosse zu dir hinaufschauen, eine leere Wodkaflasche in der Hand.

War nur ein Scherz.

Es muntert mich auf, als ich feststelle, dass jemand meinen Blog gefunden hat, indem er bei Google »echte Mummy Riesentitten« eingab. Ich kann mir nicht vorstellen, dass mein Blog das ist, was er gesucht hat. Dann stoße ich auf diesen Kommentar von einer Frau in Amerika:

Ich denke jeden Tag an dich. Ich wollte dir nur sagen, dass wir am Sonntag in unserer Kirche für deine Heilung gebetet haben, und ich rede hier nicht von ein paar verstaubten Kirchenbänken mit einer Handvoll alter Leutchen (nichts gegen ältere Menschen!). Unser Gottesdienst hatte über 200 Besucher, also mach dich auf etwas gefasst, denn ich glaube, es wird Gutes geschehen. Halte durch! Jill.

Ich bin überwältigt.

OKTOBER

DANKE!

Wenn mir irgendjemand vor zwei Wochen prophezeit hätte, dass ich dankbar dafür sein würde, einen Krebstumor zu haben, hätte ich denjenigen für verrückt erklärt, aber jetzt denke ich gerade ... Halleluja! Es ist nur ein bösartiger Brustkrebstumor! Die Untersuchungen haben ansonsten nichts ergeben. Der Krebs hat nicht gestreut. Er hockt faul herum, ganz allein für sich im unteren linken Quadranten der linken Brust. Und ab Freitag wird er weg sein. Ab ins Labor in einem Glas. Und ich kann mit der Chemo weitermachen (falls ich sie brauche) und alle Reste mit der Bestrahlung wegblitzen.

Da ich kein Glas Champagner zur Feier des Tages trinken kann, habe ich zwei Schachteln Erfrischungsstäbchen gekauft, eins mit Orangen-, eins mit Pfefferminzgeschmack, und die esse ich jetzt, bis mir schlecht wird.

LEBE WOHL, TREUE FREUNDIN

Ich fühle mich heute Abend ein bisschen weinerlich, während ich mich darauf vorbereite, einem ziemlich großen Stück meiner linken Brust Lebewohl zu sagen. Ich bin erschöpft, und da Halloween ist, zieht John mit den Kindern um die Häuser und spielt »Süßes oder Saures«. Als ich meiner kleinen Hexe, meinem Kürbis und meinem bösen Wissenschaftler zum Abschied zuwinke, verspreche ich, in Türnähe zu bleiben und Süßigkeiten an die Kinder zu verteilen. Doch sobald der Trupp um die Ecke ist, schalte ich alle Lichter aus, verkrieche mich ins Bett und ignoriere sämtliche Dämonen draußen, während ich mit denen in meinem Kopf kämpfe.

Meine Brüste haben durch dick und dünn zu mir gehalten. Frisch und fröhlich sind sie ins Leben gestartet – genau wie ich. Partynudeln, genau wie ich. Dann haben das Leben und drei Kinder sie ein bisschen gebeutelt. Sie sind jetzt etwas älter und schlaffer, aber immer noch in der Lage, mit entsprechender Drahtbügelunterstützung ordentlich zu flirten.

Nach dem morgigen Tag werden sie niemals wieder so sein wie früher. Die linke wird für immer eine lebendige Erinnerung an den ausgestandenen und – wie ich hoffe – gewonnenen Kampf sein.

Nachdem ich vor (beinahe) acht Monaten dem Wein die rote Karte gezeigt habe, trete ich die OP in Topform an. Mein BMI liegt mitten im Normbereich und ich kann guten Gewissens

OKTOBER

»Nichtraucherin« und »Alkohol: keinen« auf den Aufnahmebögen ankreuzen. Aber ein finsteres kleines Geheimnis habe ich: Ich freue mich echt auf das Morphium. Eine legale, bewusstseinsverändernde Substanz zu rein medizinischen Zwecken. Irgendetwas Gutes muss die Sache doch haben!

Um mich von der bevorstehenden Operation abzulenken, checke ich meine E-Mails und finde eine von der lieben Elizabeth, der Krebsüberlebenden und Krankenschwester, die mir unmittelbar nach meiner Diagnose schon geschrieben hat: *Wir finden die Menschen, die uns zu finden bestimmt sind. Und so werde ich morgen, wenn du ein Stück von deiner Brust hergeben musst, meine Weingewohnheiten aufgeben. Dieser Tag ist so gut wie jeder andere, um eine schlechte Gewohnheit loszuwerden, während du bösartige Zellen loswirst.*

Großartig, Mädchen!

DER MONAT, IN DEM ICH ÜBER CHEMO REDE

| TAG | 245 |

REKONVALESZENZ

Vor drei Tagen war ich also im Krankenhaus und wartete darauf, dass der Knoten entfernt wurde. Ein sehr netter Anästhesist kam zum Vorgespräch. »Dann beginne ich mit der Anästhesie und Sie werden sich ein bisschen benommen fühlen – so als hätten Sie gerade zwei Gläser Wein getrunken«, erklärte er mir. Ich tat mein Bestes, um lässig zu reagieren. Man sollte sich eigentlich nicht darauf freuen, ausgeknockt und operiert zu werden.

»Nachdem Sie wieder zu sich gekommen sind, erhalten Sie etwas Morphium gegen die Schmerzen. Nicht zu viel, sonst dauert es umso länger, bis Sie wieder auf den Beinen sind und nach Hause dürfen.«

Nach den albtraumhaften zwei Wochen, die ich hinter mir hatte, war die Aussicht auf ein wenig obligatorisches Vergessen unglaublich verlockend. Beinahe war sie es wert (aber natürlich nicht ganz), einen Teil meiner Brust zu verlieren. Eine Stunde später lag ich tatsächlich im OP-Hemd im Bett und wartete darauf, in den OP geschoben zu werden. Der Anästhesist zauberte, und während wir plauderten, wurde ich plötzlich benommen und konnte meinen Satz kaum mehr beenden. Es war wie inmitten einer tollen Party ...

... bis ich im Aufwachraum wieder zu mir kam und mir Morphium gespritzt wurde. Und ich dachte: *Hallo, Betäubung! Ich erinnere mich an dich! Hallo, Scheißegal-Gefühl, wie nett, dich wie-*

NOVEMBER

derzusehen! Hallihallo, flauschige Wolke, umhülle mich! Die Welt war in Ordnung. Zum ersten Mal seit Wochen hatte ich keine Angst. Ich war in eine federleichte Daunendecke der Trägheit gehüllt.

Ein paar Stunden später kam ich nach Hause, verkündete allen überschwänglich, wie sehr ich sie liebte, und schlief danach wie ein Stein. Alles war wunderbar.

Bis jetzt. Denn jetzt ist wieder alles vorbei.

Ich gehe mit Evie und dem Hund im Park spazieren, in meinen reizenden dunkel-hautfarbenen Kompressionsstrümpfen. Wahrscheinlich gehe ich zu weit so kurz nach der Operation. Dann scheißt mir ein Vogel auf den Kopf. Im Ernst! Und auch noch so heftig, dass ich zunächst glaube, eine Eichel habe mich getroffen. Evie erinnert mich daran, dass das Glück bringen soll, aber für mich fühlt es sich an wie der Gipfel der Entwürdigung. Mir fällt das Kleingedruckte in den Informationen des Anästhesisten ein, in dem von Stimmungstiefs nach dem Morphium die Rede war. (Aber ich war noch nie eine Frau, die das Kleingedruckte liest.) Und ich denke: *Hallo, äußerste Verzweiflung. Ich erinnere mich an dich! Hallo, irrationale Wut. Willkommen zurück! Oh, Selbsthass! Du bist auch mit von der Partie!*

Und natürlich guckt dann auch noch die Weinhexe um die Ecke und sagt: *Ich habe da etwas für dich, was dir alles erleichtern könnte...*

Alkohol, Morphium: Es ist immer dasselbe. Nach dem Hoch folgt unweigerlich das Tief. Ich bin jetzt auf Paracetamol umgestiegen.

WENN DAS LEBEN DIR ZITRONEN ZUWIRFT

Ich war eine »hochfunktionale« Alkoholabhängige. Mir unterliefen niemals Schnitzer (oder jedenfalls selten), ich ließ mir nie hinter die Fassade gucken oder tat gar (Gott bewahre!) etwas Unanständiges. Auf einer Flasche Wein pro Tag schwamm ich ganz gut mit. Heute weiß ich, dass das nur möglich war, weil ich unglaubliches Glück hatte. Ich führe eine wunderbare Ehe, habe glückliche, gesunde Kinder und hilfsbereite Eltern. Wir sind solvent (meistens jedenfalls) und relativ gut abgesichert.

Aber manchmal wirft einem das Leben Zitronen zu. Scheidung, Todesfälle, ein krankes Kind, eine schwere Krankheit: Plötzlich, aus heiterem Himmel, kann das Leben so aus dem Gleichgewicht geraten, dass es nie wieder so wird wie früher. Und in diesen Fällen kann man nur zu leicht ins Stolpern geraten und tief fallen. Aus »hochfunktional« kann sehr schnell »nichts geht mehr« werden.

Darüber habe ich neulich abends nachgedacht. Ich erwachte, weil kleine Finger meinen Hals umklammerten. Maddie hatte einen Albtraum gehabt, war in unser Bett geschlüpft und hatte sich zwischen uns geschmiegt. Ich weiß noch, dass ich in ihrem Alter (knapp sieben) auch das Gefühl hatte, dass einem nichts, rein gar nicht etwas anhaben konnte, wenn beide Eltern bei einem waren. Es fühlte sich an, als wäre man von einem undurchdringlichen magischen Schutzkreis umgeben.

Das erinnerte mich wieder daran, dass ich die Anführerin

dieses Rudels bin. Der operative Vorstand. Diese absolute Sicherheit, diese Unschuld meiner Kinder liegen ganz und gar in meinen Händen. Wenn ich zusammenbreche, brechen alle zusammen, und dann wird niemand mehr die Schäden reparieren können, ohne dass Risse sichtbar bleiben.

Wenn ich mit einer Krebserkrankung hätte fertig werden müssen, während ich noch trank, weiß ich genau, dass alles anders verlaufen wäre – wenn ich den Knoten gefunden hätte, hätte ich mithilfe von ein paar Gläsern Wein seine Anwesenheit für mindestens ein paar Wochen verdrängt, anstatt ihn sofort untersuchen zu lassen. Alkohol verleiht uns trügerische Selbstsicherheit. Und genau diese paar Wochen hätten den entscheidenden Unterschied ausmachen können.

Als ich endlich die Diagnose erhielt, hätte ich mich volllaufen lassen, und betrunken (oder verkatert) zu sein macht uns egozentrisch und unempathisch den Menschen in unserem Umfeld gegenüber. Ich hätte in Gegenwart der Kinder viel geweint. Ich hätte getobt und geschrien. Dann wäre ich, von Selbstmitleid erfüllt, in mein Zimmer verschwunden und für eine ganze Weile nicht wieder aufgetaucht.

Mit einem Schlag hätte ich das Selbstvertrauen und das Sicherheitsempfinden meiner Familie zerstört.

Stattdessen geht hier alles seinen normalen Gang, trotz der ständigen Krankenhaustermine – und genau diese Normalität hält mich davon ab, durchzudrehen, und verleiht den Kindern und John Stabilität. Ich halte all das in den Händen und schütze es.

Ich poste meine Gedanken im Blog und schreibe meinen Followern: *Auch ihr seid Rudelführer. Ihr seid verantwortlich für eure Welpen, eure Partner, eure alten Eltern. Eines Tages wird euch das Leben Zitronen zuwerfen, und es liegt an euch, ob ihr stark genug sein werdet, sie mit einem scharfen Messer und einer Reibe aufzu-*

fangen anstatt mit einem großen Gin Tonic. Sorgt dafür, dass ihr gewappnet seid. Eurer Familie und euch zuliebe.

Zwei Stunden später klingelt das Telefon. Es ist John. Er ruft aus dem Büro an, wo er, wie sich herausstellt, meinen Blog gelesen hat. Er ist stinksauer. Er will ein für alle Mal klarstellen, dass er der Rudelführer ist, nicht ich.

»Ja, Liebling«, antworte ich.

Ausgeglichen, voller Selbstvertrauen und in dem Gefühl, ein Alphaweibchen zu sein, raffe ich all meinen Mut zusammen und riskiere einen Blick unter den Verband meiner linken Brust. Und es stellt sich heraus, dass Mr Big tatsächlich ein Genie ist. Die Brust ist zwar schwarz und blau, aber abgesehen davon sieht sie nicht wesentlich anders aus (um ehrlich zu sein, war sie schon vorher keineswegs perfekt). Angesichts der Tatsache, dass ein eiskugelgroßes Stück Gewebe entfernt und als Gegenstand eines studentischen Forschungsprojekts (kein Scherz!) ans Imperial College geschickt wurde, ist das ganz außerordentlich. Es sieht so aus, als würde mein Anblick keine kleinen Kinder vor Angst aus dem Badezimmer jagen, falls sie mich zufällig ohne BH erblickten. Meine potenzielle Karriere als Oben-ohne-Tänzerin ist zwar ruiniert, aber damit kann ich leben.

Ich bin also jetzt wieder in Form, fühle mich gut, sehe besser aus als erwartet und ich habe zwei Wochen Heimaturlaub vor meinem nächsten Termin. Das wäre schon mal abgehakt.

NOVEMBER

TAG 255

RÜCKBLICKE

Da ich zwischendurch mal keine Untersuchungen und Krankenhaustermine habe, komme ich ein wenig zur Ruhe und habe endlich einmal Zeit zum Nachdenken. Dabei beschleicht mich das äußerst merkwürdige Gefühl, zurückblickend, ein intensives Déjà-vu zu haben.

Die Auseinandersetzung mit dem Krebs ähnelt dem Alkoholentzug auf so unheimliche Weise, dass man kaum noch an Zufall glauben kann. Mir kommt es stattdessen so vor, als wären die letzten acht Monate eine Art Vorbereitung auf diese schwere Prüfung gewesen.

Ob Krebs oder Entzug: Beides ist ein Sprung ins kalte Wasser. Man muss lernen, zumindest eine Weile lang Unsicherheit und Angst auszuhalten. Wenn man den Alkohol weglässt, begibt man sich auf eine emotionale Achterbahnfahrt, die einen wiederholt von der rosa Wolke zur Mauer hin und wieder zurück sausen lässt. Und die letzten paar Wochen waren genauso – nur noch intensiver. Mal bin ich überglücklich, weil ich am Leben bin, dann wieder weine ich hemmungslos, wenn ich mit dem Hund im Park spazieren gehe (und die Kinder mich nicht sehen).

Meine Strategie des Umgangs damit ist dieselbe wie beim Entzug – ich hangle mich von einem Tag zum anderen. Ich bewege mich in kleinen Schritten voran und versuche, so lange nicht in die Zukunft zu blicken, bis ich weiß, dass ich mit der Perspektive umgehen kann. Genau wie in den ersten Tagen des Entzugs

RÜCKBLICKE

spüre ich, dass ich Selbstfürsorge brauche. Nachmittags lege ich mich ein bisschen hin, wenn es nötig ist. Ich gönne mir heiße Bäder und esse Kuchen.

Und ebenso wie beim Entzug habe ich festgestellt, wie wichtig es ist, Gleichgesinnte zu finden. Leute wie ich, die diesen Weg schon vor mir zurückgelegt haben und mir sagen können, was vor mir liegt.

Beim Alkoholentzug habe ich Mitstreiterinnen im Internet gefunden, weil ich mich zu sehr schämte, mir im echten Leben welche zu suchen. Da es aber viel einfacher ist, über Krebs zu reden, als eine Alkoholabhängigkeit einzugestehen, finde ich in meinem Umfeld mehrere Frauen – Mütter wie mich –, die auch schon einmal Krebs hatten und ihn besiegt haben. Sie können mir erzählen, wie es weitergeht. Auch an den »Haven« wende ich mich, ein durch Spenden finanziertes Zentrum für Frauen mit Brustkrebs in Fulham. Am Vormittag treffe ich mich dort mit einer Krankenschwester, die früher für die Macmillan-Krebsstiftung gearbeitet hat.

Skurrilerweise war ich in meinem früheren Leben verantwortlich für das Marketing sowie die komplette Werbekampagne der Macmillan-Krebsstiftung. Ich stelle mir vor, wie die Schicksalsgöttinnen kichernd auf einer Wolke sitzen und sich für diese Ironie auf den Rücken klopfen.

Drehe ich jetzt völlig durch?

NOVEMBER

| TAG | 260 |

KLEINE AUFMERKSAMKEITEN

Wer gerne Alkohol trinkt, neigt ansonsten ein wenig zur Faulheit, wenn es um die Überlegung geht, was sonst noch das Leben schöner machen könnte. Aber ich weiß etwas, was überdies viel besser für die Leber und das langfristige seelische Gleichgewicht ist. Außerdem kostet es nichts: Überrasche jemanden mit einer kleinen Aufmerksamkeit!

Es ist wissenschaftlich erwiesen, dass unser Gehirn mit Serotonin überschwemmt wird, wenn wir ein Kompliment erhalten, und Serotonin ist eine tolle (kostenlose, legale und harmlose) Droge. Es ist die »Stolz«-Droge, die »Statussymbol«-Droge, das hochwertige Kokain der Gehirnchemie. Und hier kommt die Überraschung: Nicht nur, wer ein Kompliment erhält, bekommt den Serotoninkick, sondern auch derjenige, von dem das Kompliment stammt.

Dieser Prozess des Gebens und Empfangens von Komplimenten schafft außerdem eine Verbindung zwischen den Beteiligten, die das Oxytocin-Niveau beider erhöht, und er erfüllt unsere positiven Erwartungen, wodurch noch ein ordentlicher Schuss Dopamin hinzugefügt wird (das Hormon, das ausgeschüttet wird, wenn man das erste Glas Wein des Tages trinkt).

Also, jetzt mal im Ernst: Was könnte besser sein?

Ich denke im Auto darüber nach, während ich auf Radio 4 einen Beitrag über Caitlin Moran höre, eine meiner Lieblingsjournalistinnen. Caitlin kam irgendwann auf die Idee, krea-

KLEINE AUFMERKSAMKEITEN

tiv gekleideten Passanten auf der Straße Kärtchen zuzustecken, auf denen steht: *Ich möchte Ihnen gerne sagen, dass ich Ihren Look wirklich toll finde.* Was für eine originelle Idee! Stell dir vor, du bist ein hormonell gebeutelter Teenager mit unterirdischem Selbstvertrauen. Du hast stundenlang in deinem Zimmer verschiedene Outfits anprobiert und Bilder davon auf Instagram gepostet, um herauszufinden, welches die meisten Likes erhält. Irgendwann entscheidest du dich für die am wenigsten üble Option. Doch schon zehn Minuten nachdem du aus dem Haus gegangen bist, bist du überzeugt, einen Fehler gemacht zu haben. Du willst schon umkehren oder mit dem Selbstvertrauen einer Fliege zur Party gehen. Doch dann gibt dir eine wildfremde Frau eine Karte, auf der steht: *Ich finde deinen Look toll!*

Plötzlich wächst du um dreißig Zentimeter. Du bist Khaleesi! Du betrittst die Location, als würdest du dafür bezahlt, dort aufzukreuzen. Dann schnappst du dir den coolen Typen aus der Abschlussklasse, den du in Mathe immer heimlich angehimmelt hast, und stürzt dich in das große Abenteuer der ersten Liebe. *seufz*.

An einer roten Ampel bleibe ich stehen. Ein Pizzalieferant auf einem Fahrrad saust an den Anfang der Schlange. Dabei fällt ihm ein Lederhandschuh aus der Tasche. Ein junger Typ auf dem Bürgersteig sieht das, hechtet auf die Straße und hebt den Handschuh auf. Ich rechne schon damit, dass er ihn einsteckt (so ist das normalerweise in London), aber nein. Er rennt los, so schnell er kann, da die Ampel gerade umspringt, mitten zwischen den Autos hindurch, tippt dem Pizzaboten auf die Schulter und gibt ihm den Handschuh zurück.

Als der Verkehr weiterfließt, fahre ich an den Straßenrand, lasse das Fenster runter und rufe dem guten Samariter zu: »Du bist ein wirklich toller Mensch!« Und fahre dann weiter. Im Rückspiegel sehe ich ihn grinsen. Ich grinse auch. Ich kann förm-

NOVEMBER

lich spüren, wie Serotonin, Oxytocin und Dopamin eine Party in meinem Kopf feiern. Es versüßt mir den ganzen Tag.

Wir gehen mit den Kindern in ihrem Lieblingsrestaurant essen. Der Kellner bietet uns jedes Mal Wasser als »Aufmerksamkeit des Hauses« an, was unweigerlich Anlass zu immer denselben Scherzen bietet. Wenn das Wasser in zwei großen Keramikflaschen serviert wird, geben die Kinder sie reihum, immer begleitet von einem Kompliment: »Wow, Mummy, hast du heute ein tolles Kleid an! Es macht dich so schlank!«, »Daddy, dein Haar sieht so voll aus heute!« usw.

Ich finde, jede Mahlzeit sollte mit einer Flasche Komplimentewasser beginnen!

DER PROFESSOR

| TAG | 265 |

DER PROFESSOR

Der Professor sitzt in einem Lederdrehsessel an seinem massiven Schreibtisch und blickt auf einen großen Flachbildschirm, auf dem die Resultate meiner diversen Tests aufgelistet sind. Er sieht superintelligent und mächtig aus, wie ein freundlicher Gegenentwurf des James-Bond-Bösewichts Blofeld. Fehlt nur noch die weiße Katze auf dem Schoß. Ich überlege, ihm vorzuschlagen, sich eine anzuschaffen. Ich muss wohl nervös sein.

Er nimmt ein Stück Papier, zieht in der Mitte einen Längsstrich und schreibt auf der einen Seite »Plus« und auf der anderen Seite »Minus« über die Spalten. Er beginnt mit den positiven Dingen und listet zum Beispiel die Tumorgröße (relativ klein), Aggressivität des Krebses (meiner war offenbar ein fauler Hund), Typ (Hormonrezeptor-positiv) und Lymphknoten (ohne Befall) etc. auf. Es ist eine ziemlich lange Liste.

Dann geht er zu den negativen Seiten über. Er legt eine dramatische Pause ein und sagt dann: »Nichts.«

Nichts.

Er sagt: »Wenn Sie meine Frau wären, würde ich Ihnen keine Chemotherapie empfehlen.«

Ich mustere ihn kritisch und frage: »Lieben Sie Ihre Frau?« Immer erst das Kleingedruckte überprüfen!

»Oh, ja.« Er lacht leise. »Wissen Sie, in Ihrem Fall würde eine Chemotherapie die Prognose nur um weniger als ein Prozent verbessern.«

NOVEMBER

Unter diesen Voraussetzungen wäre es doch verrückt, meinen Körper (wieder einmal) drei Monate lang zu vergiften, oder? Das wäre, wie mit Kanonen auf Spatzen zu schießen. Ich brauche allerdings eine Bestrahlung, die hoffentlich nächste Woche beginnt, und eine zehn Jahre lang dauernde Hormontherapie, aber all das ist (relativ) überschaubar.

Dann fragt mich der Professor nach meinem Lebensstil, unter anderem, wie es mit dem Alkohol aussieht. Ich bin begeistert. »Ich trinke gar keinen Alkohol«, antworte ich. Er wirkt überrascht. »Aus gesundheitlichen Gründen?«, fragt er, und ich gestehe, dass ich in der Vergangenheit ein bisschen zu viel getrunken habe (John unterdrückt ein Kichern) und deswegen beschlossen habe, ganz auf Alkohol zu verzichten.

»Sehr weise Entscheidung«, sagt er, »denn Lebererkrankungen sind die nächste tickende Zeitbombe bei Berufstätigen mittleren Alters. Das erleben wir ständig.«

Ich schwelge in der Selbstzufriedenheit der frisch Bekehrten und der (wenn auch etwas diffusen) Einstufung als Berufstätige.

Dann steht der Professor auf und schüttelt uns beiden herzlich die Hand. »Ich schlage vor, Sie fahren jetzt nach Hause und lassen die Sektkorken knallen!« Habe ich nicht gerade erwähnt, dass ich nicht trinke?

Es geht also aufwärts. Im neuen Jahr könnte ich das Schlimmste hinter mir haben.

Wir feiern mit heißem Kakao und Sex. Nur um das klarzustellen: Den Sex haben Alison und Noah in der Serie *The Affair* auf Sky Atlantic. Und zwar jede Menge. Werden die denn nicht mal müde? Haben die gar keine Lust, sich einfach mit einem Kakao und einer DVD aufs Sofa zu kuscheln? John drückt die Pausentaste, wodurch Dominic Wests nackter Hintern in der Luft hängen bleibt. Ich habe nichts dagegen.

DER PROFESSOR

»Clare?«, druckst er herum. »Hat dich der Krebs eigentlich dazu gebracht, über dein Leben nachzudenken? Hast du dir gewünscht, du hättest irgendetwas anders gemacht?«

Ich bin geplättet. John stellt normalerweise keine solchen Fragen. Er ist ein Mann, der schon die Frage, ob man Zucker in den Tee nimmt, ein bisschen persönlich findet. Ich denke kurz nach. »Weißt du was?«, antworte ich. »Es gibt nur eins im Leben, das ich gerne ändern würde.« Er sieht mich eindringlich und ein wenig nervös an. »Ich hatte bisher nicht genügend Zimmerservice.«

»Zimmerservice?«

»Ich meine das ernst«, sage ich, ohne zu lächeln. »Weißt du, seitdem Evie auf die Welt gekommen ist, vor inzwischen fast zwölf Jahren, haben wir nur noch Selbstversorgerurlaub gemacht. Wir hatten wunderbare Urlaube – Cornwall, Schottland, Skiurlaub – und haben sie alle sehr genossen. Für mich bedeutet das allerdings, dass ich mich jedes Mal genau wie zu Hause um das Essen, den Einkauf, das Kochen, das Spülen und die Wäsche kümmern muss. Im Grunde ist alles genau wie sonst auch für mich, nur an einem anderen Ort. Ich würde mir sehr wünschen, dass mal eine Woche lang jemand anderer die ganze Arbeit für mich macht.«

John sieht etwas überrascht aus, aber mir scheint, als sähe ich einen Anflug von Verständnis hinter seiner Brille aufleuchten. Vielleicht macht er sich gerade klar, wie sein Leben aussehen könnte, wenn ich nicht da wäre. Mir hingegen wird klar, dass dies eine einmalige Chance sein könnte, deswegen bohre ich weiter.

»Und besonders schön wäre es, wenn sich diese eine Woche irgendwo mit Sonnenscheingarantie abspielen würde, sodass wir keine Regenmäntel und Gummistiefel einpacken müssten. Vielleicht«, (dramatische Kunstpause), »auf einer Insel. Vielleicht in der Karibik.« (Ich bin jetzt in Fahrt.) »Vielleicht sollten wir jetzt sofort etwas buchen, für die Zeit nach meiner Behandlung.«

NOVEMBER

Und während sich John immer noch von den unbeabsichtigten Konsequenzen seiner persönlichen Frage erholt, rufe ich meine überaus liebenswerte Mutter an und überrede sie, im März eine Woche lang auf die Kinder aufzupassen. Dann google ich »die schönsten Urlaubsorte in der Karibik. Nicht zu teuer« und reiche John seine (verstaubte) Kreditkarte.

Ein Meisterstück zum Thema »die Gelegenheit beim Schopf packen«.

Zwanzig Minuten später habe ich uns einen Urlaub auf Jamaika gebucht! Wir sind schon einmal dort gewesen, vor fast zwanzig Jahren, als John und ich gerade frisch zusammen waren. Ein anderes Paar – sehr gute Freunde von uns – hatte uns eingeladen, gemeinsam mit ihnen ihren wunderbar exzentrischen Cousin Willy zu besuchen.

Willy war Künstler. Er war mit einer Gruppe anderer Alternativer damals in den 1970ern nach Jamaika gegangen, als der Lebensstil, an den sie gewöhnt waren – ein Leben in großen Häusern mit Butler, Köchin und Zimmermädchen – in England unerschwinglich wurde.

Willy wohnte in einem herrlichen jamaikanischen Herrenhaus oben in den Hügeln, wobei er, das Haus und die Angestellten allmählich immer mehr herunterkamen. Wenn John und ich abends im Bett lagen, konnten wir durch ein Loch im Dach die Sterne sehen. Herrlich romantisch, bis es anfing zu regnen.

Willy war ein wilder und extravaganter Gastgeber. Im Laufe der Jahre war jeder, der irgendwie prominent war, von (angeblich) Prinzessin Margaret und Marianne Faithful bis hin zu Fergie (das Ex-Mitglied der königlichen Familie, nicht die von den Black Eyed Peas) bei ihm zu Gast gewesen. Die Tage verbrachten wir damit, auf der Terrasse zu sitzen, Cocktails zu schlürfen, die nächste Mahlzeit zu planen und uns über das Leben, das Universum und den ganzen Rest zu unterhalten. Dabei kam und ging

DER PROFESSOR

eine endlose Reihe von Besuchern, von berühmten Reggae-Producern bis hin zu exzentrischen Aristokraten.

Wir schliefen lange aus, und da bis dahin praktisch schon Mittag war, fingen wir gleich damit an, Bloody Mary oder Buck's Fizz zu trinken. Wir tranken den ganzen Nachmittag über weiter und feierten bis in die Nacht hinein. Am Ende der Woche wurde ich nur noch von den Toxinen zusammengehalten. Ich brauchte mindestens eine Woche, um mich geistig und körperlich zu erholen, und damals war ich noch jung!

Bereue ich das? Kein bisschen! Würde ich es wieder tun? Um Gottes willen, nein! Es würde mich wahrscheinlich umbringen. Diesmal werde ich Jamaika ganz anders erleben.

NOVEMBER

TAG | 268

WIE ÜBERLEBE ICH EINE PARTY? MEIN SURVIVAL GUIDE

In den USA feiert man Thanksgiving und hier in London kommt allmählich Weihnachtsstimmung auf. Die gesamte trockene Blogosphäre gerät in Panik bei der Frage, wie wir die Feiertage überstehen sollen. Mein E-Mail-Postfach explodiert förmlich vor Mails von Followern, die mich um Rat fragen, und nach beinahe neun Monaten und mit schon einer ganzen Reihe von überstandenen Partys ohne Alkohol glaube ich tatsächlich, dass ich ihnen helfen kann. Also setze ich mich an den Computer, beginne einen neuen Post und schreibe:

Happy Thanksgiving all meinen Freundinnen und Freunden in den Staaten! Dieser Post ist für euch. Es ist Partysaison. Und Partys sind oft die schwierigsten Klippen beim Trockenwerden. Ganz besonders schwierig für uns, weil wir früher die Partypeople waren! Das hat viele von uns ja auch überhaupt erst in Schwierigkeiten gebracht, stimmt's? Wie waren die Tänzer, die Geschichtenerzähler, Herz und Seele der Party, die Letzten, die sie verließen.

Aber wir waren dabei nicht allein, oder? Wir hatten immer unseren Freund, den Alk, dabei. Bis unser bester Kumpel sich gegen uns wandte, uns auf Facebook die Freundschaft kündigte und uns das Leben zur Hölle machte. Aber glaubt mir, Partys können und werden wieder Spaß machen. Allerdings gehört der Umgang mit ihnen zu den langwierigeren Lektionen. Um euch dabei ein bisschen zu helfen, kommen hier ein paar Tipps aus dem »SoberMummy's Survival Guide für Partys«:

Denkt daran: Ihr müsst nicht hingehen.
Normalerweise ist Ehrlichkeit sehr wichtig. In den frühen Tagen des Entzugs muss man sich jedoch ein paar Notlügen zugestehen. Sie gehören quasi dazu. Und das Gute ist, dass es in der Partysaison sehr leicht ist zu sagen: »Ach, wie schade! An diesem Abend habe ich schon etwas vor!« Niemand wird euch für armselige Loser halten. Stattdessen werden die anderen glauben, ihr erstickt an Einladungen. Außerdem habt ihr ja tatsächlich schon etwas vor … euch Staffel 6 von *Mad Men* anzusehen, ein Riesenstück Schokoladenkuchen zu futtern und ein heißes Schaumbad zu nehmen. Also, was verpasst ihr schon? Es ist nur eine Partysaison in dem langen, glücklichen, gesunden Leben, das auf euch wartet.

Ihr müsst nicht bleiben.
Wisst ihr noch, wie schwer es früher war, sich von einer Party loszueisen? Ihr musstet im Gewühl den Gastgeber auftreiben, die Taxinummer raussuchen, sie betrunken irgendwie in euer Handy eingeben, der Zentrale gegenüber nicht betrunken klingen, damit nicht gleich wieder aufgelegt wurde, und auch dem Taxifahrer gegenüber so weit nüchtern wirken, dass er nicht sofort weiterfuhr etc. Damit ist Schluss! Ihr könnt selbst fahren! Was bedeutet, dass ihr einfach gehen könnt, sobald euch die Situation über den Kopf wächst. Ihr müsst euch nicht mal verabschieden, denn ihr seid nur euch selbst Rechenschaft schuldig. Alle anderen werden betrunken sein! Niemand wird bemerken oder sich daran erinnern, wann ihr gegangen seid. Schlüpft einfach hinaus und klopft euch auf die Schulter, weil ihr eure Sache gut gemacht habt.

Nehmt euch eine Auszeit.
Manchmal muss man ja auch nicht gleich endgültig gehen, sondern braucht nur eine kleine Auszeit. Macht einen Spaziergang oder zieht euch für eine Weile aufs Klo zurück.

NOVEMBER

Tut so, als ob
Ich finde es schwierig, immer wieder erklären zu müssen, dass man keinen Alkohol trinkt, also warum sollte man sich dem aussetzen? Klammert euch einfach an ein Glas, das so aussieht, als enthalte es etwas Alkoholisches, und sagt nichts. Niemandem wird es auffallen, denn die anderen sind alle betrunken – und die Nüchternen werden euch zuprosten! (Gedankennotiz: Wir brauchen einen geheimen Handschlag!)

Lernt, mit eurem Neid umzugehen
Zu den Problemen mit Partys in der Anfangszeit gehört dieser schreckliche Drang, den »mäßigen Trinkern« mit einer Gabel ins Auge zu stechen (oder geht das nur mir so?). Ja, es ist unfair, dass sie es sich erlauben können, weiterzutrinken, und ihr nicht, aber denkt daran: Jeder hat sein Päckchen zu tragen. Zum Beispiel könnte es sein, dass sie selbst mit der Weinhexe zu kämpfen haben und euch wegen eurer Standhaftigkeit und Gelassenheit bewundern. Und falls nicht, haben sie bestimmt andere Probleme, denn so ist das Leben. Vielleicht denken sie jedes Mal, wenn ihr Mann sie bittet, ihm das Salz zu reichen: »Verpiss dich, du hast mein Leben ruiniert!« Oder sie haben ein Kind, das Drogen nimmt, oder einen Elternteil, der sie nicht mehr erkennt.

Es gibt niemanden in unserem Alter, der nicht schon einmal etwas Schlimmes mitgemacht hat. Ihr seid alkoholabhängig. Es ist nicht das Schlimmste, was passieren kann – denn ihr könnt eure Sucht überwinden.

Beobachtet die Betrunkenen
Wenn sich der Abend hinzieht und ihr euch ein wenig langweilt, nutzt ihn für Verhaltensstudien: *Und hier begegnen wir einigen Betrunkenen in ihrem natürlichen Habitat. Beobachten Sie ihr Balzritual: Sie stehen zu dicht beieinander. Sie besprühen ihr Ge-*

WIE ÜBERLEBE ICH EINE PARTY?

genüber mit Speichel. Sie schwanken von einem Fuß auf den anderen und lachen zu laut ...
Hochmut ist keine schöne Eigenschaft. Und es ist auch nicht nett, sich heimlich über andere Leute lustig zu machen. Aber verdammt noch mal, irgendwie müssen wir uns doch amüsieren!

Erkenne deinen Feind
Auf Partys fährt die Weinhexe ihre groben Geschütze auf, also seid bereit. Wenn ihr von vornherein wisst, was sie sagen wird, könnt ihr damit umgehen. Hier ist der Klassiker:
»Hör mal, das ist eine Party! Trink doch einfach nur ein Glas. Morgen kannst du wieder aufhören!«
Das haben wir viele Male durchgemacht, meine lieben Freunde. Wenn ihr »nur ein Glas« trinken könntet, wärt ihr nicht hier, oder? Ihr würdet einen Blog über »die perfekte Mutter dreier Kinder« oder »Quilten für Anfänger« lesen. Spult das Band vor: Wappnet euch mit konkreten, bildlichen Erinnerungen daran, wohin euch »nur das eine Glas« in der Vergangenheit gebracht hat. Das ist niemals schön. Falls notwendig, lest noch einmal meinen Post über den Hindernislauf, während ihr auf dem Klo sitzt.

Begnadigt den Truthahn
Ich habe über die von Reagan 1987 begründete Tradition gelesen, dass der amerikanische Präsident den Truthahn begnadigt, den er zu Thanksgiving geschenkt bekommt. Das Tier lebt anschließend im Truthahnparadies, anstatt mit Füllung, Cranberries und dem ganzen Drumherum serviert zu werden. Ein weiteres Problem an Partys ist nämlich, dass sie uns an die dunklen Säufertage erinnern können. Man denkt an alle früheren Fehltritte, und oft begegnet man denjenigen, denen man auf die Füße getreten hat. Nun, jetzt ist es Zeit, den inneren Truthahn zu begnadigen. Das war damals, jetzt ist heute: Schaut nach vorn!

NOVEMBER

Denkt an den nächsten Morgen
Wenn es hart wird, denkt immer an den nächsten Morgen. Stellt euch vor, wie wunderbar ihr euch am Tag nach der Party fühlen werdet, während alle anderen stöhnend und voller Reue im Bett liegen. Das ist eure Belohnung. Und ihr habt sie euch verdient!

Bitte teilt diesen Post, sooft ihr könnt, mit allen nüchternen Zechern dort draußen, und HAPPY THANKSGIVING!
Liebe Grüße, SM. X

Ich klicke auf »veröffentlichen«, lehne mich in meinem Stuhl zurück und denke bei mir, dass eine Party im Augenblick wirklich das Letzte wäre, wozu ich Lust hätte. Ich möchte mich nur noch im Bett verkriechen und dort bis Januar ausharren.
Ich bin eine Heuchlerin.

DER MONAT, IN DEM ICH MIR EIN TATTOO STECHEN LASSE

| TAG | 275 |

BESTRAHLUNG

Also, wie feiert man neun Monate ohne Alkohol? Ein dreiviertel Jahr! Ich bin zu einem Ladies' Lunch in Edinburgh eingeladen. Normalerweise meide ich diese ganze »Ladys, die sich zum Lunch treffen«- Szene, aber Prinzessin Anne ist Ehrengast bei diesem Anlass, und ich habe sie immer bewundert und als Mädchen für sie geschwärmt. Sie ist so wunderbar bodenständig und *pferdehaft*, obwohl sie die Tochter der Queen ist. Doch leider haben sich die Ereignisse gegen mich verschworen, und anstatt mit einer Majestät dinieren zu können, erhalte ich meine erste Bestrahlung.

Ich bin wieder dabei, die Tage zu zählen. Es sind fünfzehn Sitzungen im Laufe von drei Wochen vorgesehen. Fünf Tage Bestrahlung, zwei Tage frei.

Die Bestrahlung soll ja im Vergleich zur Chemotherapie der reinste Spaziergang sein. (Ich fühle mich fast schuldig, weil ich keine Chemo bekomme. Ich kann den Frauen mit den Perücken und Turbanen im Wartezimmer gar nicht in die Augen sehen. Ich stelle mir vor, wie sie denken: *Schaut euch mal die Hochstaplerin da drüben an, die mit dem Krebs light. Ha! Das soll eine Behandlung sein!?! Weichei!*)

Nach einer kurzen Wartezeit, in der ich dieselbe Seite der Zeitschrift siebenmal lese und kein Wort verstehe, werde ich in einen Raum gebeten, der von einer schmalen Liege mit Armschnallen dominiert wird. Das Ding sieht aus wie ein Utensil aus *Fifty*

DEZEMBER

Shades of Grey, doch leider ohne Jamie Dornan. Dann benötigen zwei nervtötend hübsche und fröhliche Schwestern eine Ewigkeit, um mich in genau die richtige Position zu bringen, während sie über meinen Kopf hinweg über die bevorstehende Weihnachtsfeier plaudern. Inzwischen bin ich oben ohne, habe beide Arme über dem Kopf ausgestreckt und fühle mich wie ein ofenfertiges Hühnchen, das darauf wartet, mit Olivenöl und Kräutern besprenkelt zu werden.

Damit sie das Bestrahlungsgerät jedes Mal perfekt ausrichten könnten, so teilen sie mir mit, erhalte ich zwei bleibende Tätowierungen – eine auf jeder Seite der Brust, die versucht hat, mich umzubringen. Das finde ich sehr spannend. Ich habe mir insgeheim immer schon ein Tattoo gewünscht.

»Kann ich mir das Motiv und die Farbe aussuchen?«, frage ich. Ich habe an einen Delfin gedacht.

»Nein. Sie bekommen einen blauen Punkt wie alle anderen auch«, erwidern sie und verpassen damit eine perfekte Gelegenheit, mir eine Extraleistung zu verkaufen. »Haben Sie noch Fragen?« John hatte mich gebeten, mich zu erkundigen, ob sie vielleicht wüssten, wie wir unsere kaputte Mikrowelle reparieren könnten. Doch nach ihrer Antwort auf meine Tattoo-Frage glaube ich nicht, dass sie das lustig fänden.

Endlich, als ich offenbar in der richtigen Position bin, huschen alle aus dem Raum und verstecken sich hinter sehr dickem Glas, um nicht in die Nähe der furchtbar gefährlichen Strahlen zu geraten, die aus nächster Nähe auf mich abgefeuert werden. Ich würde ehrlich gesagt auch am liebsten weghuschen.

Und so feiere ich neun Monate ohne Alkohol mit einer heftigen Dosis Röntgenstrahlen auf den unteren linken Quadranten meiner linken Brust. So hatte ich es eigentlich nicht geplant, aber das Gute daran ist, dass meine letzte Sitzung für den 23. Dezember angesetzt ist – gerade noch rechtzeitig vor Weihnachten!

BESTRAHLUNG

Ich fahre mit der U-Bahn nach Hause, nachdem ich ein Paar Kaschmirbettsocken gekauft habe, die meiner Tante während der Chemotherapie die Zehen wärmen sollen. Ich fühle mich etwas niedergeschlagen inmitten der aufgekratzten Leute, die unterwegs zu Weihnachtsfeiern sind. Wo ich auch hinsehe, tragen die Leute Rentiergeweihe und lustige Weihnachtspullover. Aus jedem Geschäft, an dem ich vorbeikomme, ertönt ein anderes Weihnachtslied, was eine bizarre Kakophonie verursacht. In der Weihnachtsbäckerei liegt das Kindlein auf Heu und auf Stroh. Ihr Kinderlein kommet. Last Christmas. Jingle Bells.

Als ich nach Hause komme fällt mir ein, dass ich immer noch keine Antwort von der Stadt wegen des Parkknöllchens erhalten habe, das mir vor ungefähr sechs Wochen aufgebrummt wurde. Das ist etwas merkwürdig, denn wann immer ich mich in der Vergangenheit gegen Strafzettel gewehrt habe, habe ich innerhalb von 2–3 Wochen eine Antwort erhalten – entweder positiv oder negativ (normalerweise negativ).

Ich gehe online und gebe meine Strafzettelnummer ein. Prompt erscheint die Nachricht: Nummer nicht gefunden. Wisst ihr, was das bedeutet? Ein kleiner Engel bei der städtischen Verkehrsbehörde hat meinen Brief gelesen, und da er wusste, dass man mir die Strafe offiziell nicht erlassen konnte, hat er mich einfach aus dem System gelöscht. Mit ein oder zwei Tastenanschlägen, einem willkürlichen Akt der Freundlichkeit, hat er meinen Glauben an die Menschheit wiederhergestellt.

Liebe Mitarbeiterin, lieber Mitarbeiter der Stadt – du rockst! Du bist ein wunderbares menschliches Wesen und ich wünsche dir, dass deine kühnsten Träume in Erfüllung gehen.

DEZEMBER

| TAG | 277 |

PANIKATTACKEN

Ich war immer eine optimistische, zufriedene Frau. Ich habe immer an das Gute geglaubt, und meistens ist es auch eingetreten. Dann bin ich an Brustkrebs erkrankt, und während der letzten sechs Wochen war ich in einer Art Schockstarre – ich hangelte mich von einem Tag zum anderen und schwankte hin und her zwischen Verzweiflung *(Ich werde bald sterben!)* und Euphorie *(Ich werde noch nicht sterben!).*

Jetzt, beinahe zwei Monate später, legt sich der Staub ein wenig, und die Tatsache, dass ich den Rest meines Lebens »in Remission« verbringen werde, dämmert mir allmählich. Und verursacht mir Panikattacken.

Ich hatte immer die Einstellung, dass man, solange man kein Fieber hat und nichts abgefallen ist, zur Schule geht. Auch bin ich immer davon ausgegangen, dass man, solange man nicht einmal die Möglichkeit eingeschränkter Gesundheit in Betracht zieht, auch nicht krank werden wird. Alles eine Frage der Willenskraft. Doch meine Überzeugung erwies sich als falsch, und ich erkenne, wie leicht es ist, diesen Glauben zu verlieren und die Welt als von Grund auf feindlich zu betrachten, voller Schlaglöcher, die nur darauf warten, dass man hineinfällt.

Neulich habe ich bei Evie ein neues Muttermal entdeckt. Anstatt zu denken: *Aha, ein Muttermal,* dachte ich: *Oh Gott! Hautkrebs! Sie wird sterben, dabei ist sie erst zwölf!* Ohne ersichtlichen Grund mache ich mir Sorgen darüber, dass John seine Arbeit verlieren und wir mittellos dastehen könnten. Nicht ganz so grundlos befürchte ich, unser Haus könnte einstürzen. Und natürlich habe ich Angst, dass der Krebs zurückkommt und ich einen schmerzvollen, hässlichen Tod sterben und meine Kinder mutterlos zurücklassen werde, bis John von einem großbusigen Vamp verführt wird, der die Kinder nicht liebt und das ganze restliche Geld der Familie für Handtaschen verplempert.

Das sieht mir gar nicht ähnlich.

Man hat mir gesagt, ich hätte eine 92-prozentige Chance, krebsfrei zu bleiben, solange ich meine Medikamente nehme. Die meiste Zeit schaffe ich es auch, mich auf diese 92 Prozent zu konzentrieren. Dennoch wächst zunehmend der Gedanke daran, dass ich eine achtprozentige Chance auf ein Rezidiv habe, was unheilbar wäre.

Mir wird klar, dass ich mit dem Rest meines Lebens auf zwei Arten umgehen kann. Ich könnte lamentieren: *Warum ich?*, und mich als Opfer eines grausamen Universums betrachten. Ich könnte den Rest meines Lebens in Angst vor dem fortschreitenden oder wiederkehrenden Krebs verbringen und stundenlang Heilungschancen und Prognosen googeln. Ich könnte meine rosa Brille in einen von Krebs zerfressenen Kneifer verwandeln und nur ein halbes Leben leben. Ich könnte zum Trost nach Alkohol greifen und wie Haymitch nach seinem Sieg bei den Hungerspielen enden.

Oder ich könnte diese ganze Erfahrung als Weckruf betrachten. Eine Erinnerung daran, dass dieses Leben kostbar ist und dass wir das Beste aus jedem Moment machen müssen. Ich könnte mich als Überlebende betrachten. Eine tapfere Katniss Everdeen, die stärker und kämpferischer als zuvor aus den Hungerspielen hervorgeht.

In den Worten von Präsident Snow ist Hoffnung die Lösung. Sie ist das Einzige, was stärker ist als die Angst. Mehrmals täglich mache ich mir klar, dass ich an einem Kreuzweg stehe. Die Straße nach links heißt ANGST, die rechte HOFFNUNG. Jedes Mal muss ich mich bewusst dazu zwingen, nach rechts abzubiegen. Ich hoffe, dass das irgendwann automatisch geschieht. Jeden Morgen schärfe ich mir ein, dass ich kein Opfer, sondern eine Überlebende bin. Katniss, nicht Haymitch.

Das Gute ist, dass ich vor einer Sache keine Angst mehr habe: vor dem Älterwerden. In meinem Umfeld geben die Leute ein Vermögen dafür aus, jünger auszusehen. Ich kenne viele Frauen, deren Gesicht weder Überraschung noch Ärger ausdrücken kann, ja, sie können nie anders als ausdruckslos, gleichförmig, aufgedunsen und wächsern dreinschauen. Früher habe ich mir stundenlang Gedanken über schwabbelige Oberarme, einen Truthahnhals und Hängebacken gemacht. Das ist vorbei. Denn als ich die »Ich werde sterben, und zwar bald«-Phase durchmachte, stellte ich fest, dass mir alte Leute nicht mehr leidtaten, sondern ich sie beneidete. Bis ich förmlich grün wurde. Ich betrachtete die Fältchen um ihre Augen und Münder und dachte: Da haben wir den Beweis, dass sie doppelt so viel gelächelt haben, als ich es jemals tun werde. Ich sah sie vorsichtig daherschlurfen und dachte: Da sieht man, dass sie doppelt so viele Wege zurückgelegt haben, als ich sie jemals gehen werde. Ich erkannte, dass die Alternative zum Altwerden nicht das ewige Leben in unseren knackigen, gesunden Körpern ist, sondern ein früher Tod.

In Wahrheit ist Altern gar nicht so schlimm. Viele Studien haben bewiesen, dass die Menschen umso glücklicher sind, je älter sie werden. Die Jahre zwischen 40 und 50 sind offenbar unsere unglücklichsten, da uns kleine Kinder, alternde Eltern und die zahlreichen Anforderungen des Lebens stark in Anspruch nehmen.

Ein Leben ohne Alkohol ist darüber hinaus nicht etwa ein schmerzlicher Kompromiss, sondern es ist besser. Realer. Aufregender. Daher bin ich zum ersten Mal vollkommen im Reinen mit der Zukunft. Dem Älterwerden. Dem Nüchternbleiben. Denn ich habe die wahre Alternative erlebt, und sie ist scheiße.

Bevor ich schlafen gehe, habe ich mein neues Spiel gespielt und nachgesehen, welche Google-Schlagwörter Leute zu meinem Blog leiten. Heute hat mich jemand unter dem Stichwort »Mummy Sex« gefunden. Ich fühle mich scharf.

DEZEMBER

| TAG | 280 |

MEINE EHE

Vor vierzehn Jahren habe ich John geheiratet, und trotz der langen Zeit, in der ich immer schwieriger wurde, gefolgt von einer ziemlich dramatischen, abrupten Kehrtwendung vor neun Monaten, scheint er mich wunderbarerweise immer noch zu lieben, trotz der ruinierten, radioaktiven linken Brust und all dem anderen.

Ich schätze mich extrem glücklich, da eine kürzlich erschienene Studie bewiesen hat, dass immer mehr Ehen am exzessiven Alkoholgenuss der Frau zerbrechen. Angeblich soll dies der Grund für eine von sieben Scheidungen sein.

Ich kann mir das gut vorstellen, und ich erhalte zahlreiche E-Mails von Frauen, die mir berichten, dass ihre Männer ihnen ein Ultimatum gestellt haben: entweder der Alkohol oder ich.

Im Rückblick erkenne ich, dass der Alkohol an den meisten unserer Ehekräche schuld war. Und davon gab es ein paar spektakuläre, etwa auf der finnischen Hochzeit.

John kannte den Bräutigam, seitdem sie beide zehn waren und in Schottland gemeinsam zur Schule gingen. Außerdem verbrachten sie nach der Schule ein denkwürdiges Jahr gemeinsam in Sankt Petersburg, wo John lernte, ein ziemlich gebrochenes, aber extrem sexy klingendes Russisch zu sprechen.

Die Hochzeit fand an einem umwerfenden Ort statt – im Sommerhaus der Familie der Braut am Rande eines Fjords, und zwar mitten im Sommer, wenn es so hoch oben im Norden niemals dunkel wird. Gegen zwei Uhr morgens wird das Licht ein wenig schwächer, aber ein paar Stunden später kehrt der gnadenlose helle Sonnenschein zurück, entschlossen, die Monate der Dunkelheit vorher wettzumachen.

Wir amüsierten uns prächtig. Da Russland nicht weit entfernt jenseits eines schmalen Meeres liegt, gab es eine Wodka-und-Kaviar-Bar, die wir ausgiebig nutzten, und anschließend ein üppiges Hochzeitsmahl mit Rentierfleisch, bei dem wir uns mit unaussprechlichen finnischen Getränken zuprosteten.

Gegen drei Uhr morgens fuhr der letzte Bus-Shuttle zum Hotel, das eine halbe Stunde entfernt lag. Doch John hatte so viel Spaß mit den Finnen in der Sauna, dass er nicht mit mir kommen wollte.

Sie saßen alle in der Hitze, nackt und schwitzend, während John flaue Witze über Finnen riss. Anschließend rannten alle in vollem Lauf einen hölzernen Steg entlang und sprangen in den eiskalten Fjord.

Ich flippte aus. Wir hatten eine lautstarke Auseinandersetzung und dann saß ich auf dem Boden des Busses (es gab keine Sitzplätze mehr) und erzählte den amüsierten (und ziemlich besorgten) Passagieren lang und breit, dass John mich nie wirklich geliebt habe und alles vorbei sei.

John kam eine Stunde später im Kofferraum eines Autos nach Hause. Gegen Mittag erwachten wir mit einem furchtbaren Kater, hatten die meisten Einzelheiten unserer sehr öffentlichen Streiterei bereits vergessen und verstanden gar nicht, warum uns alle merkwürdig ansahen und fragten, ob mit uns alles in Ordnung sei.

Der Großteil unserer alkoholbasierten Streitigkeiten war keineswegs so dramatisch wie die finnische. Es blieben aber die endlosen giftigen (verkaterten) Debatten darüber, wer das Baby um fünf Uhr morgens füttern oder mit dem Kleinkind zu einem Kindergeburtstag gehen würde, bei dem man klatschen, singen und mitmachen musste. Nach ein paar Gläsern Wein am Abend folgten die betrunkenen Auseinandersetzungen darüber, wer nicht genug im Haushalt tat oder sich um die Kinder kümmerte, und meist hatte ich sie angezettelt.

Ich bin mir sicher, dass jedes verheiratete Paar solche Streitigkeiten hat, doch die Probleme beginnen, wenn die meisten Unterhaltungen damit enden.

Die Ehe ist wie ein Sparschwein. Jedes Mal, wenn man etwas Nettes, Aufmerksames oder Großzügiges für die andere Person tut, steckt man Geld in das Schwein, und jedes Mal, wenn man sie schlecht, gedankenlos oder abfällig behandelt, nimmt man Geld heraus. Wenn man nicht aufpasst, ist das Sparschwein irgendwann leer.

Das andere Problem mit Alkohol in einer Ehe ist, dass exzessives Trinken zu Selbsthass, Ängsten und Depressionen führt. All das macht es sehr schwer, sich richtig auf die Beziehung zu konzentrieren und das Sparschwein aufzufüllen.

Trotz meiner bitteren Prognosen auf dem Boden des Busses in Finnland sind John und ich immer noch zusammen und ich kann euch gar nicht sagen, wie dankbar ich bin, dass ich zu trinken aufhörte, bevor ich ihn aus dem Haus trieb. Er ist mein bester Freund, mein Geliebter und Verbündeter. Nur er konnte es schaffen, mich trotz meiner Krebsdiagnose und -behandlung immer wieder zum Lachen zu bringen.

Vor vierzehn Jahren las einer unserer Freunde anlässlich unserer Hochzeit das Gedicht »Der Kauz und die Katze« vor. So betrachte ich auch die Ehe. Wir beide segelten in unserem wunderhübschen, erbsengrünen Boot drauflos, auf der Suche nach dem Land, wo der Bong-Baum wächst. Als Hochzeitsgeschenk kaufte ich John ein kleines, aber wunderschönes Ölgemälde von dem Kauz und der Katze unter den Sternen, wie sie ihren Honig und

MEINE EHE

ihr Geld umklammern. Es hängt über unserer Badezimmertür. Und so war es auch bei uns: eine Reise, manchmal tückisch, oft schwierig, aber zugleich spannend und zauberhaft.

Heute Morgen hat mir John zu unserem Hochzeitstag Rührei auf Toast ans Bett gebracht. Ich habe angefangen zu weinen und Tränen tropften auf die Eier. Er guckte ganz entsetzt und befürchtete, etwas Schlimmes getan zu haben. Doch ich weinte, weil ich so wahnsinnig dankbar bin.

Nicht nur für die Eier. Für alles.

DEZEMBER

| TAG | 290 |

WEIHNACHTEN STEHT VOR DER TÜR

Nachdem zwei Monate vergangen sind, gelingt es mir allmählich immer besser, ohne Alkohol mit meinen Ängsten und dem Stress umzugehen. Ich weiß, dass man einen klaren Kopf braucht, wenn man wirklich in Schwierigkeiten steckt, und nicht einen, der vom Alkohol benebelt ist oder vom Kater schmerzt. Doch ich vermisse den Alkohol immer noch, wenn es ans Feiern geht. In manchen Situationen, etwa als mir der Professor eröffnete, dass ich keine Chemotherapie brauche, reicht es einfach nicht, ein Stück Kuchen zu essen. Und mit Weihnachten ist es genauso. Neben den Geburtstagen ist es der Anlass, bei dem ein alkoholfreies Bier irgendwie nicht das Richtige ist.

Ich habe noch nie Weihnachten ohne Alkohol gefeiert. Sogar als ich schwanger war, erlaubte ich mir (mit dem Segen meines Gynäkologen) ein Glas Wein am ersten Feiertag. Da ich also weiß, dass der 25. Dezember möglicherweise hart wird, wappne ich mich dagegen.

Schritt eins besteht darin, ehrlich zu mir zu sein, was bedeutet, dass ich die vergangenen Weihnachtsfeiern Revue passieren lassen muss. Wenn ich an das Trinken zu Weihnachten denke, erinnere ich mich an Folgendes: den herben, gekühlten Weißwein, während ich die Geschenke für die Strümpfe am Weihnachtsabend einpacke, das Glas Champagner, während ich das Weihnachtsessen kochte, und den schweren Rotwein zum Truthahn.

WEIHNACHTEN STEHT VOR DER TÜR

(Schon wenn ich diese Liste niederschreibe, höre ich die Weinhexe flüstern: *Oh, ja! Mach weiter. Du könntest einfach nur jeweils ein Glas davon trinken. Das wäre doch nicht so schlimm, oder?* Verdammte Hacke, du feierst Weihnachten, neun Monate Nüchternheit und den Sieg über den Krebs!) Doch der Trick besteht darin, sich zu zwingen, sich auch all das andere einzugestehen. Denn ich trank nicht nur ein Glas, während ich die Geschenke einpackte, sondern eine ganze Flasche. Oft steckte ich die falschen Geschenke in die falschen Strümpfe, was am nächsten Morgen zu großem Durcheinander führte, wenn Maddie Fußballsocken und Kit eine Barbie fand. (»Ha! Ha!«, lachte John dann, »der Weihnachtsmann hat gestern Abend wieder am Whisky genippt!«)

Ich wachte dann wie üblich um drei Uhr morgens auf, wälzte mich herum, schwitzte und hasste mich, bis etwa gegen halb sechs, wenn die Horde aufwachte. Drei Kinder und ein Hund, übersprudelnd vor Aufregung und Vorfreude. Anstatt in ihre Freude über den Weihnachtsmorgen einzustimmen, versuchte ich, meinen schmerzenden Kopf unter einem Kissen zu verstecken, während mich schon die Panik bei dem Gedanken erfasste, dass ich für zehn Leute ein Weihnachtsessen zubereiten musste, obwohl ich nur drei Stunden geschlafen und einen Kater hatte.

Gegen elf Uhr hatte ich das Gefühl, das Ganze zöge sich schon seit Stunden hin, und wir öffneten die erste Flasche Champagner (Weihnachten ist der einzige Tag im Jahr, wenn Alkohol vor dem Mittagessen nicht nur akzeptabel, sondern obligatorisch ist). Gegen eins hatte ich den größten Teil einer Flasche intus und das Mittagessen geriet ernsthaft in Gefahr. Einen Truthahn, die Füllung, fünf verschiedene Gemüsesorten und Soße zuzubereiten ist schon in Hochform eine Herausforderung und beinahe unmöglich, wenn man betrunken und kaputt ist.

DEZEMBER

Die Kinder waren vor lauter Süßkram und Geschenken so aufgedreht, dass sie sich gegenüber den Großeltern schrecklich danebenbenahmen und ich noch mehr Alkohol brauchte, um den Stress abzufedern. Wenn wir dann endlich beim Essen saßen, war das eine große Erleichterung und erforderte einen ... Trinkspruch! Viel exzellenter Rotwein wurde getrunken bis weit in den Nachmittag hinein. Schließlich war Weihnachten! Gesamtmenge bis zum Ende des Tages: zwei Flaschen? Vielleicht drei? Einen Nachmittag und einen Abend lang schwankte ich zwischen Schlaf und Wachen und versuchte, die Kinder zu ignorieren. Darauf folgte eine höllische Nacht, in der ich mich schlaflos herumwälzte. Am zweiten Weihnachtsfeiertag fühlte ich mich dann dem Tode nah.

Nachdem ich mich gezwungen habe, die Wirklichkeit der Weihnachtsvergangenheit noch einmal zu durchleben, muss ich jetzt einen Weg finden, Weihnachten in der Gegenwart und in der Zukunft wirklich zu schätzen. Ohne den Alkohol. Ich beschließe, ein wenig im Internet zu recherchieren, und stoße auf einen Selbsthilfeguru namens Wayne Dyer. Mal sehen, was er über Weihnachten zu sagen hat.

Auf seiner Internetseite (www.drwaynedyer.com) predigt Wayne, dass man Weihnachten wieder als »eine Zeit der Dankbarkeit, der Aufregung, der Freude und des Friedens« schätzen lernen sollte. Diese Beschreibung klingt eine Million Meilen weit entfernt von meiner üblichen Weihnachtswahrnehmung! Frieden? Dankbarkeit? Aufregung? Meine Weihnachtsgefühle umfassten üblicherweise Panik, Zittern, Nervosität, Erschöpfung ... aber Frieden? Definitiv nicht. Abgesehen von einem kurzen Moment, nachdem ich mir gerade das erste Glas Wein des Tages eingeschenkt hatte. Oha. Hier liegt das Problem ...

Fasziniert lese ich weiter. Wie, wundervoller Wayne-Guru, kann Weihnachten ohne Alkohol in irgendeiner Form Dankbar-

WEIHNACHTEN STEHT VOR DER TÜR

keit, Aufregung, Freude und Frieden mit sich bringen? Und so lautet Waynes Mantra, um den »*Geist der Liebe und des zur Fülle ausgeschöpften Lebens*« an Weihnachten wieder aufleben zu lassen:

Ich werde mich über die Feiertage lieber treiben lassen, anstatt einem starren Zeitplan zu folgen.

Ich werde daran denken, dass Menschen mehr bedeuten als Dinge.

Ich werde in diesem Jahr nicht zu hohe Erwartungen an mich und andere stellen.

Ich werde im Hier und Jetzt leben und jedes Ereignis für sich wertschätzen, anstatt ständig an Zukünftiges zu denken.

Ich werde den Feiertagen mit gespannter Vorfreude entgegenblicken, so wie früher, als ich ein Kind war.

Das ist alles leichter gesagt als getan, aber ich habe mir die Punkte 1–5 immer wieder vorgebetet, in der Hoffnung, dass sie mir in Fleisch und Blut übergehen. Dabei sind eigentlich so ziemlich alle wider meine Natur. Kein fester Zeitplan? Soll das ein Witz sein? Nichts vorausplanen? Aber dann bleibt doch alles liegen und nichts wird erledigt!

Ich lese Waynes Liste der Familie vor. Alle schnauben abfällig. »Das klingt aber gar nicht nach Mummy, was, Kinder?«, bemerkt John und starrt betont auf meine To-do-Liste und den Feiertagsplan. Na schön, ich werd's ihnen zeigen! Kein Weichzeichner mehr! Ich werde mich nicht mehr benommen oder verkatert durch die Tage kämpfen. Es gibt nur noch gespannte Vorfreude und Staunen in strahlendem Technicolor.

Morgen ist der letzte Tag des Schulhalbjahres, deswegen fin-

DEZEMBER

det natürlich in Kits Jahrgang ein Kostümwettbewerb mit weihnachtlichem Thema statt.

»Schau doch mal in dem Karton mit der Weihnachtsdekoration nach. Bestimmt findest du ein bisschen Lametta und ein paar Kugeln, die du dir morgen umhängen kannst«, schlage ich vor.

»Aber Mummy!«, heult er. »Ich will als Kamin gehen!«

Als *Kamin*?!?

»Das ist ungerecht!«, erklärt er mit vorgestülpter, zitternder Unterlippe. Meine Kinder haben einen ausgeprägten Gerechtigkeitssinn. Wehe, eines wird anders behandelt als seine Geschwister.

»Schätzchen, es ist jetzt schon ein bisschen spät, um noch etwas zu basteln«, erwidere ich. Die Tränen treten ihm in die Augen.

»Aber Maddie ist am französischen Tag als Eiffelturm gegangen!«, entgegnet er und fährt sich mit dem Handrücken über die Augen.

Jetzt kommt die negative Seite meiner Verwandlung in Supermama zum Vorschein. Ich habe unwillentlich die Erwartungen geschürt. Mist!

Wir erreichen das Bastelgeschäft kurz vor Ladenschluss. Anschließend verbringen wir zwei Stunden damit, einen Kamin zu konstruieren, inklusive Flammen, herunterhängender Strümpfe und der Füße des Weihnachtsmannes, während ich innerlich mit zusammengebissenen Zähnen wiederhole: *gespannte Vorfreude und Staunen.*

| TAG | 291 |

GESPANNTE VORFREUDE UND STAUNEN

Allmählich bedaure ich, Wayne Dyers Ratschlag über den Umgang mit Weihnachten mit der Familie geteilt zu haben. Immer wenn ich jemandem gegenüber gereizt reagiere, etwa, weil die Küche aussieht wie ein Schweinestall murmelt John halblaut: »*Keine überzogenen Erwartungen an mich und andere*« oder »*Über die Feiertage treiben lassen*«. Irgendwann bringe ich ihn noch um! Die Kinder haben jetzt Schulferien. Früher hätte ich detaillierte Pläne erarbeitet, um sicherzugehen, *dass wir alle Spaß haben*. An einem Tag Kindertheater, am nächsten Schlittschuhlaufen, Indoor-Spielplatz, Trampolinspringen, Bowling und so weiter. Das alles angetrieben von eimerweise Chianti (für mich) und Haribo-Gummibärchen (für die Kinder), und alles sauteuer. An Weihnachten wären wir dann alle fix und fertig gewesen.

In diesem Jahr habe ich nur sehr wenig vorausgeplant. Ich habe (wie Wayne vorschlägt) die Feiertage auf mich zukommen lassen, anstatt mir alles Mögliche vorzunehmen. Ich gebe zu, dass das nicht daran liegt, dass ich plötzlich mein inneres Zen gefunden habe. Ich wurde zu meiner Laissez-faire-Haltung gezwungen, weil mindestens drei Stunden pro Tag für Krankenhausbesuche (Bestrahlung und Untersuchungen) draufgehen. Dies erfordert eine Riege extrem hilfsbereiter Freunde und Johns Unterstützung bei der Kinderbetreuung, was bedeutet, dass ich ansonsten nur sehr wenig organisiert habe. Und wisst ihr was? Das Erstaunliche ist, dass das überhaupt nichts ausmacht! Wie sich

DEZEMBER

herausstellt, sind Evie, Kit und Maddie ganz begeistert davon, einfach mal zu Hause zu bleiben.

Nach meiner letzten Bestrahlung komme ich in die Küche, sechs Augenpaare wenden sich mir zu und ich werde gefragt: »Was ist für heute geplant, Mummy?« (Sie wissen, dass ich normalerweise immer einen Plan habe. Oft mit mehreren Unterplänen.)

Ich hole tief Luft und antworte gespielt begeistert: »Wir fahren in den Supermarkt!« (Es ist der letzte Tag, an dem man Truthähne vorbestellen kann.) Ich erwarte Unmut. Anarchie. Aber nein! Wir steigen alle fröhlich ins Auto und fahren los.

»Gelbes Auto!«, ruft Maddie vom Rücksitz aus. Ich weiß gar nicht mehr, wann wir mit dem Gelbe-Autos-Spiel begonnen haben. Es ist ein Spiel ohne Anfang und Ende. Die Regeln sind einfach: Wenn man ein gelbes Auto sieht, ruft man »Gelbes Auto«, bevor ein anderer es tut.

»Gelbes Auto!«, brüllt mir Kit ins Ohr, sodass ich zusammenzucke.

Als ich auf den Parkplatz einbiege, scheinen die Leute, die in diesem Supermarkt einkaufen, keine gelben Autos zu fahren.

Normalerweise vermeide ich es tunlichst, mit drei Kindern einkaufen zu gehen. Das ist viel zu stressig und zeitraubend. Heute jedoch machen wir ein Spiel daraus. Wir veranstalten Jungs-gegen-Mädchen-Wettrennen. Ich gebe jedem Team eine Liste von Einkäufen, die sie möglichst als erste in den Einkaufswagen legen müssen.

Dann lasse ich sie die Selbstbedienungskasse benutzen. Ja, es dauert Stunden. Und es tauchen zahlreiche unerwartete Artikel in der Packzone auf. Gut möglich, dass wir manches gar nicht, anderes dafür doppelt bezahlt haben, und außerdem sieht es so aus, als sei viel mehr Schokolade in den Einkaufstüten, als ich offiziell erlaubt hatte. Aber egal! Wir haben es nicht eilig. Wir

GESPANNTE VORFREUDE UND STAUNEN

bestellen den Truthahn. Wir kaufen noch ein paar zusätzliche Weihnachtsdekorationen, die wir aufhängen, als wir nach Hause kommen. Anschließend habe ich meine Pflichten erledigt und wir hatten Spaß!

Mir wird klar, dass mit der richtigen Einstellung jede Unternehmung festlich und weihnachtlich gestaltet werden kann. Unsere Weihnachtsferien-Unternehmung morgen nach dem Krankenhaus: mit dem Hund zum Tierarzt fahren, für seine jährliche Impfung. (Ich bin nicht sicher, ob er das mit der richtigen weihnachtlichen Vorfreude zu schätzen weiß – er hat den Tierarzt sogar schon mal gebissen.)

DEZEMBER

TAG 293

WER HAT KREBS?

Da ich täglich viel Zeit im Wartezimmer der Krebsklinik verbringe, habe ich mir ein Spiel gegen die Langeweile ausgedacht. Es ist ein bisschen makaber und wahrscheinlich wird sich keine Spielefirma um das Copyright reißen. Es heißt: Wer hat Krebs? Also, die meisten Patientinnen und Patienten werden von jemandem begleitet, etwa ihren Partnern oder Freunden. Man weiß, dass eine Person Krebs hat, aber nicht, welche. Bis die Empfangsdame einen Namen aufruft, und man sieht, wer reagiert.

Manchmal ist es ziemlich leicht zu erraten. Zum Beispiel bei Frauen mit verdächtig üppigem Haar, aber ohne Augenbrauen, Wimpern und Armbehaarung. Manchmal dagegen ist es richtig schwer.

Ich bemühe mich sehr, nicht wie eine Krebspatientin auszusehen. Ich ziehe mich an wie für's Theater: hochhackige Schuhe, Kaschmir und Pelzbesatz. Das gibt mir ein besseres Gefühl.

Außerdem bin ich in der Regel zehn, zwanzig Jahre jünger als die anderen, wodurch ich mir zusätzlich glamourös vorkomme (leider aber auch wie ein Pechvogel).

Heute kommt ein junges Paar herein. Beide sind äußerst attraktiv und strotzen vor Gesundheit. Ich bin irritiert. Es stellt sich heraus, dass es ihn erwischt hat. Armer Kerl. Hodenkrebs? Hoffentlich – damit hat er gute Heilungschancen und ein Hoden soll ja völlig ausreichend sein.

Das Problem ist, dass ich alle anderen verdächtige, auch dieses

Spiel zu spielen. Ich bin erkältet, versuche aber, auf keinen Fall zu husten, weil ich jedes Mal irgendeinem von den anderen ansehe, wie er denkt: *Oje! Sekundäre Tumore in der Lunge (tödlich). Oder Lungenkrebs (schlechte Prognose).* Denn wir alle sind inzwischen zu Amateurmedizinern geworden.

Dann kommt eine Dame mittleren Alters herein, Französin, gekleidet in diesen mühelosen Pariser Chic. Ich vermute Brustkrebs im frühen Stadium (wie ich). Sie hat ihre Tochter dabei, die etwa zwölf sein muss, im gleichen Alter wie Evie. Wie nett von ihr, ihre Mutter zu begleiten! Sie wirkt ganz zufrieden damit, obwohl es doch mitten in den Weihnachtsferien ist.

Während ich sie heimlich beobachte, streift die Tochter einen Ärmel hoch und entblößt einen Chemotherapiezugang. Es trifft mich wie ein Schlag in die Magengrube. Denn es gibt Schlimmeres, als sich einer Krebsbehandlung zu unterziehen: mit ansehen zu müssen, wie das eigene Kind eine erhält. Ich habe Glück gehabt!

(Hör mal, Schicksalsengel. Ich habe diese Kugel für meine Familie abgefangen. Also denk gar nicht erst dran, mit dem Finger auf eines meiner Kinder zu zeigen. Oder auf John.)

Das Spiel hat mich jedenfalls gelehrt, dass man nie wissen kann, was tatsächlich im Leben anderer Leute abläuft. Es ist leicht, sie um ihr perfektes Dasein zu beneiden, wenn man sich ihre Instagram-Feeds wie aus dem Katalog und ihre Facebook-Seiten voller ausgefallener Unternehmungen und erreichter Meilensteine ansieht, gepfeffert mit erhobenen Daumen und Herzchen, und sich zu fragen, was man falsch gemacht hat. Alkohol ist ein Trost. Er lindert dieses Gefühl der Unzufriedenheit, der ungenutzten Potenziale, des Feststeckens im Hamsterrad.

Doch die Wahrheit ist: Kein Leben ist perfekt. Man weiß nie, wer an einer lebensbedrohlichen Krankheit leidet, ein behinder-

DEZEMBER

tes Kind, einen sterbenslangweiligen Job oder einen im Stillen verachteten Partner hat.

Eine Freundin hat mir erzählt, dass ihr ihre Mutter nach deren Scheidung riet, die Ehepaare, die scheinbar ein Herz und eine Seele waren, immer kritisch unter die Lupe zu nehmen. Sie sagte, der Grund dafür, warum sie auf jede Party gingen und sich stets zu amüsieren schienen, sei, dass sie es nicht aushielten, miteinander allein zu sein. Sie sprach aus eigener Erfahrung.

Ich werde in Zukunft niemanden mehr um sein Leben beneiden und dafür endlich mein eigenes leben. *Es wirklich ausleben.* Denn so wie der Splitter in der Auster, der irgendwann zur Perle wird, so sind es die Unvollkommenheiten in unserem Leben, die uns (irgendwann) stark, einzigartig und schön machen werden. Jedenfalls, solange wir mit ihnen umgehen und sie nicht in Litern von Wein ertränken.

GESCHAFFT!

Gestern hatte ich meine letzte Bestrahlung. Wenn ich eine Mikrowelle wäre (und weit bin ich nicht davon entfernt), würde ich jetzt »PING!« machen.

Ich bin jetzt ein bisschen wund, als wäre ich am Strand eingeschlafen und meine linke Brust aus dem Bikini gerutscht – was mir skurrilerweise früher, als ich noch getrunken habe, öfter mal passiert ist. Außerdem bin ich sehr müde und meine linke Körperhälfte ist wärmer als die rechte.

Angeblich gibt es in manchen amerikanischen Krankenhäusern eine große Glocke im Wartebereich, und wenn man seine Krebsbehandlung abgeschlossen hat, läutet man sie und alle jubeln einem zu. Ich hätte wirklich sehr gerne eine Glocke geläutet! Stattdessen überschüttete ich die Krankenschwestern mit Pralinen, umarmte sie alle und verabschiedete mich mit dem Wunsch, sie nie wiederzusehen. (Angesichts ihres gezwungenen Lächelns vermute ich, dass sie den Spruch schon öfter gehört haben.) Dann trat ich hinaus in die Wintersonne, beglückt und weinerlich zugleich.

Ich wünschte mir nichts sehnlicher, als mir so richtig die Kante zu geben. Mindestens eine Flasche Wein zu trinken. Ich wollte mit John dummes Zeug reden. Lachen. Weinen. Betrunken Sex haben. Alles verschwommen sehen, gegen die Möbel stoßen und dann auf dem Sofa einschlafen.

Stattdessen ging ich shoppen. Bei Zadig & Voltaire gab es

DEZEMBER

Prozente, und ich kaufte ein anthrazit- und goldfarbenes T-Shirt, einen Alexander-McQueen-inspirierten Schal und einen karmesinroten Pulli mit schwarzen Paillettenstickereien. Rock-Chick-Klamotten, nichts für nüchterne Krebspatientinnen. Und alles passte mir locker in M. Juhu!

Ich fuhr nach Hause und wir besuchten Freunde, bei denen es Glühwein und süße, mit Trockenfrüchten gefüllte Mince Pies gab (ich nahm ein alkoholfreies Bier mit), schauten noch zwei Folgen von *The Affair* und gingen zu Bett – ich nüchtern, wie immer.

Und heute? Bin ich erwacht, ohne von Schuldgefühlen geplagt zu werden – nur mit einem leichten Kater vom Klamottenkaufen gestern.

Ich nehme an, dass es jedes Jahr ein paar Tage gibt, an denen man es gern so richtig krachen lassen würde. Aber was ist mit den anderen circa 360 Tagen? Denn in meinem Fall wären die mit betroffen. Außerdem ist diese Reaktion doch im Grunde bizarr: Ich habe zwei schreckliche Monate erfolgreich hinter mich gebracht und bin, soweit man das beurteilen kann, krebsfrei. Wozu sollte ich mich bis zur Bewusstlosigkeit betäuben, um das zu feiern? Einfach nur aus Gewohnheit.

Es ist Weihnachtsabend. Und wisst ihr was? Ich mache mir überhaupt keine Sorgen mehr wegen Weihnachten! Ich freue mich sehr darauf! Denn an Weihnachten (anders als an Silvester) geht es um so viel mehr als um das Trinken. Es geht um die Aufregung der Kinder, wenn sie uns morgens ihre Strümpfe zeigen (und der Weihnachtsmann war dieses Jahr echt in Form), den Gottesdienst in der Kirche, das leckere Mittagessen, das Überreichen und Auspacken der Geschenke, lustige Spiele, ein tolles Fernsehprogramm, die Queen. Für jeden ist etwas dabei.

Ich bin in den Supermarkt gefahren, um unseren Truthahn abzuholen und in letzter Minute noch ein paar Besorgungen zu

GESCHAFFT!

machen. Da unser Kühlschrank in der Küche aus allen Nähten platzt, bitte ich John, den Vogel runter in unseren Vorratskühlschrank im Keller zu bringen.

Ich wusele in der Küche herum, räume die Einkäufe aus und höre Johns Schritte auf der alten, hölzernen Kellertreppe. Dann höre ich: »Oh, mein Gott!«

»Was? Was ist denn?!?«, rufe ich hinunter.

»Versprichst du mir, nicht auszuflippen?« Genau das Richtige, um einen unter Garantie zum Ausflippen zu bringen! Etwas bange steige ich langsam die Treppenstufen hinunter. Unser Keller – gefüllt mit alten Aktenordnern, Fotos, Memorabilia, geerbten Kleidern, die darauf warten, dass die Kinder hineinwachsen, und allem, das wegzuwerfen John nicht übers Herz bringt (allem heißt allem: Er ist Schotte) – steht fünf Zentimeter hoch unter Wasser.

Es stellt sich heraus, dass das Hauptwasserrohr (das mindestens hundert Jahre alt sein muss), die Verbindung zur zentralen Wasserversorgung, irgendwo zwischen unserem Haus und der Straße draußen gebrochen sein muss und daher beständig Wasser in unseren Keller läuft.

Wir drehen den Haupthahn zu. Wir verbringen die drei Stunden, in denen wir eigentlich mit den Kindern ins Winter-Wunderland gehen wollten, damit, eimerweise Wasser aufzuputzen. Wir stapeln die durchnässten Sachen und nehmen uns vor, uns später um sie zu kümmern. Wir rufen mehrere Heizungs- und Sanitärfirmen an, die uns auslachen, als wir fragen, ob sie jetzt, kurz vor Weihnachten noch schnell rauskommen könnten, und die uns darauf hinweisen, dass wir sowieso einen Bagger und größere Arbeiten an der Hauptzuleitung machen lassen müssten. Das alles wird sehr teuer werden, zu einer Zeit, in der wir unser ganzes Geld ausgegeben haben.

Aber wisst ihr was? Ich bin völlig ruhig. Letztes Jahr um diese

DEZEMBER

Zeit hätte ich geschrien, geweint, meine Sorgen in mehreren Flaschen Wein ertränkt und dann noch mehr geschrien und geweint. Weihnachten, so hätte ich erklärt, wäre ruiniert gewesen.

Stattdessen haben wir eine Übergangslösung mithilfe von Eimern und Sandsäcken konstruiert, wodurch wir das Wasser mehrere Stunden am Stück aufdrehen können, solange wir die Eimer häufig leeren und fleißig wischen. Dann rufen wir: »Wasser wird abgedreht, alle noch mal aufs Klo gehen!« Wir füllen den Wasserkocher, Töpfe und Pfannen und drehen den Haupthahn dann wieder zu, damit alles ein wenig trocknen kann. Anschließend nehmen wir uns fest in den Arm.

So hatte ich mir den Weihnachtsabend eigentlich nicht vorgestellt, aber es ist okay. Es ist okay, weil ich stark bin. Und ich bin stark, weil ich nüchtern bin und weil ich weiß, dass Schlimmeres passieren kann. Ein Wasserschaden ist reparabel.

Doch aufgrund all dessen wache ich am Weihnachtstag dummerweise schon um fünf Uhr auf. Ich gehe hinunter in die von Lichterketten erleuchtete Küche. Ich sehe die Überreste von einem Glas Whisky, einem Stück Weihnachtskuchen und einer Möhre, die wir für den Weihnachtsmann und seine Rentiere in den Kamin gestellt haben. Dann lausche ich auf die ersten Geräusche von Evie, Kit und Maddie, die nachsehen, ob er dagewesen ist und sich gegenseitig zeigen, was sie in ihren Strümpfen gefunden haben. Ich warte darauf, dass John aufwacht und uns wieder an die Wasserleitung anschließt, damit ich duschen kann …

Es wird ein wunderbarer Tag werden!

WEIHNACHTEN

Gegen sieben kommen Evie, Kit und Maddie mit ihren Strümpfen herunter. Es zeigt sich, dass der Weihnachtsmann dieses Jahr ein besonders geschicktes Händchen hatte. Gut gemacht! Und diesmal hat er es auch geschafft, alle Geschenke in die richtigen Strümpfe zu stecken – zum ersten Mal.

Nach dem Frühstück können wir die Kinder nicht länger zurückhalten und versammeln uns um den Weihnachtsbaum, um einige der Geschenke zu öffnen. Dieses Jahr haben wir niemanden zu Weihnachten eingeladen, da wir nicht genau wussten, wie es mir gehen werde. Normalerweise hätten wir mindestens zehn Freunde und Verwandte zu Besuch gehabt, aber nun sind wir nur zu fünft, daher ist alles super entspannt.

Ich habe es geschafft, Evie zu überreden, mich in die Kirche zu begleiten. Ich finde, dass der Weihnachtsgottesdienst Pflicht sein sollte, besonders in einem Jahr, in dem man zu trinken aufgehört hat, sich mit Krebs rumschlagen musste und in dem so vieles geschehen ist, wofür man dankbar sein sollte. Doch leider sind alle anderen in meiner Familie Heiden und nutzen die Gelegenheit, um zu Hause das Mittagessen vorzubereiten, während Evie und ich »die Sache mit Gott erledigen«, wie John es umschreibt.

Ich freue mich wirklich sehr darauf, in die Kirche zurückzukehren, in der John und ich geheiratet haben und Evie getauft wurde. Es ist die älteste Kirche Londons (St Bartholomäus der

DEZEMBER

Große), gebaut 1123 und absolut Ehrfurcht gebietend, aber sie liegt in der Innenstadt – auf der anderen Seite von London. Daher fahren wir durch verlassene Straßen an Piccadilly und Soho vorbei durch den alten Gerichts- und den neuen Finanzbezirk nach Smithfield hinüber.

Die Kirche ist mit Hunderten von Leuten gefüllt, die »die Sache mit Gott erledigen«, und wir finden nur noch Stehplätze. Der Gottesdienst ist wundervoll, mit einem großen Chor, einer Prozession an der Krippe vorbei und zahlreichen Weihnachtsliedern. Dann folgt das Abendmahl.

Aber was ist mit dem Wein? Es wird ja wohl nur ein Schluck sein, und wenn er geweiht ist, dann zählt er doch nicht, oder? Schließlich wurde er gewandelt! Es ist das Blut Christi, stimmt's? (Oder ist das nur in der katholischen Kirche so?) Also trinke ich einen großen Schluck Weißwein. Und ich muss gestehen, dass ich es genieße. Dieser vollmundige, reiche Geschmack und dieses leichte Brennen hinten in der Kehle. Ob ich mich wohl noch einmal hinten anstellen und noch einen haben kann? Einmal süchtig, immer süchtig.

Wir kommen genau richtig zu unserem feudalen Mittagessen. Ich trinke ein Glas alkoholfreien Wein (Torres Natureo), der gar nicht schlecht schmeckt und mir wenigstens die Illusion verleiht, mir etwas Besonderes zu gönnen. John hat eine Miniflasche Sekt und eine winzige Flasche Portwein bei Marks & Spencer aufgetrieben, ein Sonderangebot aus dem etwas traurigen Sortiment »Christmas for One«. Ich hoffe, es deprimiert ihn nicht zu sehr.

Nach dem Mittagessen packen wir noch mehr Geschenke aus – alle, außer der arme Kit. Kit kommt auf seine Mutter. Er kann sich nichts einteilen und hat schon heute Morgen in einem wilden Wust von hastig aufgerissenem Geschenkpapier fast all seine Geschenke geöffnet. Anschließend spielen wir Spiele und schauen uns das Weihnachtsprogramm im Fernsehen an (unterbrochen von regelmäßigen Wischeinsätzen im Keller), bis es Zeit wird, zu Bett zu gehen.

Und wisst ihr was? Ohne den Wein ist alles so einfach. Kein Streit, kein Stress, kein Selbsthass. Nur Spaß, Freude und Dankbarkeit. Das nächste Weihnachten kann kommen! Denn es ist doch so wie mit allem anderen auch: Wenn man es einmal geschafft hat, verschwindet die Angst von ganz alleine.

DER MONAT, IN DEM ICH ETWAS
FÜR ANDERE TUE

TAMOXIFEN

Ich nehme inzwischen seit zehn Tagen Tamoxifen. Bleiben nur noch neun Jahre und 355 Tage. Tamoxifen ist ein wahres Wundermittel und einer der Hauptgründe dafür, dass die Rezidivrate bei Brustkrebs in den letzten dreißig Jahren signifikant gesunken ist. Mein Krebs wurde von Östrogen begünstigt, und Tamoxifen setzt die Östrogenrezeptoren eventuell noch vorhandener Krebszellen außer Kraft und macht sie dadurch wesentlich unschädlicher. Dafür löst es bei mir allerdings seltsame Nebenwirkungen aus.

In den letzten Tagen war mir ständig ein bisschen übel. Ich bin erschöpft und fühle mich benommen. Ich kann keinen klaren Gedanken fassen und muss mich zwingen, an alles zu denken, was ich mir vorgenommen hatte.

Letzte Woche habe ich Maddies Elternsprechtag vergessen. Ich bin einfach nicht hingegangen. Als ich es beichtete, war sogar Kit ganz entsetzt (er sagte: *Das ist richtig schlimm, Mummy*, dabei ist er sonst gar nicht so pflichtbewusst). Ja, das ist wirklich schlimm! Grundkurs für Eltern: dreimal am Tag Kind füttern, aufpassen, dass es kein Körperteil verliert und einmal im Jahr (nüchtern) zum Elternsprechtag erscheinen.

Gestern war ich mit einer Freundin zum Hundespaziergang verabredet, nachdem ich die Kinder zur Schule gebracht hatte. Ich war schon halb an der Schule, als mich das merkwürdige Gefühl beschlich, etwas vergessen zu haben. Ich hatte den verflixten

JANUAR

Hund zu Hause gelassen! Ich musste eine Notschleife drehen, begleitet von Maddies Gekreische, sie verpasse ihre Blockflöten-AG. Ich fühle mich ganz ähnlich wie in den ersten zwei, drei Wochen, nachdem ich zu trinken aufgehört hatte. Und ehrlich gesagt auch so wie in den ersten Tagen einer Schwangerschaft. Und da fällt der Groschen! Ich durfte meine gewohnten Verhütungsmittel nicht mehr nehmen, weil die Hormone wie Raketentreibstoff auf mögliche umherschweifende Krebszellen gewirkt hätten. Vielleicht bin ich schwanger!

Aber ich bin nur ein paar ganz kleine Risiken eingegangen und bestimmt wird man doch im hohen Alter von 46 (beinahe 47) nicht mehr spontan und ungewollt schwanger? Ich fange an zu hyperventilieren. Babys sind natürlich ein Segen. Aber ich habe das alles eigentlich hinter mir. Ich möchte wirklich nicht noch einmal von vorn anfangen mit dem Wickeln und den schlaflosen Nächten. Außerdem darf man Tamoxifen nicht nehmen, wenn man schwanger ist. Es ist äußerst schädlich für den Fötus und, siehe oben: Hormone gleich Raketentreibstoff. Eine Schwangerschaft könnte das Todesurteil für mich bedeuten, und ich würde meine drei schon existierenden Kinder mutterlos zurücklassen.

Ich bringe es nicht fertig, in den Drogeriemarkt zu gehen und einen Schwangerschaftstest zu kaufen. Man würde mich auslachen *(Haha, wollen Sie mich auf den Arm nehmen, Oma?)*, deswegen bestelle ich jede Menge Lebensmittel, die wir gar nicht brauchen, nur damit mir der neueste Schwangerschaftstest mit digitalem Display bis an die Haustür geliefert werden kann.

Ich pinkele auf ein Stäbchen, während die Kinder unten fernsehen, und bete inbrünstig wie ein leichtsinniger Teenager.

Drei Minuten können verdammt lang sein.

Das Ergebnis: nicht schwanger. (Heutzutage erscheinen tatsächlich die Worte, nicht nur ein blauer Strich, das nenne ich Fortschritt.) Halleluja! Andererseits: Bedeutet das, dass ich mich

TAMOXIFEN

in den ganzen nächsten zehn Jahren so seltsam unwohl fühlen werde? Dann begehe ich den folgenschweren Fehler und google die Nebenwirkungen von Tamoxifen. Genau das, wovon mir der Prof strikt abgeraten hat (»Die Millionen Frauen weltweit, die keinerlei Probleme mit Tamoxifen haben, machen sich nicht die Mühe, in Internetforen zu posten«, sagte er mit strengem Blick und erhobenem Zeigefinger). Ich stoße auf zig Berichte von Frauen, die fünfzehn Kilo zugenommen haben, vollkommen durchdrehen und sich so schrecklich fühlten, dass sie irgendwann die Tabletten wegließen, weil sie ihre Lebensqualität über die -quantität stellten. 50 Prozent der Frauen nehmen Tamoxifen nicht einmal für die Mindestzeit von fünf Jahren ein, geschweige denn zehn.

Und dann kommt die eiskalte Dusche: Ein Viertel der Frauen, die Tamoxifen nehmen, sterben trotzdem innerhalb der folgenden zehn Jahre an einem Rezidiv.

Super. Da kann ich bestimmt heute Nacht so richtig gut schlafen.

Ich hoffe, dass die Nebenwirkungen nur vorübergehend sind und sich nach ein paar Wochen von selbst verlieren. Ich halte mich an meinen eigenen Rat und konzentriere mich darauf, dankbar für alles Positive zu sein. Ich bin (soweit man das momentan feststellen kann) vom Krebs geheilt und nicht schwanger. Hurra!

JANUAR

| TAG | 326 |

ICH REVANCHIERE MICH

Ich bin wieder einmal im Haven, einem tollen Unterstützungszentrum für Frauen mit Brustkrebs. Dort wurde mir eine Akupunkturbehandlung gratis angeboten, um die Nebenwirkungen des Tamoxifens zu lindern. (Ich habe zwar keine Ahnung, was es helfen soll, eine Stunde lang in ein menschliches Nadelkissen verwandelt zu werden, aber es scheint zu wirken. Unglaublich!)

Wie dem auch sei: Auf dem Weg hinaus begegne ich einer Frau, die zu ihrem Erstberatungstermin bei der Krankenschwester unterwegs ist. Mir fallen ihre beeindruckenden, markanten Gesichtszüge auf. Sie ist jünger als ich, sieht aber ausgelaugt aus, als hätte jemand mit einem riesigen Staubsauger alle Freude und Hoffnung aus ihrem Leben geschlürft. Das erinnert mich lebhaft daran, wie ich mich fühlte, als ich vor drei Monaten zu meinem ersten Beratungstermin herkam, und ich würde sie am liebsten fest in die Arme nehmen und ihr Mut machen. (Ich lasse es bleiben. Die arme Frau hat schon genug am Hals und kann es nicht noch gebrauchen, dass sie von einer verrückten Fremden gewürgt wird.)

Ich weiß, dass man sich im Haven um sie kümmern wird. Man wird ihr helfen, die Diagnose und die Behandlung zu verkraften. Sie kann Psychotherapie, Ernährungsratschläge und ergänzende Therapien wie Reiki, Akupunktur, Reflexzonenmassage und Massage in Anspruch nehmen. Man wird sie zu Selbsthilfegruppen und Yogastunden einladen und sie über staatliche Leistungen in-

ICH REVANCHIERE MICH

formieren, auf die sie eventuell Anspruch hat. Doch am wichtigsten ist, dass man ihr zuhören und verständnisvoll auf sie eingehen wird, sodass sie sich einfach nicht mehr so allein fühlen wird. Das haben die Leute dort für mich getan. Und ich würde mich wahnsinnig gerne revanchieren ...

Die meisten von uns ehemaligen Schluckspechten verspüren nach dem Entzug das intensive Bedürfnis, denjenigen zu helfen, die noch mit sich ringen. Das ist eines der wunderbaren Dinge an der trockenen Blogosphäre: Anfangs schreibt man einen Blog und liest die Blogs anderer, um sich selbst zu helfen, und dann stellt man mit der Zeit fest, dass der eigene Blog wiederum anderen hilft.

Anderen so zu helfen, wie einem selbst geholfen wurde, ist auch für die Anonymen Alkoholiker von grundlegender Bedeutung. Der zwölfte der zwölf Schritte lautet: *Nachdem wir durch diese Schritte ein spirituelles Erwachen erlebt hatten, versuchten wir, diese Botschaft an Alkoholiker weiterzugeben und unser tägliches Leben nach diesen Grundsätzen auszurichten.* Auf der englischen Website der AA heißt es, trockene Alkoholiker besäßen sogar in ganz besonderem Maße die Fähigkeit, Alkoholabhängige zur Einsicht zu bringen und ihnen zu helfen. Der Mitbegründer der AA, Bill Wilson, schreibt in *Zwölf Schritte und zwölf Traditionen*, dass es bei diesem zwölften Schritt im Grunde um bedingungslose Liebe gehe.

Etwas für andere zu tun ist dennoch nicht ganz gleichbedeutend mit Selbstlosigkeit, wie Bill betont: Praktisch jedes AA-Mitglied äußere, durch die Befolgung des zwölften Schritts auch selbst tiefe Zufriedenheit und Freude erlebt zu haben.

Mir wird klar, dass mein Bedürfnis, anderen etwas Gutes zu tun, nicht nur mit dem Alkoholentzug zusammenhängt. Ich glaube, so empfinden die meisten, die eine entscheidende Kehrtwende im Leben durchgemacht oder ein Trauma überwunden

JANUAR

haben. Ich persönlich möchte nun dem Haven etwas schenken, um jenen Frauen zu helfen, die nach mir kommen – und ich habe auch schon eine Idee, wie ich das anstellen könnte.

Ich fahre nach Hause und logge mich in meinem Blog ein. Ich starte einen neuen Post und nenne ihn: DANKBARKEIT ZEIGEN. Ich erzähle meinen Followern vom Haven und wie sehr mir dort geholfen wurde und von der Frau, die mir entgegenkam, als ich gerade ging. Ich stelle klar, dass ich mit meinem Blog kein Geld verdiene und dass auch das Lesen nichts kostet. Dann füge ich hinzu: *Wenn euch mein Blog geholfen hat, würdet ihr dann bitte, bitte denjenigen unter die Arme greifen, die sich für Frauen einsetzen, die gerade eine sehr schwere Zeit durchmachen? Wir würden damit eine Art globalen, vernetzten, karmischen Zirkel bilden, innerhalb dessen wir Liebe weitergeben.*

Dann entwerfe ich eine einfache Just-Giving-Seite und bitte meine Leserinnen und Leser, zugunsten des Haven (egal unter welchem Pseudonym) nur einen kleinen Bruchteil dessen zu spenden, was sie früher für Alkohol ausgegeben haben, damit wir gemeinsam einigen Menschen das Leben erleichtern können.

Gegen zwölf, bevor ich ins Bett gehe, checke ich meine Just-Giving-Seite und stelle wieder einmal fest, dass Ex-Trinker zu den besten, nettesten und wunderbarsten Menschen gehören, die es gibt. Mein karmischer Zirkel der Liebe hat jetzt schon, nach wenigen Stunden, über tausend Pfund eingebracht! Und noch immer strömt Geld herein, aus allen Ecken und Enden der Welt. Der Haven ist eine kleine Wohltätigkeitsorganisation, sodass diese Summe für sie wirklich etwas bedeutet. Mit tausend Pfund können zwei Jahre lang Akupunkturnadeln angeschafft oder zwanzig Therapiestunden für Frauen finanziert werden, bei denen gerade Brustkrebs festgestellt wurde.

Und wisst ihr was? Bill hatte recht. Es gibt keine größere Freude, als den zwölften Schritt zu beherzigen.

MONEY, MONEY, MONEY

Heute ist ein grässlicher Tag. Ich muss meine Steuererklärung abgeben. Wie merkwürdig, dass die ersten hundert Tage ohne Alkohol so langsam vergehen, während die zwölf Monate zwischen zwei Steuererklärungen vorbeisausen wie ein russischer Athlet auf Steroiden! Ich hasse es, stundenlang Belege sortieren und Onlineformulare ausfüllen zu müssen, wobei mein winziges Einkommen sowieso nur knapp über der Steuergrenze liegt. Nur wegen eines winzigen Moleküls, eines Tropfens im riesigen Ozean der englischen Steuerflut muss ich mir das Gehirn zermartern! Ich weiß noch, wie ich letztes Jahr meine Steuer gemacht habe. Zwischendurch beschloss ich, mit ein, zwei Gläsern Wein zu feiern. Ich brauche nicht zu erwähnen, dass das nicht viel genützt hat. Und noch etwas fällt mir ein: Letztes Jahr war mein Kontostand Anfang Januar praktisch bei null. Nach den Ausschweifungen an Weihnachten war ich pleite, sodass bis Ende Januar mein Konto kräftig überzogen war. Nachdem ich meine Steuern nachgezahlt hatte, war ich viertausend Pfund im Minus. Es dauerte Monate und ich musste meinen Mann um Unterstützung bitten, um das Konto einigermaßen wieder auszugleichen.

Meine Einstellung zu Finanzen ist sehr erwachsen. Ich habe zwei Grundprinzipien: 1.) Wenn du Geld abhebst und der Kontostand auf dem Automaten angezeigt wird, schließ die Augen. 2.) Wenn du am Monatsende Geld abheben willst, bete zu den

JANUAR

Bankautomatengöttern, dann spucken sie hoffentlich noch etwas aus.

Doch als ich diesmal alle Zahlen für die Steuer zusammensuche und mich durch die Kontoauszüge der letzten Monate kämpfe, stelle ich etwas Unglaubliches fest. Dieses Jahr war ich Anfang Januar im Plus! Flüssig! Und, noch unglaublicher: Ende Januar bin ich immer noch im Plus. Immer noch flüssig! (Damit wird es allerdings vorbei sein, nachdem ich meine Steuern bezahlt habe.)

Es gibt nur einen möglichen Grund für dieses Wunder (mein Einkommen aus dem bisschen Unternehmensberatung und Werbetexten für Freunde am Küchentisch wird jedes Jahr weniger, nicht mehr): Ich habe ein kleines Vermögen gespart, weil ich nicht mehr getrunken habe. Genau wie die Sache mit dem Gewichtsverlust ging es ganz langsam, Schritt für Schritt. So langsam, dass es mir gar nicht aufgefallen ist (und außerdem habe ich ja die Augen geschlossen). Doch nun, fast elf Monate später, bin ich ungefähr dreitausend Pfund reicher als zur gleichen Zeit des vergangenen Jahres. Halleluja! Es ist Schlussverkauf, Zeit zum Shoppen!

YOGA UND BUDDHISMUS

Abhängigkeiten werden oft als maladaptives Coping bezeichnet, als unangemessene Strategie, mit Problemen umzugehen. Die zugrunde liegende Theorie besagt, dass wir menschlichen Wesen nicht besonders gut darin sind, mit dem Stress und den Sorgen des Alltags fertig zu werden und daher diverse Wege suchen, ihnen zu entfliehen, von denen zahlreiche nicht gesund sind und zu Abhängigkeiten führen können.

Wer keine Probleme mit Alkohol hat, greift möglicherweise auf andere maladaptive Coping-Strategien zur Stressreduktion zurück – übermäßiges Essen, Selbstverletzung, Shoppen, Pornografie, Spielen, außereheliche Affären, Rauchen, illegale Drogen, Medikamente etc. All diese Verhaltensweisen gehen auf dieselbe Ursache zurück.

Die Theorie des maladaptiven Copings erklärt auch, warum der Alkoholentzug ein so viel komplexerer Prozess ist, als wir erwarten, und warum wir so häufig scheitern. Ich hatte mir vorgestellt, dass mein Leben ohne Alkohol im Großen und Ganzen genauso weitergehen werde wie mit. Inzwischen ist mir jedoch klar, dass der Alkoholentzug der leichte Teil ist. Der schwere Teil besteht darin, mit den vielen Emotionen umzugehen, die plötzlich ans Licht kommen, als hätte ich brutal ein Pflaster von einer Wunde abgerissen.

Wenn wir keine neuen Coping-Strategien finden, werden wir unweigerlich wieder zum Alkohol greifen.

JANUAR

Ich habe alkoholfreies Bier als neue Coping-Strategie für mich entdeckt und wende sie in geringerem Maße noch immer an. Ebenso wie Kuchenessen. Doch im Laufe der Zeit habe ich gesündere Möglichkeiten gefunden: Laufen, Walking, Achtsamkeit, heiße Bäder, Gartenarbeit, Lesen und Schreiben. Ich glaube, dass das die wahre Definition des Erwachsenwerdens ist: in der Lage zu sein, mit allem fertig zu werden, was das Leben einem vor die Füße wirft, ohne sofort nach einem Notausgang zu suchen.

Und hier ist nun eine Coping-Strategie, auf die zahlreiche ehemalige Alkoholabhängige schwören und die ich bisher noch nicht ausprobiert habe: Yoga.

Im Laufe der Jahre habe ich zwar hin und wieder Yoga praktiziert, mit wechselndem Erfolg und einigen peinlichen Zwischenfällen (Bin ich die Einzige, die beim Sonnengruß den unwiderstehlichen Drang zum Pupsen verspürt?), doch seltsamerweise noch nicht wieder, seitdem ich aufgehört habe zu trinken. Auf einmal merkte ich jedoch, dass durch den ganzen Stress mit dem Krebs in den letzten Monaten meine Muskeln immer mehr verkrampften. Ich bin am ganzen Körper verspannt.

Was ich am Trinken vermisse, ist nicht nur die geistige Entspannung der ersten paar Schlucke Wein am Ende des Tages, sondern auch die Art und Weise, in der man spürt, wie sich die Muskeln lockerten – die Wangenmuskeln entspannen sich, man hört auf, mit den Zähnen zu knirschen, und die Schultern senken sich von allein. Ich glaube, ich muss einen anderen Weg finden, diese Entspannung zu erzielen und durch physische Anstrengung die vielen Knoten glatt zu bügeln.

Deswegen gehe ich zu einem Yogakurs.

Ich komme mir vor wie der letzte Depp. Ich verliere das Gleichgewicht. Kippe um. Bewege mich nach links, wenn alle anderen sich nach rechts bewegen, und bewundere die anderen beim Handstand, während ich daneben auf der Matte sitze. (Besonders bestaune ich den Typen mit dem Körper wie ein Comicsuperheld, der auf einer Hand balanciert.) Trotzdem empfinde ich es als eine wunderbare Methode, im Hier und Jetzt zu sein und mich von meinen Sorgen abzulenken, und am Ende habe ich das Gefühl wie nach einer stundenlangen Massage. Die komplette Muskulatur fühlt sich lockerer an.

Inspiriert von der exotischen Musik und in einem Schwung von Enthusiasmus für alles Zen-artige beschließe ich, ein wenig über Buddhismus zu lesen. Vielleicht bringt mich das weiter.

Buddhisten leben nach fünf Grundregeln: den Fünf sittlichen Geboten. Nummer eins besagt, dass man keinem anderen Lebewesen Schaden zufügen darf. Zweitens soll man nichts nehmen, was einem nicht freiwillig gegeben wird. Nummer drei verbietet sexuelle Ausschweifungen und Nummer vier Lügen und Tratsch. Und jetzt ratet mal, wofür Nummer fünf steht? Man soll keine berauschenden Substanzen zu sich nehmen!

Hurra! Ein Fünftel des Weges zur Erleuchtung habe ich schon zurückgelegt! (Gedankennotiz: Muss noch mehr an der Sache mit dem Tratsch arbeiten.)

Der Grund für das fünfte Gebot ist offenbar, dass das Einnehmen von Rauschmitteln zu »Kopflosigkeit« oder »Unvorsichtigkeit« führen kann – dem genauen Gegenteil der Achtsamkeit. Außerdem neigt man im Rauschzustand sehr viel mehr dazu, eines oder gleich mehrere der anderen vier Gebote zu brechen.

Ein Gleichnis aus dem Vinayapitaka, einer Sammlung buddhistischer Ordensregeln, illustriert dies ganz wunderbar. Eine Frau stellt einen buddhistischen Mönch vor die Wahl: Er müsse entweder mit ihr schlafen, eine Ziege töten oder Bier trinken. Er wählt das Bier in dem Glauben, es sei weniger schlimm als die anderen beiden Dinge. Natürlich gerät er in einen Rauschzustand, schläft mit der Frau und verspeist die Ziege.

Steckt da nicht viel Weisheit drin?

JANUAR

TAG 335

STELL DIR DEIN JÜNGERES ICH VOR

Eine Freundin hat mir einmal erzählt, dass sie bei wichtigen Entscheidungen (etwa einem Heiratsantrag oder einem Jobwechsel) ein Bild von sich als Kind zur Hand nimmt, jung und unschuldig lächelnd, und sich fragt: »Würdest du ihr das wünschen?« Damals klang sie ein wenig wie Gwyneth Paltrow, aber ich denke jetzt, ich sollte es auch mal so versuchen.

Ich wage mich in die Grube der Verzweiflung und finde ein Foto von mir im Alter von ungefähr zehn Jahren, eines dieser förmlichen Porträts vom Schulfotografen. Ich hatte langes, glattes, dunkles Haar, das mit Spangen zurückgehalten wurde, und beim Lächeln entblößte ich eine Mischung von Milchzähnen, bleibenden Zähnen und Lücken. Stolz trug ich meinen Schülersprecherinnen-Anstecker an meinem blassblauen Nylonpolopulli (das war lange vor den rebellischen Jahren, damals, als ich noch eine schrecklich brave Streberin war). Ich weiß noch, wie dieser Pullover jedes Mal, wenn ich ihn über den Kopf zog, mein Haar statisch auflud und zu Berge stehen ließ.

Ich sehe mir dieses kleine Mädchen genau an, mit seinen glänzenden Augen und dem unerschütterlichen Glauben daran, dass die Welt alle Möglichkeiten für es bereit hielt und diese nur darauf warteten, dass es sie beim Schopf packe. Und ich denke: *Würde ich wollen, dass sie eine Flasche Wein am Tag trinkt? Würde ich wollen, dass sie ihr ganzes Talent und ihre Lebenslust in einem endlosen Kreislauf vergeudet, in dem sie erst ihren Kater auskuriert und dann auf den nächsten Drink wartet?* Ich habe sie hängen lassen, dieses kleine Mädchen, und nun muss ich es wiedergutmachen.

Als Nächstes überlege ich also: *Was war ihr damals wichtig? Was hat ihr Herz höher schlagen lassen?* (Abgesehen von Ben, dem Schülersprecher. Was wohl aus ihm geworden ist?) Und die Antwort lautet: Sprache. Lesen und selber schreiben.

Ich las stundenlang, auch abends noch mit Taschenlampe unter der Bettdecke, wenn längst Schlafenszeit war. Manchmal las ich vier, fünf Bücher parallel. Meine Lieblingsbücher las ich so oft, bis sie auseinanderfielen. Und ich schrieb. Ein Tagebuch und jede Menge Geschichten. Mit einem Gedicht, das ich in diesem Alter verfasste, wurde ich Zweite beim WHSmith Schreibwettbewerb.

Als ich ins Internat kam, war das Tagebuch schon zu einem festen Bestandteil meines Lebens geworden. Es hatte sich zu einem dicken Aktenordner gemausert, in den ich mit beinah religiösem Eifer jeden Tag hineinschrieb. Hinzu fügte ich Fotos, Briefe und Zeitungsausschnitte. Es war nicht vertraulich; alle meine Freundinnen durften darin lesen. Ich ermunterte sie sogar, selbst Neuigkeiten und Kommentare hineinzuschreiben. Tatsächlich war es damals, in der Prä-Internetzeit, eine Art rudimentärer Blog. Und ich liebte es. Oft versammelten wir uns alle darum und lasen Einträge vom letzten Jahr noch einmal. »Wie unreif und albern wir waren!«, urteilten wir über unsere Ergüsse vom Anfang der sechsten Klasse.

Aber ich schrieb nicht nur Tagebuch, sondern auch den Großteil der Sketche für die Abschlussaufführung, in der alle Lehrer durch den Kakao gezogen wurden. Ich gab eine (nicht autorisierte und ziemlich freche) Schülerzeitung heraus und schrieb »Oden« für meine Freundinnen – lange, lustige Gedichte zu ihren Geburtstagen und anderen wichtigen Ereignissen. Ich

JANUAR

schrieb (schreckliche) Artikel in geschwungener, blumiger Handschrift und schickte sie an Zeitschriften wie *Just Seventeen* und *Mizz*.

Im Laufe der Jahre waren jedoch meine Schreibambitionen verkümmert. Oder, vielleicht besser noch: Sie waren weggewaschen worden wie Buchstaben im Sand von der hereinkommenden Flut. Zwanzig Jahre lang schrieb ich kaum noch etwas anderes als E-Mails, Dankesbriefe (ich schreibe gute Dankesbriefe) und Berufliches.

Doch nun habe ich das äußerst seltsame Gefühl, einen Kreis geschlossen zu haben. Ich habe in den letzten elf Monaten einen langen Weg zurückgelegt, und dennoch scheine ich wieder am Anfang angekommen zu sein, bei dem Mädchen, das ich einst gewesen bin. Ich führe wieder regelmäßig Tagebuch, teile den Inhalt mit meinen Freundinnen und ermuntere sie, ihre Kommentare hinzuzufügen.

Dann denke ich an all die Nachrichten und E-Mails meiner Leserinnen und Leser, die meinten, ich solle ein Buch über das vergangene Jahr schreiben, wie ich es erlebt habe. Und ich denke, vielleicht, ja, vielleicht haben sie recht. Vielleicht kann ich damit etwas zurückgeben, um den vielen Frauen (und Männern) zu helfen, die an demselben Punkt stehen wie ich letzten März, und vielleicht kann ich damit auch bei dem zehnjährigen Mädchen mit dem Schülersprecherinnen-Abzeichen auf der Brust und der Hoffnung in den Augen Wiedergutmachung leisten.

DER MONAT, IN DEM ICH EINE PARTY GEBE

DIE PARTY MEINER FREUNDIN

DIE PARTY MEINER FREUNDIN

Gestern hat Caroline ihren Geburtstag gefeiert. Ich kenne Caroline seit meinem Studium in Cambridge. Vom ersten Moment an, in dem wir uns begegneten, im Spread Eagle Pub in der Nähe des Downing College, wusste ich, dass wir verwandte Seelen waren. Wir waren beide lebenslustige, schlanke Brünette, denen der Schalk im Nacken saß. In den letzten paar Jahren ging es mir jedoch, als blicke ich durch einen Riss im Raumzeitkontinuum, wenn ich Caroline traf. Sie trug immer noch Größe 36, sah für ihr Alter toll aus und trank weiterhin nur auf Partys Alkohol, während ich inzwischen jeden Tag trank, zehn Jahre älter aussah und auf Größe 42 angeschwollen war.

Caroline hatte zwölf von uns ehemaligen Kommilitoninnen und Kommilitonen in ihr Haus auf dem Land eingeladen, zu einem gemeinsamen Abendessen mit Übernachtung. Wir hatten es alle geschafft, die Kinder loszuwerden, sodass wir eines der seltenen Erwachsenenwochenenden hatten. Ich nahm ein Sixpack meines treuen, alkoholfreien Bieres mit und verstaute die Flaschen im Kühlschrank.

Und wisst ihr was? Inzwischen komme ich richtig gut mit Partys ohne Alkohol zurecht. Es hilft, wenn man körperlich in guter Verfassung ist, was nach elf Monaten ohne Alkohol automatisch der Fall ist. Ich fühlte mich zwar nicht so richtig sexy, aber zumindest attraktiv. Ich trug ein rotes Spitzenkleid und John vertraute mir an, dass alle fanden, ich sähe wundervoll aus (zugege-

FEBRUAR

ben, sie hatten mich seit der ganzen Sache mit dem Krebs nicht mehr gesehen, daher waren ihre Erwartungen wahrscheinlich nicht besonders hoch).

Zufrieden trank ich vor dem Abendessen mein alkoholfreies Bier. Beim Essen ließ ich mir zwar ein Glas Rotwein einschenken, um keine Fragen aufzuwerfen, trank aber nur Wasser.

Ich genoss die Tischgespräche mit meinen alten Freunden, gewann anschließend mit Leichtigkeit ein Tischfußballturnier, da alle anderen betrunken waren und tanzte viel und ausgelassen. Außerdem stellte ich fest, dass ich auf Partys eine neue Rolle habe. Man sucht meine Nähe, vertraut mir Persönliches an und fragt mich um Rat. Das ist mir seit Jahren nicht passiert! Klar, niemand wünscht sich eine tief gehende Unterhaltung mit einer außer Kontrolle geratenen Trinkerin.

Mit einem Freund sprach ich über seine Schlaflosigkeit, mit einer Freundin über ihre neuen Geschäftsideen und ihren Wunsch, aus London wegzuziehen, mit einer weiteren Freundin über ihre Probleme als Stiefmutter. Gehaltvolle Gespräche über wirklich Wichtiges, die mir im Gedächtnis geblieben sind! Gegen halb zwei legte ich mich schlafen. Ich wusste, dass es niemandem auffallen würde und ich nur den Teil der Party verpasste, an den sich am nächsten Tag sowieso niemand mehr deutlich erinnern würde.

Und dann heute Morgen! Das ganze Haus war voller verkaterter Leute. Das tat mir gut. Ich versuche wirklich, nicht allzu selbstzufrieden zu sein, weil das gemein und uneinfühlsam von mir wäre. Aber es gelingt mir nicht.

Als wir fahren, umarmt mich Caroline und sagt: »Mir geht es so schlecht! Ich überlege, ob ich es nicht so mache wie du und einfach gar keinen Alkohol mehr trinke.«

Wir holen die Kinder bei meinen Eltern ab und gehen mit ihnen zum Mittagessen. Ich freue mich darüber, dass es bei Pizza

DIE PARTY MEINER FREUNDIN

Express jetzt auch alkoholfreies Bier gibt. Kit fragt: »Mummy, wie lange trinkst du jetzt schon keinen Wein mehr?«
»Schon fast seit einem Jahr, Schatz«, antworte ich. »Warum? Ist es dir lieber, wenn ich keinen Wein trinke? Bin ich dann anders?«
»Ja«, sagt er, »du bist irgendwie ...«
Wir alle warten gespannt, während er nach dem passenden Ausdruck sucht. Schöner? Geduldiger? Netter?
»... mamiartiger«, stößt er schließlich begeistert hervor.
Da seht ihr's. Hört auf zu trinken. Ihr könnt euch trotzdem auf Partys amüsieren und seid viel ... mamiartiger.

FEBRUAR

TAG | 342

TERMIN BEI MR BIG

Letztes Jahr im Oktober und November, als ich noch ein Neuling in der Brustkrebsklinik war und mitten in der *Werde-ich-sterben?*-Phase steckte, beobachtete ich voller Neid die Frauen, die zur Nachuntersuchung kamen. Oft trugen sie kurze, androgyne, Post-Chemo-Frisuren. Sie sahen zuversichtlich, glücklich und gesund aus. Die Krankenschwestern begrüßten sie namentlich, umarmten sie und schwirrten um sie herum.

Währenddessen wartete ich blass und traumatisiert auf die Ergebnisse meiner MRT-Untersuchung, der Lymphknotenbiopsie etc. und dachte: So werde ich vielleicht auch eines Tages sein – dann habe ich das Schlimmste hinter mir. Nun, heute bin ich an der Reihe. Ich habe einen Termin bei Mr Big, den ich seit zwei Monaten nicht gesehen habe.

Eine Krebsbehandlung funktioniert wie ein Förderband. Der behandelnde Chirurg führt die Anamnese und die Operation durch. Dann wird man zum Onkologen weitergereicht. Dieser wiederum schickt einen zum Radiologen, und wenn der fertig ist, wird man zur »Endkontrolle« wieder zurück zum behandelnden Chirurgen gesandt.

Ich habe mich auf diesen Termin gefreut, denn wenn das geschafft ist, habe ich sechs Monate lang keinen weiteren Krankenhaustermin mehr. Eigentlich wollte ich Pralinen für die Schwestern mitnehmen und den Anlass feiern. Doch jetzt habe ich Angst.

TERMIN BEI MR BIG

Angenommen, ich habe es noch nicht hinter mir? Angenommen, es ist noch nicht alles klar und ich muss wieder von vorn anfangen? Dabei habe ich gerade begonnen, die ganze Krebsgeschichte zu verarbeiten. Irgendwie war es so ein Gefühl, wie Bobby von *Dallas* es gehabt haben muss, als er aus der Dusche trat und feststellte, dass die ganze letzte Staffel nur ein Traum war. Meine linke Brust ist verheilt und sieht einigermaßen gut aus (alles ist relativ). Die Nebenwirkungen des Tamoxifen sind verschwunden. Ich bin wieder einigermaßen normal. *Ich kann nicht noch mal ganz von vorn anfangen!*

Ich habe wieder diesen vertrauten Angstknoten im Bauch (der sich ganz wie ein Alkohol-Craving anfühlt). Tatsächlich würde ich mir jetzt ein alkoholfreies Bier aufmachen, wenn es nicht erst halb elf vormittags wäre. Ich habe John leichthin versichert, dass er sich bei der Arbeit nicht freizunehmen brauche, um mich zu begleiten, da es reine Routine sei. Jetzt bedaure ich das.

Wenn du durch die Hölle gehst, geh einfach immer weiter. Setze einen Fuß vor den anderen, bringe einen Tag nach dem anderen hinter dich.

Glücklicherweise habe ich noch eine wunderbare andere Methode entdeckt, um mit Stress umzugehen: fluchen. Im Allgemeinen halte ich Fluchen für ein wenig faul und fantasielos. Ich versuche, die Kinder zu ermutigen, fantasievolle Schimpfwörter zu finden, wenn sie gestresst sind. (Abgesehen davon ist das gut für ihr Vokabular.) Wenn Maddie also etwas auf den Fuß fällt, könnte sie zum Beispiel sagen: »Autsch! Ekliger, verpickelter Kamelhintern!« Prinzip verstanden? So ist es doch viel lustiger.

Ich glaube, diese Aversion gegen Fluchen stammt aus meiner Kindheit. Ich erinnere mich noch lebhaft daran, wie mein Vater einmal zu meiner Mutter »Verpiss dich« sagte. Sie verließ das Haus und kehrte zwei Tage lang nicht zurück. Da mein Vater nicht mal Toast rösten konnte, ohne den Rauchmelder aus-

FEBRUAR

zulösen, war es eine Katastrophe. Keiner von uns fluchte je wieder. Aber zurück zum Thema: Als ich gestern in meinem Blog gepostet habe, dass ich wieder in die Krebsklinik musste, schrieben zwei meiner wunderbaren Follower: »Scheiß Krebs!« Und ich dachte, na klar, warum nicht? Also ging ich nach oben in mein Badezimmer, schloss die Tür ab (die Kinder waren unten) und brüllte: *Scheiße, Scheiße, beschissene scheiß Scheiße! Verpiss dich, du beschissenes Arschloch Krebs und komm nie wieder!* Und wisst ihr was? Es ging mir danach viel, viel besser.

Als ich in der Klinik ankomme, werde ich wie eine lange vermisste Freundin von allen Krankenschwestern begrüßt – wie lieb von ihnen. Nach einem kurzen Aufenthalt im Wartezimmer, der sich wie eine Ewigkeit anfühlt, werde ich zu einem Ultraschall gerufen. Ich hatte bisher nur eine Ultraschalluntersuchung der Brust im letzten Oktober, und sie war schlimm. Irgendwann kommt dieser schreckliche Moment, wenn man auf dem Bildschirm eine schwarze Masse entdeckt und der freundliche, gesprächige Ultraschallarzt still wird. Der Fleck wird vermessen, genau wie damals der Kopf des Embryos in der Schwangerschaft, aber ohne die damit einhergehende Freude. Denn das Ding wird nicht zu einem süßen, zappelnden Baby heranwachsen, sondern dich töten.

Diesmal hoffe ich, dass es ganz anders wird. Ein charmanter, väterlicher Australier spritzt (netterweise vorgewärmtes) Gel über meine Brüste und fährt mit dem Ultraschallkopf darüber. Nach nur wenigen Minuten sagt er: »Das sieht alles sehr gut aus.« Keine schwarze Masse. Keine Messungen. Fertig.

»Vielen, vielen Dank«, flüstere ich, »ich habe schreckliche Angst gehabt.«

»Das kann ich mir denken«, erwidert er. »Ich weiß, dass nur ein einziges Wort das ganze Leben verändern kann.« Dieser Mo-

TERMIN BEI MR BIG

ment von Empathie bringt mich beinahe dazu, seine ganzen Papiere mit meinen Tränen vollzutropfen.

Zehn Minuten später werde ich zu Mr Big gerufen, dem genialen Chirurgen mit den schrecklichen Manieren. Er rekapituliert noch mal all meine Werte: 22 mm, invasives lobuläres Karzinom, Stadium zwei, Lymphknoten negativ, 92-prozentige Heilungschance, bla bla bla, wonach er mich wiederum auffordert, mich oben herum frei zu machen. Er tastet mich ab, scheint zufrieden zu sein, wirft einen Blick auf meinen Ultraschallprint und entlässt mich mit einem kräftigen Händedruck.

FEBRUAR

TAG | 346

MENOPAUSE

Menopause. Das ist eines dieser Wörter, das ich am liebsten komplett streichen würde. Man weiß, dass die Menopause irgendwann eintreten wird, und man kann nichts dagegen tun, deswegen denkt man am besten nicht darüber nach, oder? Leider war ich aber in letzter Zeit gezwungen, darüber nachzudenken, da die Nebenwirkungen von Tamoxifen denen der Menopause gleichen. Außerdem wird auf meinem Blog ziemlich oft über die Menopause gechattet. Also führe ich ein paar Recherchen durch. Faszinierend!

Viele Frauen fangen während der Menopause an, vermehrt Alkohol zu trinken, weil es eine schwere Zeit ist. Die Symptome rangieren von lästig bis belastend. Sie erinnert einen daran, dass man altert und sterblich ist, sie kann Ängste und Depressionen verstärken und kommt oft ausgerechnet zu einer Zeit, wenn die Kinder aus dem Haus gehen und die Eltern pflegebedürftig werden. Schon wenn ich diese Liste schreibe, sehne ich mich nach einem großen Drink.

Das Problem ist jedoch, dass man gerade während der Menopause unbedingt die Finger vom Alkohol lassen sollte! Zu den vielen Gründen, warum Frauen in den Wechseljahren (toller Euphemismus, oder?) am besten gar keinen Alkohol trinken sollten, gehören die folgenden:

Wenn man älter wird, verträgt man Alkohol weniger gut, weil der Wasseranteil im Körper sinkt und man das Ethanol nicht mehr so schnell abbauen kann. Das bedeutet, dass man die Auswirkungen von ein paar Gläsern Wein viel stärker und schneller spürt als früher. Dies wiederum führt zu unkontrolliertem Verhalten, schlimmerem Kater und verstärktem Selbsthass. Ich glaube, die Botschaft ist angekommen.

Und dann ist da die Sache mit der Gewichtszunahme. Zu den miesesten, gemeinsten Nebeneffekten der Wechseljahre und des Tamoxifen gehört, dass man zunimmt. Und zwar nicht gleichmäßig am ganzen Körper, sondern um die Taille herum – es bildet sich der gefürchtete Schwimmring. Genau dasselbe bewirkt der Alkohol. Ist man also in den Wechseljahren und trinkt Alkohol, entwickelt man einen doppelt so großen Schwimmring. Ehe man sich versieht, schaut man hinunter und sieht seine Füße nicht mehr!

Osteoporose ist ein weiteres großes Thema, eine der gefährlicheren Nebenwirkungen der Menopause. Die Knochendichte lässt nach, was zu Brüchen und Komplikationen führen kann. Außerdem ist Osteoporose irreversibel. Und ratet mal, was zu den Hauptursachen von Osteoporose zählt? Ihr habt's erraten: zu viel Alkohol.

Außerdem stellen zahlreiche Frauen fest, dass die Menopause Depressionen hervorruft oder verstärkt. Diese ganzen Hormonschwankungen zusätzlich zu allem anderen! Doch Alkohol ist keine Lösung. Denn er verschlimmert Depressionen nur, auch wenn ich mich jetzt wiederhole. Alkohol erzeugt einen sofortigen Dopaminschub, gefolgt vom unvermeidlichen Tief.

Was uns nahtlos zu den Stimmungsschwankungen führt. Warum müssen wir Frauen mit diesen verfluchten Hormonen leben? John tut mir richtig leid, da bei uns zu Hause meine Menopause mit der Pubertät von gleich zwei Mädchen zusammenfallen wird – ein veritabler brodelnder Hormonvulkan. John, der keine Schwestern hat und seit dem Alter von sieben Jahren ein Jungen-

FEBRUAR

internat besuchte, findet schon diese ganze Sache mit der Pubertät ein wenig befremdlich. Neulich reagierte er ganz entsetzt, als er – bedingt durch ein Missverständnis – glaubte, Evie wolle mit der ganzen Familie einen BH kaufen gehen.

Hormone. Wie kann etwas so Winziges so höllische Auswirkungen haben? Wobei etwas, was hormonbedingte Stimmungsschwankungen unter Garantie verstärkt, Alkohol ist.

Die Menopause stört auch unseren Schlaf – genau wie Alkohol. So, das muss jetzt reichen.

Zu den merkwürdigeren und absolut nervtötenden Nebeneffekten der Menopause gehören Hitzewallungen. Ein plötzlicher Anstieg der Körpertemperatur, bei dem man sich am liebsten in den Kühlschrank verkriechen und es sich dort für eine Weile zwischen Käse und Joghurtbechern gemütlich machen würde. Und wisst ihr, was Ärzte als Maßnahme gegen Hitzewallungen raten? Keinen Alkohol! (Weniger Koffein hilft auch.)

So, da habt ihr es. Sieben gute Gründe, warum die Wechseljahre ohne Alkohol weniger wechselhaft verlaufen.

Leider darf ich an eine Hormonersatztherapie nicht einmal denken, da das Östrogen die Krebszellen anfüttern würde, also recherchiere ich, wie man die Symptome der Wechseljahre lindern könnte, ohne auf Hormonersatz zurückzugreifen. Eines der wirksamsten Heilmittel ist Akupunktur. Fragt mich nicht, wie das funktioniert, aber offenbar hilft es.

Und tatsächlich ist es mir durch die Kombination aus Alkoholabstinenz und einmal im Monat zur Akupunktur im Haven gelungen, Hitzewallungen, nächtliche Schweißausbrüche, starke Stimmungsschwankungen und Gewichtszunahme zu vermeiden, die oft mit der Einnahme von Tamoxifen einhergehen. Hoffentlich bleibt das so!

GEBURTSTAG OHNE ALKOHOL

Nächste Woche habe ich Geburtstag. Noch nie habe ich einen Geburtstag ohne Alkohol gefeiert, außer während meiner Schwangerschaften. Im Gegenteil: Geburtstage waren immer ein Grund, so viel wie möglich zu trinken. In früheren Jahren brauchte ich anschließend drei bis vier Tage voller Selbsthass, um mich davon zu erholen.

Inzwischen weiß ich, dass es bei meinem Geburtstag nicht nur um mich geht. Die Kinder sind ganz aufgeregt. Mit sieben ist ein Geburtstag das Herrlichste auf der Welt. Da mein Geburtstag auf einen Wochentag fällt, haben sie darauf bestanden, heute vorzufeiern, damit Daddy auch mitmachen kann.

Ich habe so getan, als hätte ich das Flüstern, die heimlichen Einkäufe und das Verpacken und Verstecken der Geschenke nicht bemerkt. Ich übe, so zu gucken wie Meryl Streep vor der Oscar-Verleihung, als sei das betreffende Geschenk genau das, was ich mir am meisten auf der Welt gewünscht habe. Ich überlege sogar, genau wie sie die Hände zusammenzulegen wie zum Gebet, sie an die Lippen zu pressen und hingerissen zu gucken.

Letztes Jahr um diese Zeit beschloss ich, eine Party zu feiern. Ich lud ungefähr 25 Erwachsene und 25 Kinder ein. Ich bereitete für den Sonntag Essen für alle vor und buchte einen Typen, der mit lebendigen Tieren kam – Schlangen, Spinnen, einem Chinchilla, einer Eule und den obligatorischen Erdmännchen –, um die Kinder zu unterhalten. Ich kaufte kistenweise Wein für die

FEBRUAR

Erwachsenen. Es kostete mich ein Vermögen. Und ich konnte es nicht einmal genießen.

Nun ja, den Anfang schon. Die ersten paar Gläser Wein. Und das Ende – wenn ich noch mal richtig reinhauen und mir dazu gratulieren konnte, dass ich es geschafft hatte. Aber der mittlere Teil war ziemlich schlimm. Fünfzig Leute zu bewirten, wenn man halb betrunken ist, ist superhart, und es ist geradezu unmöglich, nach zu vielen Gläsern Wein noch eine gute Gastgeberin zu sein. Anfangs versuchte ich, die Gäste einander vorzustellen, aber ich vergaß andauernd Namen und gab es schon bald auf. Ich konnte mich nicht entspannen und amüsieren. Ich sauste mit einem Glas in der Hand im Haus herum, ständig davon überzeugt, dass ich irgendwo anders sein müsste als dort, wo ich gerade war.

Am nächsten Tag fühlte ich mich dem Tode nah und darüber hinaus hatte ich schreckliche Angst, dass niemand sich amüsiert hatte, weil ich eine so schlechte Gastgeberin gewesen war. Ich wusste, dass ich tagelang deprimiert sein würde. Und das war der Tag, an dem ich die Tasse Rotwein umklammerte, auf der »Weltbeste Mummy« stand und aufhörte. Für immer.

Dieses Jahr gebe ich eine ganz andere Art Party. Am Freitag. Meine erste Party ohne Wein. Nach meinem überstandenen Würfelspiel mit dem Tod möchte ich all meinen Freundinnen und Freunden dafür danken, dass sie für mich da sind, und das Leben im Allgemeinen feiern. Ich habe sogar die Freunde eingeladen, die nicht da waren, die verschwunden sind, denn wenn ich ganz ehrlich zu mir bin, weiß ich, dass auch ich eine Schönwetterfreundin war – präsent, wenn man Lust auf ein paar Drinks hatte, aber nicht, wenn jemand wirklich Hilfe brauchte.

In einem Anflug von Großherzigkeit und Entschlossenheit, erwachsen zu sein und alte Streitigkeiten zu begraben, lade ich sogar Nummer eins und Nummer zwei ein.

Ich feiere nicht zu Hause, das wäre zu viel Arbeit. Stattdessen

GEBURTSTAG OHNE ALKOHOL

habe ich einen Saal in einem feinen Restaurant gemietet. Ich gebe das ganze Geld, das ich durch die alkoholfreie Zeit gespart habe, für alkoholische Getränke und Canapés für 75 Leute aus. Was für eine Ironie! Ich bin ein wenig aufgekratzt, aber die leichte Nervosität wird allmählich von wachsender Aufregung überlagert.

75 meiner besten Freundinnen und Freunde, alle im selben Raum, und ich werde nüchtern genug sein, um mich mit allen zu unterhalten! Ich werde in der Lage sein, Gäste einander vorzustellen und geistreiche Gespräche zu führen. Vielleicht werde ich sogar eine Rede halten. Ohne zu lallen, mitten im Satz zu vergessen, was ich eigentlich sagen wollte oder vom Stuhl zu fallen. Und anschließend werde ich mich an jede einzelne Minute erinnern und am nächsten Tag aufwachen und mich wunderbar fühlen – auch wenn ich dann pleite bin.

Juhu!

FEBRUAR

TAG 358

DIE PARTY

Es ist Freitagabend. Der Abend der Party. Und ich habe schreckliches Lampenfieber. Wozu gebe ich eine Riesenparty, wenn ich nicht einmal ein Glas Sekt trinken kann, um meine Nerven ein wenig zu beruhigen? Es ist zu früh! Ich bin verrückt. Außerdem gefällt mir mein Kleid nicht, aber ich kann es mir nicht leisten, ein neues zu kaufen. Im Grunde kann ich mir die ganze Party gar nicht leisten. Außerdem wird sich niemand amüsieren. SAG EINFACH ALLES AB!

Ich habe wieder diesen pulsierenden Angstknoten im Magen – den, den ich früher mit Alkohol ersäuft hätte, als ich noch trank. Aus diesem Grund habe ich auch nur noch selten Partys gegeben. Schon zum Mittagessen trank ich ein, zwei Gläser Wein, um die sich windenden Schlangen zu betäuben, und dann zwei weitere zum Aufwärmen, wenn ich mich fertig machte. Dann noch einmal mindestens zwei, während ich auf die ersten Gäste wartete. Meinen perfekten Trunkenheitszustand hatte ich gegen halb acht erreicht, und spätestens ab neun Uhr wurde es wirklich grenzwertig.

Heute jedoch muss sich mit den ruhelosen Schlangen leben. Ich erinnere mich daran, dass absolut alles Wichtige im Leben, alles, das wirklich etwas verändert, von diesem Gefühl begleitet wird. Wenn man Ängstlichkeit vermeidet, lebt man nicht richtig, sage ich mir. Genauso habe ich mich jedes Mal vor einem Bewerbungsgespräch, vor jedem ersten Date, vor meiner Hochzeit,

DIE PARTY

vor einer Geburt, vor einer Rucksackreise gefühlt. Wo wäre ich jetzt, wenn ich es vermieden hätte, all diese Dinge zu tun (oder mich vorher sinnlos betrunken hätte)? Ängstlichkeit ist ein Zeichen dafür, dass man Grenzen versetzt, einen Schritt nach vorne geht, den Stier bei den Hörnern packt. Es ist ein gutes Gefühl!

John und ich sind zehn Minuten zu früh da und sitzen zwanzig Minuten lang in einem großen, hallenden Saal, während ich meinen alkoholfreien Mojito schlürfe und mit zusammengebissenen Zähnen maule: »Bestimmt kommt gar keiner!«

Eine Stunde später ist der Saal rappelvoll. Die Leute begrüßen mit freudigen Ausrufen alte Freunde und finden neue. Ich gehe umher und plaudere mit allen. Stelle Gäste einander vor. Genieße es in vollen Zügen, auf einer Party zu sein, auf der ich jeden kenne! Dann stelle ich mich auf einen Stuhl. Auch das hätte ich betrunken nicht tun können.

Ich blicke über die Menge hinweg. Zu Sam, die mir den Termin bei Mr Big besorgt hat, zu Harriet, die mich mit schicken Schreibutensilien aufgemuntert hat, zu Jane, der Mutter von Spike, Buster und Keith, Katie, der ehemaligen Mitbewohnerin mit dem pyromanischen Freund (inzwischen Exmann). Zu Laura, Gastgeberin meiner ersten Dinner Party ohne Alkohol. Zu Selina, meiner besten Freundin aus Schulzeiten und dem Mann, mit dem sie vor fast dreißig Jahren durchgebrannt ist, und vielen, vielen anderen. Ich halte eine Rede und danke ihnen allen für ihre Unterstützung und Hilfe während meiner Krebserkrankung.

Alle sagen, ich sähe toll aus. Ich weiß, dass sie das irgendwie zu der Frau sagen müssen, die die Rechnung bezahlt und sich gerade von einer Krebserkrankung erholt hat, aber ich glaube tatsächlich, dass manche es ernst meinen. Denn – abgesehen von allem anderen – bin ich fünfzehn Kilo leichter als zur selben Zeit ein Jahr zuvor.

FEBRUAR

Um Mitternacht schließt dann die Bar. Iver und Wendy, Freunde aus Schottland, übernachten bei uns, deswegen gehen wir zu viert hinaus auf die Straße, wo mein Auto direkt vor der Tür steht. Wir sind fünf Minuten unterwegs, als Iver plötzlich hochschreckt und ruft: »Großer Gott, Clare, warum fährst du das Minicab?!« Ich erkläre ihm, dass das mein Auto ist und ich absolut und von Gesetzes wegen in der Lage bin, damit zu fahren. Als wir nach Hause kommen, bezahle ich den Babysitter und dann trinken die anderen drei noch einen Absacker, während ich mir einen grünen Tee aufbrühe. Wir plaudern ein wenig über den Abend, und als ich zu Bett gehe, bin ich so aufgekratzt, dass ich bis zwei Uhr morgens nicht einschlafen kann.

Ich kann mich wirklich nicht daran erinnern, wann ich zum letzten Mal eine Party so sehr genossen habe. Die kompletten fünf Stunden war ich vollkommen nüchtern. Wer hätte das gedacht?

GEOUTET

Ich bin auf der King's Road shoppen und denke daran, wie weit ich seit meinem Zusammenbruch vor dem R. Soles gekommen bin. Mein iPhone meldet eine neue E-Mail. Sie stammt von meiner Freundin Diana. Ich nehme an, sie will mir für die Party danken, aber es geht um etwas anderes. Als ich hinunterscrolle, werde ich zunehmend nervös. Stocksteif bleibe ich auf dem Bürgersteig stehen wie ein Verkehrspoller und die Passanten drängen rechts und links an mir vorbei.

Liebe Clare,
weißt du noch, wie ich dir auf deiner wunderbaren Party erzählt habe, dass ich keinen Alkohol mehr trinke und es sich herausstellte, dass du auch aufgehört hast? Nun habe ich zufällig ein paar Blogs über trinkende Frauen entdeckt – ich glaube, alle Welt, besonders die Frauen, übertreiben ein bisschen mit dem Alkohol, und das ist einfach total verrückt – und darunter ist ein Blog, den ich besonders toll finde.
Und weißt du was? Ich glaube, er ist von dir!
Bist du SoberMummy?

Plötzlich prallen meine beiden Welten aufeinander. Ich bin entsetzt. Diese ganzen Dinge mit Fremden zu teilen ist eine Sache, aber dass Leute, die man im richtigen Leben kennt, so viel über einen erfahren, ist Furcht einflößend.

FEBRUAR

Wir kuratieren unsere sozialen Medien sorgfältig, damit unser Leben perfekt aussieht. Ich kenne Frauen, für die es schon ein Problem wäre, einen einwachsenden Zehnagel zu gestehen, geschweige denn ein Abhängigkeitsproblem. Ein Grund dafür ist, dass besonders Alkoholabhängigkeit so schambesetzt ist. Während bei anderen Süchten die Droge als Schuldige gilt, wird Alkoholabhängigkeit als Problem des Süchtigen, des Alkoholikers betrachtet. Man geht davon aus, dass die meisten Leute dazu fähig sind, verantwortungsbewusst zu trinken und dass nur die Schwachen und Egoistischen, die Krankhaften, das nicht schaffen. Diese Ansicht ist so tief verwurzelt, dass wir sogar selbst daran glauben. Wir weigern uns, einzugestehen, dass wir ein Problem haben, und zwar so lange wie möglich, und wenn wir endlich so weit sind, schämen wir uns ganz fürchterlich. Mir ging es jedenfalls so.

Außerdem bin ich mir bewusst, dass es große Vorurteile gibt. Wenn ich zugebe, ein Alkoholproblem zu haben, werden viele glauben, ich würde mir Wodka über meine Cornflakes schütten und meine Kinder vernachlässigen, während ich ihre Lieblingsspielzeuge für Whisky verkaufe. Deswegen befürchte ich, dass ich ein Paria an den Schultoren werde oder, schlimmer noch, dass die Kinder gemobbt werden und von anderen zu hören bekommen, dass sie eine schlechte Mutter haben.

Auf der anderen Seite und trotz all dieser Befürchtungen ist es seltsam befreiend, geoutet zu werden. Ich fühle mich leicht schizophren – als wäre ich zwei vollkommen unterschiedliche Persönlichkeiten zur gleichen Zeit. Vielleicht wird es Zeit. Vielleicht hat SoberMummy ausgedient und ich sollte offen sagen, wer ich bin. Sollte ich nicht stolz auf das sein, was ich erreicht habe, anstatt mich zu schämen? Bin ich nicht zu alt, zu erwachsen, um mich darum zu kümmern, was andere Leute denken?

Liebe Diana, tippe ich. Ja, der Blog ist von mir. Ich bin beeindruckt und überrascht zugleich, dass du es rausgefunden hast.

DER MONAT, IN DEM ICH ZURÜCK UND NACH VORN BLICKE

EIN JAHR

365 Tage. Zwölf Monate. Ein ganzes Jahr. Und nichts ist mehr so, wie es vorher war.

Ich denke zurück an Tag null. Jenen Tag, an dem ich mich hinter der Küchenzeile versteckte und um elf Uhr vormittags eine Tasse Chianti umklammerte.

Damals glaubte ich, alle Mütter würden viel trinken. Schließlich wurde nach der Schule unter den Müttern und in den sozialen Medien ständig über »Mummys kleine Helfer« gescherzt.

Wein ist unsere Belohnung, wenn wir es bis zum Ende eines frustrierenden Tages geschafft haben, unsere Methode, um uns zu beruhigen und uns wieder erwachsen zu fühlen.

Inzwischen weiß ich, wie schnell der Alkohol vom sozialen Schmierstoff zur Selbstmedikation werden kann. Anfangs trinkt man, um etwas zu feiern. Dann trinkt man zur Entspannung. Dann aus Mitleid, Furcht und Aufregung. Ehe man sich versieht, trinkt man Alkohol, um mit jedem x-beliebigen Gefühl umzugehen.

Das Leben moderner Mütter ist nicht leicht. Und die sozialen Medien, mit all dem Druck, den sie ausüben, perfekt zu sein, alles hervorragend zu machen, vom Backen der besten Cupcakes bis zum Nähen der schönsten Kostüme, machen es noch schwerer. Deswegen greifen wir nach dem Alkohol als Copingmechanismus, als Krücke.

Doch wenn man sich daran gewöhnt, mithilfe von Wein

MÄRZ

schwierige Situationen zu meistern, kommt man irgendwann an den Punkt, an dem man ohne Wein gar nicht mehr damit umgehen kann. Tatsächlich kann man ohne Wein mit beinahe überhaupt keiner Situation mehr umgehen. Man wird ängstlicher, besorgter, deprimierter. Man entwickelt sich nicht mehr weiter, sondern rückwärts. Man bewegt sich in immer kleineren Kreisen.

Ich weiß jetzt auch, was Alkohol körperlich mit uns macht. Er macht uns dick, besonders rund um die Taille, stört unseren Schlaf, ruiniert unsere Haut und lässt uns älter aussehen, als wir sind. Er verursacht einen schrecklichen Kater, wenn unsere Körper gegen die Toxine ankämpfen. Und irgendwann fügt er unserer Leber ernsthaften Schaden zu und bewirkt, dass unsere Körper sich selbst zerstören, indem sie Krebs entwickeln.

Man sollte meinen, dass einem die Entscheidung, aufzuhören, aufgrund all dieser negativen Effekte leicht fallen sollte.

Doch weit gefehlt.

Wir befürchten, dass das Leben ohne Alkohol langweilig wird, ja, dass wir langweilig werden und all unsere Freunde verlieren. Wir befürchten, dass es zu schwierig ist. Wir befürchten, dass die Leute uns eher verurteilen, als uns zu unterstützen. Dass sie davon ausgehen werden, dass wir schwach, verantwortungslos und körperlich und geistig geschädigt sind, nur weil wir von einer süchtig machenden Substanz abhängig geworden sind. Alkohol ist nämlich die Droge, die keiner als Droge sehen will, trotz der Tatsache, dass laut Nutt-Report Alkohol sowohl dem einzelnen Konsumenten als auch der gesamten Gesellschaft mehr Schaden zufügt als irgendeine andere (legale oder illegale) Droge. Die Leute wollen lieber dich für deine Sucht verantwortlich machen als ihren besten Freund.

Vor 365 Tagen hatte ich daher schreckliche Angst. Ich wusste, dass ich etwas ändern musste, denn irgendwo entlang dem Weg schien mein Leben geschrumpft zu sein. Ich war von einer Frau,

EIN JAHR

die immer umtriebig und unterwegs gewesen war und Grenzen versetzte, Risiken einging und das Leben beim Schopf ergriff, zu einem Heimchen am Herd geworden, das kaum etwas anderes tat, als zu Hause zu hocken (und zu trinken).

Während mein Leben kleiner geworden war, war ich ironischerweise angeschwollen. Das biegsame, wunderhübsche Mädchen, das ich einmal gewesen war, war wie mit einer Fahrradpumpe aufgeblasen. Ich hatte fünfzehn Kilo zugenommen, schleppte eine riesen Weinwampe vor mir her und hatte Hängebacken.

Ich war nicht mal eine gute Mutter. Die meiste Zeit versuchte ich, meine Kinder zu meiden – um ein Glas Wein zu trinken. Tatsächlich verbrachte ich die meiste Zeit mit dem Trinken, um das Leben zu meiden. Außerdem hatte ich meinen Mut irgendwo unterwegs verloren. Ich war ständig besorgt und furchtsam. Schon die kleinsten Aufgaben türmten sich wie Berge vor mir auf und ich benötigte einen Drink, um mich zusammenzureißen, sobald die Weinstunde kam (die unweigerlich immer näher rückte).

Abgesehen von dem hohen Alkoholkonsum hielt ich mich für im Großen und Ganzen gesund. Ich trieb immer noch relativ viel Sport und ernährte mich gesund. Doch die Toxine, die ich zu mir nahm, richteten insgeheim großen Schaden an und ich beherbergte ohne mein Wissen einen bösartigen Tumor in meiner linken Brust, den ich noch weitere acht Monate nicht finden sollte.

Ich hatte durchaus den Verdacht, dass der Alk etwas damit zu tun hatte, dass mein Leben so aus der Spur geraten war. Ich erkannte, dass ich schon seit einigen Jahren meinen Alkoholkonsum nicht mehr kontrollieren konnte und stattdessen der Alkohol mich kontrollierte. Mir reichte es. Deswegen beschloss ich, aufzuhören.

Ich ging davon aus, dass der Entzug auch körperliche Verän-

MÄRZ

derungen mit sich bringen würde. Ich hoffte, abzunehmen und besser zu schlafen und auch, dass nach einer Weile der höllische innere Monolog in meinem Kopf – die Weinhexe – verschwinden werde. Andererseits befürchtete ich, dass das Leben ohne Alkohol leer und ereignislos sein würde. Ich versuchte, mich mit der Vorstellung abzufinden, langweilig und vernünftig zu werden und nicht mehr die wilde Hedonistin meiner Jugend zu sein.

Ich hatte keine Ahnung, dass der Alkoholentzug nicht nur einige wenige Dinge, sondern alles veränderte. Ich hatte keine Ahnung, dass das Leben ohne Alkohol viel spannender, aufregender und zugleich friedlicher und bunter sein würde als je zuvor. Ich hatte keine Ahnung, dass ich unterwegs eine Person fände, von der ich glaubte, ich hätte sie verloren.

Ich habe das Gefühl, dass ich in den letzten zwölf Monaten einen Kreis geschlossen habe. Langsam, ganz langsam sind alle Lagen der Dämmschicht, hinter der ich mich versteckt habe, entfernt worden. Der Prozess ist schmerzhaft, es ist, als werde man mit einem Käsehobel wund gerieben – doch unter alldem steckt die junge Frau, die ich mit Ende zwanzig war.

Sie ist immer noch da! Diese freundliche, mutige, abenteuerlustige, optimistische und lustige Person, an die ich mich vage erinnere. Und genau wie damals begrüße ich jetzt jeden Tag (na ja, vielleicht nicht jeden, aber die meisten Tage) mit Begeisterung und kann kleine Dinge wie den Wechsel der Jahreszeiten voller Faszination bewundern.

Und ich habe meinen Körper zurück. Ich habe fünfzehn Kilo abgenommen und sehe offenbar mindestens fünf Jahre jünger aus. Ich habe meinen Selbstrespekt, meine Courage und mein Sexappeal wiedergefunden. Ich mag mich wieder!

Und das Beste ist, dass ich jetzt eine bessere Ehefrau, Mutter und Freundin bin. Ich blicke wieder über mich selbst hinaus statt nur in mich hinein. Ich bin geduldiger, freundlicher, toleranter. Statt ständig zu flüchten zu versuchen, sowohl körperlich als auch geistig, bin ich wirklich anwesend. Der Prozess ist noch nicht abgeschlossen, aber ich bin auf einem guten Weg.

Das alles hätte ich nicht ohne meinen Blog geschafft. Als ich zu schreiben anfing, rechnete ich nicht damit, viele Follower zu finden. Ich schrieb für mich. Doch ich weiß noch, wie aufregend es war, als ich entdeckte, dass eine Person meine Sachen gelesen hatte und allmählich immer mehr Leute meine Seite besuchten, Kommentare hinterließen und E-Mails schickten. Ich erkannte, dass ich nicht allein war.

Schon bald waren meine Follower keine anonymen Zahlen mehr und wurden zu virtuellen Freunden. Und dann musste ich weitermachen. Wann immer mir nach einem Drink zumute war, dachte ich an all diese Leute, die mich unterstützten, standhaft zu bleiben, und diejenigen, die auf mich zählten, um ihnen den Weg zu zeigen. Ich durfte sie nicht enttäuschen!

Als ich im Oktober den Knoten bemerkte, konnte ich es niemandem erzählen – nicht einmal John. Ich hatte zu große Angst. Ich sehnte mich nach nichts anderem, als mich bis zum Umfallen zu betrinken und nicht mehr darüber nachdenken zu müssen. Aber ich tat es nicht. Stattdessen bloggte ich und werde niemals die Woge der Liebe und Unterstützung von Leuten aus aller Welt vergessen, die mich durch diese Zeit trug. Diejenigen, die mir ihre eigenen Krebsgeschichten mailten, und die, die für mich beteten.

Als ich krebskrank war, lernte ich außerdem: Wenn das Leben dir Zitronen zuwirft, ist Alkohol das Letzte, was du gebrauchen kannst. Man muss stark, klar im Kopf und nüchtern sein. Eine mitfühlende Krankenschwester in der Brustkrebsklinik erinnerte mich daran, dass man im Falle eines Notfalls erst selbst die Sauerstoffmaske anlegen muss, bevor man seinen Kindern ihre Masken überstreifen kann, und das habe ich getan. Ich atme reine

MÄRZ

Luft und ich bin bereit dazu, meinen Kindern immer zur Seite zu stehen, egal, was das Leben für sie bereithält. Als ich mit meiner eigenen Sterblichkeit konfrontiert wurde, erkannte ich, dass das Leben zu wertvoll, zu wunderbar ist, um es ständig durch einen halb trunkenen Nebel zu sehen, und das hat mich tapfer gemacht. Im Moment fühle ich mich, als könne ich mit allem fertig werden. Ich bin eine Superheldin. Letztes Jahr habe ich die Weinhexe niedergerungen und den Krebs besiegt. Jahr Nummer zwei kann also kommen, denn ich bin in Topform. Ich habe eine zweite Chance erhalten, die Möglichkeit, Tabula rasa zu machen und noch einmal von vorn anzufangen, und die werde ich nicht vergeuden.

EIN JAHR

EPILOG

JAMAIKA

Ich sitze auf unserer Hotelterrasse, trinke grünen Tee, betrachte den Sonnenuntergang über der türkisfarbenen Karibischen See und lausche dem leisen *Klock* der Krocketschläger, die unten auf dem makellosen Rasen gegen die Holzkugeln treffen. Ich trage einen Bikini, dabei hatte ich mich schon von dem Gedanken verabschiedet, je wieder einen anziehen zu können. Von meiner Liege aus kann ich den Strand sehen, einen gleichmäßig halbmondförmigen, weißen Streifen Sand, von dem die Beach Boys mit Rechen jeden Algenstrang entfernen, der sich an Land gewagt und die Reinheit befleckt hat.

Das Jamaica Inn ist ein wunderschönes altes Hotel im Kolonialstil. John war hingerissen, als er feststellte, dass es das Lieblingshotel seines Helden Winston Churchill gewesen ist. Die typischen Gäste sind amerikanische und britische Paare in den Vierzigern, Fünfzigern und Sechzigern, keine lärmenden jungen Singles auf der Suche nach Sex. Ich habe bisher noch keinen einzigen Gast betrunken erlebt, dafür ist dies einfach nicht der passende Ort. Dabei trinken alle hier den ganzen Tag über, und zwar nicht wenig.

Um Punkt elf Uhr morgens wird am Strand jedem ein Drink auf Kosten des Hauses serviert, entweder ein leckerer Früchtepunsch oder der beliebte Planter's Cocktail mit viel Rum. *Um elf Uhr morgens!* In meinen alten Zeiten wäre ich im siebten Himmel gewesen! Um die Mittagszeit stehen überall auf der Terrasse

EPILOG

große Gläser Rosé und kaltes Bier. (Es gibt aber auch alkoholfreies Bier! Hurra!) Gegen vier Uhr nachmittags ist die Thekenmannschaft vollauf damit beschäftigt, am Strand Wein und Cocktails zu servieren. Dann gibt es die obligatorischen Sundowner und Wein zum Abendessen. Die meisten hier trinken garantiert mehr als die wöchentliche Höchstmenge, und zwar an einem Tag. Dabei ist das gar nicht nötig. Ich könnte wirklich nicht entspannter sein als in diesem Moment. (Dazu trägt natürlich bei, dass jemand anders als ich Johns nasse Handtücher vom Boden aufhebt.) Ich kann mir nicht vorstellen, wie ich den Urlaub noch mehr genießen könnte. Und da ich nichts trinke, wache ich früh auf, fühle mich wunderbar und kann jeden herrlichen Tag optimal ausnutzen.

Dies scheint der perfekte Moment zu sein, um das Thema anzuschneiden, das mich schon seit Wochen beschäftigt, deshalb wende ich mich an John und frage: »Meinst du, ich sollte meine Erfahrungen des vergangenen Jahres zu einem Buch verarbeiten? Vielleicht könnte es anderen Frauen wie mir helfen. Du weißt schon, Abhängigen, Krebskranken oder einfach Leuten, die ihr Leben ändern wollen.«

Ich erwarte, dass er vor Entrüstung stottert, sich an seinem Gin Tonic verschluckt (würde ihm recht geschehen) und mich für vollkommen verrückt erklärt.

»Ich halte das für eine absolut brillante Idee«, sagt er. Mich trifft der Schlag! Ich bin so verdutzt, dass ich plötzlich gegen meinen eigenen Vorschlag argumentiere.

»Aber ich weiß nicht, ob ich mich wirklich traue, mich öffentlich so bloßzustellen. Was ist, wenn ich daraufhin abgelehnt werde? Bestimmt würde man mich verreißen. Alle geben sich die größte Mühe, nach außen hin so toll wie möglich auszusehen, auf Facebook und so, und da soll ich meine schlimmsten Fehler offen zugeben? Ich habe auch immer versucht, mich möglichst

EIN JAHR

von meiner besten Seite zu zeigen – nie ohne Make-up aus dem Haus, regelmäßig zum Friseur, die Haare nachfärben, immer passend gekleidet. Ich weiß nicht, ob ich den Mut habe, andere hinter die Fassade blicken zu lassen, und ich glaube nicht, dass ich mit den Absagen von Agenten und Verlagen zurechtkomme, die mich garantiert erwarten würden. Das würde mich wieder in den Alkohol treiben.«

»Weißt du was? Bestimmt wird es kein reines Zuckerschlecken, aber auf jeden Fall ein Abenteuer! Und brauchen wir nicht alle ein bisschen Abenteuer in unserem Leben?«

(Habe ich schon erwähnt, dass er ein toller Mann ist?)

Ich denke an ein Zitat von William Blake: *Die Straße des Exzesses führt zum Palast der Weisheit.* Ich bin mir nicht sicher, ob meine Weisheit einen Palast füllen würde, aber ich habe auf jeden Fall im Laufe des letzten Jahres einiges gelernt, das ganz bestimmt anderen in einer vergleichbaren Situation helfen kann. Einerseits halte ich mich zwar für einen Sonderfall mit meiner ganz eigenen Geschichte, andererseits aber weiß ich, dass es durchaus Parallelen zwischen mir und anderen Betroffenen gibt – die Gründe für das Trinken, die Gründe für das Aufhören, und was wir durchmachen, wenn wir den Entzug wagen.

Meine Freundin Philippa, eine große Befürworterin der Anonymen Alkoholiker und der zwölf Schritte, hat mich vor Kurzem behutsam darauf hingewiesen, dass ich trotz meiner Bedenken gegenüber den AA und meines Beharrens darauf, den Entzug allein schaffen zu wollen, in den letzten zwölf Monaten praktisch alle zwölf Schritte beherzigt habe.

Ich habe zugegeben, dass ich mein Leben nicht mehr meistern konnte. Ich kam zu dem Glauben, dass eine Macht, die größer war als ich, mir meine geistige Gesundheit wiedergeben konnte (in meinem Fall eher das Internet als Gott). Ich machte eine »gründliche und furchtlose Inventur« in meinem Inneren

EPILOG

und gab (vor der ganzen Welt!) »unverhüllt meine Fehler zu«. Ich fertigte eine Liste aller Personen an, denen ich Schaden zugefügt hatte, und machte ihn wieder gut, und ich versuchte mit aller Kraft, die Botschaft an andere weiterzugeben.

Ich lernte außerdem den Wert und die Bedeutung einiger der AA-Mantras kennen, etwa *Ein Tag nach dem anderen* und *Du bist nur so krank wie deine Geheimnisse*. Doch die wichtigste Lektion der AA ist, dass das Teilen der eigenen Geschichte die effektivste Art ist, um anderen Menschen zu helfen. Ich glaube, es wird Zeit, meine Geschichte zu teilen.

Ehrlich gesagt habe ich immer noch große Angst vor meinem »Coming-out«, aber das wirklich Gute an einer Krebserkrankung und der Konfrontation mit der eigenen Sterblichkeit ist die Erkenntnis, dass man absolut nichts zu verlieren hat.

Man soll das Eisen schmieden, solange es heiß ist, deswegen hole ich den Laptop heraus, öffne ein neues Dokument und beginne zu schreiben.

TAG 0. ES MUSS SICH ETWAS ÄNDERN.

DANK

Dieses Buch wäre niemals erschienen, wenn nicht sehr viele Leute wesentlich mehr an mich geglaubt hätten als ich an mich selbst und genau gewusst hätten, wie viele Frauen (und Männer) es gibt, denen diese Geschichte möglicherweise helfen kann. Ich danke meiner wundervollen Agentin Annette Green dafür, dass sie mein Buch so begeistert aus ihrem Stapel unverlangt eingesandter Manuskripte herausgepickt und mir mit Rat und Tat zur Seite gestanden hat. Ich danke Charlotte Hardman, meiner wunderbaren Verlegerin, dass sie mir mit so viel Weisheit und Anmut geholfen hat, meine Tiraden in etwas Lesbares zu verwandeln. Auch bei allen anderen Mitarbeiterinnen und Mitarbeitern bei Hodder and Stoughton möchte ich mich bedanken, insbesondere Emma Knight, Alice Morley und Fiona Rose, ohne die ihr dieses Buch nie zu Gesicht bekommen hättet.

Auch möchte ich allen Leserinnen und Lesern meines Blogs *Mummy was a Secret Drinker* eine dicke virtuelle Umarmung schicken, die dieser Geschichte folgten, während sie sich abspielte, die mich unterwegs so sehr unterstützten und mich dazu überredeten, dieses Buch zu schreiben. Es gibt viel zu viele von euch, um euch alle mit Namen zu nennen, aber hier sind wenigstens einige: Lushnomore, 007Mum, Elizabeth, Eeyore, Graham, Ulla, Laura from Belgium, Annie, Northwoman, SWMum, manconcernedforhiswife, Ang75, Soberat53, Nana Treen, Edinburgh Housewife, SFM, '69, Finding a Sober Miracle, mythreesons, Clareperth, w3stie, Dr C, Rose, justonemore, Putting Down the Glass, Silver Birch, DJ, Jacs60 and Lia.

DANK

Herzlichen Dank an meine trockenen Mit-Blogger für ihre Unterstützung und dafür, dass sie ebenso wie ich glauben, dass Geschichten die Welt verändern können. Wiederum sind es zu viele, um sie alle aufzuführen, aber es gehören dazu: die wundervolle Mrs D, Ainsobriety, The Wine Bitch, Kary May, Hurrah for Coffee, Groundhog Girl, Tipsynomore, Hapless Homesteader, Mrs S, Irish Mammy, HabitDone, RedRecovers, thewinothatiknow, Rachel Black und Suburban Betty.

Ein großer Dank an meine ersten Leserinnen und Leser, die sich durch mein Manuskript gequält und mich überredet haben, weiterzumachen: Diana Gardner-Brown, Philippa Myers, Caroline Skinner und Jane Blackburne, und an die Ersten, die an mich glaubten und mich immer dann ermutigten, wenn ich mein Manuskript in die Mülltonne werfen wollte: Annabel Abbs, Sam Corsellis und mein Lieblingsbarrista im Craven Cottage Café.

Zahlreiche Freunde und Verwandte haben mir erlaubt, ihr Leben für dieses Buch zu plündern und sogar ihre echten Namen zu benutzen. Danke, vielen Dank an euch alle!

Doch der größte Dank gilt meiner Familie. Meinem lange Zeit schwer leidgeprüften Ehemann, der meinen Blog-Followern als »Mr SM« bekannt ist und in diesem Buch als »John« geoutet wird, für seine unerschütterliche Liebe, seine Unterstützung und seinen Humor während der Trinkerzeit, der Abstinenz und der Krebserkrankung und, wie ich hoffe, auch für die Zukunft. Und zuletzt danke ich meinen drei unglaublichen Kindern, dafür, dass sie mir jeden Tag etwas Neues zeigen, mich lehren, was im Leben wichtig ist und mich dazu bewegen, ein besserer Mensch sein zu wollen.

WO FINDE ICH HILFE?

Hier geht es zum **Blog von Clare Pooley**:
http://mummywasasecretdrinker.blogspot.com/

Wer auf Facebook ist, findet **SoberMummy** hier:
https://www.facebook.com/SoberMummy

Die **Bundeszentrale für gesundheitliche Aufklärung (BZgA)** bietet Informationen und Tipps rund um risikoarmen Alkoholkonsum, die nach Altersgruppen gestaffelt sind:
https://www.kenn-dein-limit.de wendet sich an Erwachsene.
https://www.kenn-dein-limit.info richtet sich an Jugendliche zwischen 16 und 24 Jahren.
https://www.null-alkohol-voll-power.de informiert Jugendliche im Alter von 12 bis 16 Jahren.
https://www.drugcom.de bietet Onlineberatung (per Chat oder E-Mail).

Informationen, Weitervermittlung an Experten und direkte Hilfe gibt es bei der **Deutschen Hauptstelle für Suchtfragen (DHS)**:
http://www.dhs.de/dhs.html

Kontaktstellen der **Anonymen Alkoholiker** finden Sie hier:
https://www.anonyme-alkoholiker.de/kontakt/deutschland
https://www.anonyme-alkoholiker.de/kontakt/schweiz
https://www.anonyme-alkoholiker.de/kontakt/oesterreich-und-suedtirol

Augenblicke sind Fenster zur Seele

Der Blick durch die rosa Brille auf der Lieblingsinsel. Verregnete Tage in dunkelgrau. Zufällige Begegnungen auf dem Weg zur Arbeit. Annette Pehnts feine Beobachtungen machen Lust auf das Innehalten im Alltag und inspirieren zur Kunst des genauen Hinsehens. Ihre Geschichten handeln von kleinen und großen Glücksmomenten im Alltag ebenso wie von Momenten des Scheiterns. Von Achtsamkeit und dem Nachdenken über sich selbst und den Sinn des Lebens. Ein Buch zum In-die-Tasche-Stecken und Zwischendurch-Lesen im Café, auf einer Bank in der Sonne oder in der Mittagspause. Kurze psychologisch-literarische Geschichten, erzählt von der vielfach preisgekrönten Schriftstellerin.

»*Annette Pehnt schreibt Sätze von großer Wahrhaftigkeit.*« Claudia Voigt, Der Spiegel

Annette Pehnt
Café Augenblick
Geschichten über das Leben
im Hier und Jetzt
gebunden, 176 Seiten
ISBN 978-3-407-86541-0

www.beltz.de

Ihre Gesundheit braucht Sie

In jedem von uns steckt die Fähigkeit zur Selbstheilung, aber vielen Menschen ist sie abhandengekommen. Der Arzt, Neurowissenschaftler und Gesundheitsforscher Tobias Esch möchte das ändern und erklärt, wie Selbstheilung funktioniert und wie Sie Ihre Selbstheilungskompetenz stärken können. Seit vielen Jahren untersucht er unter anderem in Harvard und an der Berliner Charité, wie selbst chronische Krankheiten – zum Beispiel Diabetes, Asthma oder Rückenschmerzen – durch einen ganzheitlichen Ansatz, der auf den vier Säulen positive Emotionen, Entspannung, Ernährung und Bewegung beruht, gelindert werden. Mithilfe neuester Forschungsergebnisse beschreibt er, welche Faktoren für Gesundheit und Zufriedenheit entscheidend sind und gibt Anregungen für ein Leben, das geprägt ist von Wohlbefinden, innerer Stärke und Zufriedenheit.

»*Der Schlüssel zu IHRER Gesundheit!*« Dr. med. Eckart von Hirschhausen

Prof. Dr. Tobias Esch
Der Selbstheilungscode
Die Neurobiologie von
Gesundheit und Zufriedenheit
gebunden im Schutzumschlag,
336 Seiten
ISBN 978-3-407-86443-7

www.beltz.de **BELTZ**

Die große Analyse des heutigen Lebensgefühls

Wo bleibe ICH? Diese Frage stellen sich Millionen Menschen, die sich in der Hetze und den Leistungsansprüchen unserer Zeit selbst verlieren. Für den Therapeuten Georg Milzner ist Selbstverlust das seelische Störungsbild unserer Zeit. Doch wie können wir uns z. B. gegen Informations- oder Reizüberflutung wehren? Wie schützen wir unser Inneres? Was tun, wenn innere Unruhe und Getriebenheit uns das Gefühl vermitteln, niemals irgendwo anzukommen? Georg Milzner zeigt, wie wir unsere emotionale Gesundheit wiedererlangen. Er beantwortet die großen Fragen nach Identität und Selbstfindung und zeigt individuelle und gesellschaftliche Auswege.

»Ein klug geschriebenes und zugleich hilfreiches Buch, sich neu kennenzulernen.«
Jürgen Stricker, schulmagazin, 12/2017

Georg Milzner
Wir sind überall, nur nicht bei uns
Leben im Zeitalter des Selbstverlusts
gebunden, 265 Seiten
ISBN 978-3-407-86449-9

www.beltz.de

Familienalltag langsam, achtsam, echt

Überall, wo Kinder in die Welt aufbrechen, gibt es Alternativen zu einem Leben, das immer schneller, technischer und komplizierter wird. In diesem Buch zeigen Julia Dibbern und Nicola Schmidt, wie Eltern und Kinder ihre Bedürfnisse nach Nähe, Natur und Langsamkeit gemeinsam ausleben können. Die beiden Pionierinnen der Artgerecht-Bewegung haben Wege zu mehr Entschleunigung und Nachhaltigkeit im Alltag mit Kindern gefunden, und zwar jenseits vom Vereinbarkeitsstress isolierter Kleinfamilien. Denn Eltern, die sich gemeinschaftlich organisieren, finden nicht nur Entspannung und Abwechslung, sondern auch Lösungen für ein ökonomisches System, das genauso unter Druck steht wie die Mütter und Väter von heute.

»*Ihr backt nicht bloß Sandkuchen, ihr zieht die Erwachsenen von morgen groß!*« Julia Dibbern & Nicola Schmid

Julia Dibbern &
Nicola Schmidt
Slow Family
Sieben Zutaten für ein
einfaches Leben mit Kindern
gebunden, 232 Seiten
ISBN 978-3-407-86426-0

www.beltz.de